网站运营直通车

网络整合营销

吴伟定 姚金刚 周振兴 编著

清华大学出版社

北 京

内容简介

本书分为三篇，行业背景篇、整合营销篇和案例篇。行业背景篇介绍了整合营销的诞生及对企业的作用；整合营销篇介绍了数十个网络营销方法，同时结合近百个经典中小案例，探讨了整合营销的使用策略；案例篇介绍了三个经典案例。

本书适合网站运营人员作为参考用书，也适合网络营销相关专业的学生作为辅导用书。

图书在版编目（CIP）数据

网站运营直通车——网络整合营销/吴伟定，姚金刚，周振兴编著. --北京：清华大学出版社，2014(2021.9 重印)

ISBN 978-7-302-35129-0

Ⅰ. ①网… Ⅱ. ①吴… ②姚… ③周… Ⅲ. ①网络营销 Ⅳ. ①F713.36

中国版本图书馆 CIP 数据核字（2014）第 012441 号

责任编辑：袁金敏
封面设计：陈宇超
责任校对：徐俊伟
责任印制：朱雨萌

出版发行：清华大学出版社
网　　址：http://www.tup.com.cn, http://www.wqbook.com
地　　址：北京清华大学学研大厦 A 座　　邮　　编：100084
社 总 机：010-62770175　　邮　　购：010-62786544
投稿与读者服务：010-62776969，c-service@tup.tsinghua.edu.cn
质量反馈：010-62772015，zhiliang@tup.tsinghua.edu.cn
印 装 者：涿州市京南印刷厂
经　　销：全国新华书店
开　　本：170mm×240mm　　印　张：17.25　　字　　数：351 千字
版　　次：2014 年 4 月第 1 版　　印　　次：2021 年 9 月第 9 次印刷
定　　价：69.00 元

产品编号：054883-02

各方赞誉

《网站运营直通车——网络整合营销》别具一格地融汇贯通网络所有营销领域，如媒体投放、口碑、效果、品牌、转化、产出预估、产出总结等领域的知识，能很好地指引很多互联网企业及电商正确地作出营销决策。

本书很最适合电子商务和互联网从业者的一本实战指南。在写作风格上，本书不依赖于复杂的理论，而是用简洁明了的日常语言来传达作者本身的实战经验。在内容上，本书运用大量的实例，特别是借助作者本身的一些实战实例，来启发思维及演示网络整合营销在实际中的应用。本书基本上把做电子商务、互联网企业的大多数营销内容都涉及到了，是互联网领域企业如何做营销的必读书目。

——4399 小游戏、暴风影音、美图秀秀董事长、著名天使投资人　蔡文胜

当网络上的营销越来越多的时候，传统广告资源也将成为互联网整合营销的其中一门重要功课。而本书把互联网的一些媒体展示、营销结合传统户外广告整合得非常精致、完美。推荐电商人士与传统行业相关人员阅读本书，相信无论是传统行业将要进入互联网行业的从事者，还是互联网行业整合传统户外广告媒体的从事者，都可以从该书获取更多的意想不到的惊喜。

——分众传媒董事主席兼首席执行官　江南春

《网站运营直通车——网络整合营销》是我所见过的最实用的网络营销书籍，作者有着丰富的实战经验。书中结合了作者本人的实战经验及众多经典案例，还包括了许多领先的、优秀的网络营销方法及技巧，使复杂的网络营销技术变得浅显易懂，非常值得一读！一书在手，网络营销不用愁！

——forgame 集团董事长兼总裁、ZCOM 创始人　汪东风

移动互联时代，网络应用形态日益丰富，营销碎片化趋势明显，品牌网络营销更需要整合。营销人需要以立体思维，善用碎片化的传播资源和营销机会，整合式营销因此成为主流营销形态。如何理解整合营销观与商业价值，锁定细分顾客和目标市场，把握营销组合和关系营销等，伟定在书中给予我们不少建议与启发。从潜移默化应用到更加自觉的实战，希望这本书带给大家更多事半功倍的方法论指引。

——商务部电商委执行秘书长、罗辑思维总顾问　吴声

互联网改变了世界，也改变了营销的模式和方法，传统营销模式下的营销问题亟需网络整合营销来解决。《网站运营直通车——网络整合营销》内容丰富实用，集文字、图表、数据、案例于一身，适合作为网络营销从业人员的工具书，能帮助建立基础的网络营销概念，同时也是电子商务效果营销和网络品牌建设的实战指南。

——广东省网商协会秘书长 黄子荣

《网站运营直通车——网络整合营销》中的方法不仅具有可操作性，而且大多经过实践检验，具有较强的说服力。是电子商务和市场营销相关专业师生、企业市场人员、IT 从业人员以及所有关注网络营销的人士均能从本书中发现感兴趣的内容，也希望本书能为提高互联网企业的网络营销应用水平发挥一定的作用。本书可作为网络营销课程的补充教材、网络营销培训教材和各类企业市场营销人员的参考书。

——动网先锋创始人/总裁、掌趣科技董事 宋海波

网络营销在国内已经开始了一段时间，但是多样化的营销方式，很多时候都过于片面化甚至都是在摸石头过河。掌握的技巧和知识越多，知晓的越多，那么离未来电子商务成功之路可能越近。系统地读读本书，它几乎涵盖了现在网络营销的方方面面，是提升技能的好帮手。

——天天网董事长 鞠传国

网络营销已经进入了整合碎片化的年代，只有没有创意的企业才需要用金钱来购买媒介传播服务。从这个角度说，本书可谓是企业网络营销的创意案例库与思想库。对于读者来说，本书是了解企业营销策略的"桥梁"；对于从业者而言，本书是透彻鲜活的实战教材；而对于企业，本书更是网络营销问题的有力解决方案。

——亿玛在线总裁 柯细兴

现在的网络营销类书籍以理论派居多，伟定的整合营销系列书籍是为数不多的营销理论和实操相结合的书籍，让真正需要的人理解营销的本质并能迅速应用到实际工作中去。

——乐蜂网副总裁 陈拥军

网络营销的书很多，讲理论的，干巴巴的理论很难跟上网络的发展速度；标榜实战的，很多人其实没有一线战场的经验，能操全盘战局的更是凤毛麟角。伟定这本书不但丰富了网络营销的理论，更可贵的是将实战中的"干货"结合理论深入浅出地呈现给大家，如果想全面了解网络营销，相信一定会从书中大有收获。

——唯品会营销副总裁 马晓辉

作为营销活动中的工具，互联网的功能日益增多，也日益受到欢迎。《网站运营直通车——网络整合营销》一书的目的就是帮助营销人员学习有效运用互联网各项所需的知识和技能。了解互联网在多大程度上改变了当前的营销模式，

是否有新的模型和战略可以用于更有效地开发这种媒介，营销实践者需要的实用网络营销技能，迅速变化的市场特征和网络营销在实践中的良好表现。

——前易观国际集团副总裁、现任奇虎360电商总经理　韩啸

电子商务是未来互联网的最大应用，所有企业和营销人员都应该学习如何有效进行网络营销。《网站运营直通车——网络整合营销》整合互联网上所有碎片化营销，从零开始，成功依靠各种网络营销正确的使用、避开不合理地相关方式合理地串联起来变成大营销时代，书中的实战经验相信会给国内企业网站和初入行者带来不少帮助和启示。

——DCCI互联网研究院院长、中央电视台经济频道经济评论员　刘兴亮

社交媒体当道，企业无互联网营销思维等同武功全废！酒香也怕巷子深的时代，练就四两拨千斤的营销功力就能独步江湖。伟定有许多让人惊喜的思维、精彩的网络营销实战经历，当然，好的策略都藏在本书中。

——著名微博“冷笑话精选”微博博主　伊光旭

网络营销重要的是思路、技巧，更重要的是实战，在实战中决策，把握，最重要的是坚持。《网站运营直通车——网络整合营销》的一些经典案例希望能给读者亲身的感受。

——太平洋网络副总裁　张海方

《网站运营直通车——网络整合营销》告诉我们常见的网络营销手段，以及各自的适用场合，对初学者来说非常容易理解，对有一定经验的人员来说具备实战手册的功能。尤其是书中的几个案例极具典型意义，足以让读者领略整合营销的精髓，这就是我们想要的让珍珠价值倍增的项链。

——现任记我账上运营副总裁、前新蛋中国总裁　顾建兴

内幕揭示、经验总结、环节剖析、制定方案，全套的详细讲解成就了本书。不得不承认，《网站运营直通车——网络整合营销》是国内网络营销行业的又一本经典阅读物。

——天品网副总裁　窦赢

《网站运营直通车——网络整合营销》是伟定多年的网络营销实践经验的总结，具有系统性、思想性和实用性的特点，对网络营销学习、研究及实践应用均有独到的参考价值，可作为入门级及市场营销等相关专业的教材，也可作为企业管理人员及网络营销岗位工作人员的指南。

——PBA化妆品创始人/总裁　苏桂强

《网站运营直通车——网络整合营销》是电子商务的重要组成部分和主要体现形式，书中按照网络整合营销的理论体系，分别从网络营销概述、网络营销理论、网络营销市场调查、网络营销战略规划、网络营销产品策略、网络营销定价策略、网络营销渠道策略、网络促销策略、网络营销组织实施与控制等多个方面，讲述了基本理论与实战，并精选了若干实例。对其中部分案例做了深入的介绍和剖析。因而本书不仅能增强学习者对网络营销的理解，也为商务人员从事网络营销提供了丰富的实践经验。

本书适合从事网络营销和电子商务的管理、运作、研究和学习的企业管理者，各类商务人员、政府领导及在校师生和科学研究人员，也适合对网络营销和电子商务有兴趣的其他读者。本书既可单独使用，也可配合相关教材学习使用。

——万表网创始人/总裁　肖晓

如果说现在是战国时代，那么伟定的这本书就是“孙子兵法”。采取什么样的营销方式并不是成功的秘诀，关键是基于实践中的、针对每个营销事件所采取的不同的营销战略并实行整合，才是成功与否的核心所在。推荐大家都阅读书中的案例以及一些手段。

——淘鞋网 CEO　涂荣标

在众多流行营销中，营销从事者无论是电商还是互联网从业者，很多时候都会出现一些漏掉的营销方式。本书明确给所有网络营销者做了一个大而全并实现巨细的整合。如果不想漏掉一些碎片化营销，那么就从伟定的这本《网站运营直通车——网络整合营销》开始吸收吧。

——NO.5 时尚广场联合创始人　陈银关

本书中包含实践的例子和针对例子进行的深入解剖。横跨了互联网品牌、流量、优化、PR 等等各个领域的综合实例，非常值得网络营销和电商营销从业者一起阅读！

——团 800（折 800）首席运营官　许欢

《网站运营直通车——网络整合营销》是一本真正全面系统的实战网络营销书籍，我隆重建议所有电商行业的网络营销从业者认真阅读，也建议所有希望利用网络开拓生意的中小企业主都能够好好阅读。

——淘宝金冠俱乐部、上海淘宝皇冠俱乐部　王勇军（花名：老高）

互联网已经深刻地改变了这个世界，对市场营销实践产生了重大的影响。本书阐述了基于网络的营销思想，由浅入深，有理有据，且行文流畅，通俗易懂。本书共计三大部分 21 章，各章结构严谨，论述充分，既讲解了网络的基础知识，又详细地阐述了网络营销的精髓。本书面向广泛，既适合营销专业的师生、MBA、营销从业人员、经理人，也适合作为培训教材。

——Like 团总裁　米向鹏

建议所有的电商商务人士都仔细研读这本《网站运营直通车——网络整合营销》。整合营销是众多互联网、电商企业成功的不二法门，它将改变企业生产与营销的思维，带动新一波商业势力的消长。而整合营销的影响不仅限于企业战略，单一的网络营销不再万夫莫敌，整合营销也将有越来越多的拥护者。唯有善于并充分利用整合营销的人，才能在未来拥有立足之地。

——薄荷女人首席运营官　张权威

推 荐 序

初见伟定，是在上海的一家酒店。一家电商咨询公司组织了一个论坛，两个素不相识的电商人坐到一起。

本来在电商圈里人头不熟，又对圈里部分急于自我表现、喋喋不休的年轻人素无好感，所以彼此话语不多。直到小聚临近结束，沉默寡言的伟定赠我他的著作《网站运营直通车——7 天精通 SEO》后，才对这个年轻人有了久违的肃然起敬的感觉。一个年轻人能在如此喧嚣的环境里默默笔耕、勤奋务实，把自己的点点滴滴变成文字与人分享，比起那些一知半解却时常在各种场合夸夸其谈、自我炒作者更值得尊敬。

电商与传统零售差异最大的地方是营销，这点应该已经成为共识，但电商的营销怎么做，似乎在认知上差异较大，很多人一提电商营销就是一大堆专业名词，而且一夜之间可以冒出无数的电商营销专家，让人哭笑不得；此外 B2C 的营销方式与开放平台内的营销手段差异巨大，经常有人把两者混为一谈。

读伟定的新作，感觉他把一些本来很复杂的东西简单到无法再简单，这是需要自身对网络营销有深刻的认知，同时也需要对读者有深刻的把握，知道读者最关注什么，最需要什么，知道用什么方法教会他们。作为曾经的教师，深知自己能和教别人能有着天壤之别！闲暇之余，曾经入手几本板砖般的网络营销书籍准备恶补，但是粗略看了一下实在不忍卒读。我不怀疑作者的专业能力，但读者一般都不是专业的研究人员，他们需要的是迅速的理解、迅速的复制，迅速的带来价值，这是由他们的职责决定的。

未曾再次谋面的伟定说过他在写一本新作，也是他擅长的营销方面的，我们约定由我为新作写点东西。虽然现在敲键盘的机会越来越少，但拜读了伟定的新作《网站运营直通车——网络整合营销》，居然有了写上几笔的冲动。

现在研究电商营销的人不少，尤其在社交媒体盛行的今天涌现了不少专家，他们在各自擅长的领域里做了有效的尝试并在行业内树立了样板，但他们习惯于把自己擅长的推广方式说得天花乱坠，却不清楚每一种推广方式都有自己固有的长处和短处，在特定的技术环境下有效的方法在另一种环境下就未必有效。更何况新技术的推陈出新给互联网营销提供了更广阔的空间，所以能够把各种碎片化的营销方式串起来，犹如把珍珠串成项链一般，对所有的从业人员来讲是极其有价值的，伟定的新作就体现了这种价值。当然好的著作能激发读者们探索未知世界的浓厚兴趣，在此基础上能有新的创造。

我更愿意把新书定位为一本实战指南而不是专著，这并不是贬低伟定的能力，相反我认为入门级的教材比专著要难写得多，它告诉我们常见的网络营销手段，以及各自的适用场合，对初学者来说非常容易理解，对有一定经验的人员来说具备实战手册的功能。尤其是书中的几个案例极具典型意义，足以让读者领略整合营销的精髓，这就是我们想要的让珍珠价值倍增的项链。

作为一个半路出家的电商人，我一直都在流浪却未曾见过海洋，伟定的书让我走到了沙滩，见到了梦想中的海平面。

祝伟定继续保持那份特有的淡定，本职工作之余为我们写出更好的书，也祝天天网天天向上。

顾建兴
2013 年 10 月于北京

前　言

首先感谢大家对笔者第一本书《网站运营直通车——7天精通SEO》的支持，这本书在京东、当当、线下书店都取得了不错的成绩。因此在2012年的4月份就开始构思本书。在2012年的7月份，笔者得到消息说第一本被部分高校列为教材，同时也反馈了书中的缺点，因为过于垂直化无法被更多的高校列为真正的网站运营和网络营销的教材。与此同时，我们开始在网络上进行调查，并咨询公司身边的同事，询问他们最想得到什么类型的书籍。在我们调查的时候发现很多人都认为目前网络上五花八门的运营、营销方式很多，但这些营销方式却被碎片化。很多资深的员工，或是初入门的网站运营者，他们都无法把这些碎片整合起来形成系列的整合运营与营销。

本书致力于解构网络媒体和各种新媒体的发展带来的新的营销传播环境的变化，以及在新的营销传播环境中，整合碎片化的受众和媒体，通过目标受众生活轨迹接触点的解构，建立跨媒体全传播的网络整合营销传播策略模型。

对于网络营销从业人员来说，本书是一本实现网络营销战术向网络营销战略提升的实战指南，在品牌导向的战略体系下开展网络营销活动，网络营销不再是品牌营销传播体系中的一个补充板块，而是建立以网络为核心的品牌整合营销传播战略。对于网络营销研究者和学者来说，本书是一本探寻新营销环境下、特别是网络媒体快速发展、各种新媒体放量增长的新营销环境下的品牌营销传播指南。同时本书构建的网络整合营销模型也为研究者提供了一个研究网络营销传播的新的范式。

对于电子商务从业者而言，本书是一本指导电子商务效果营销和网络品牌建设的实战指南，通过对营销环境的变化和各种新媒体的特性和运用介绍，全面提升电子商务从业者的网络新媒体的使用能力，更好地发挥网络媒体的传播特性和销售属性。

最后，要感谢下面四位小伙伴，感谢营销专家尹琳琳和外贸专家钟奇才对本书大量基础内容的整理和编写，感谢优秀的营销策划经理郑琰对天天网案例的整理，感谢资深设计师辛运强设计本书封面初稿，本书因为他们的无私奉献而更加精彩。下面是这四位小伙伴的简单介绍。

尹琳琳，富营销学院讲师，汇智企业家沙龙创始人之一，在教育行业及IT行业拥有多年的营销经验，同时擅长营销策划与数据分析。

钟奇才，富营销创始人之一，外贸行业创业者，资深 SEM 专家，2006 年接触 SEO，做过个人站长及运营，拥有非常丰富的互联网营销及项目操作经验。

郑琰，资深营销策划专家，拥有超过 8 年的互联网营销策划经验，曾在多家优秀的互联网营销企业工作，现为天天网营销策划经理。

辛运强，天天网设计主管，有多年的设计经验，作品精致细腻，本书封面初稿即为此设计大拿设计。

目　　录

第 1 章　网络整合营销概述

亲爱的读者，从本章开始，我们将要带您进入到网络整合营销的美妙世界之中，这是一个充满了智慧的神奇行业。它的魅力在于，很多时候所产生的出其不意的效果，能让人对这个充满惊奇与惊喜的行业更加热爱。同时，它又是一个让人头疼的行业，让人头疼之处就在于，虽然运用了很多方法和手段，效果却未必让人满意。

笔者从事网络营销数年，如今它的影响力已经放大到所有的行业，包括那些还在传统行业中摸爬滚打的传统老板们，都知道网络营销是他们未来重要的盈利增长点之一。本章从网络整合营销基础开始讲起，从基本概念到发展历程，再到基本的应用法则及网络营销对企业的作用，全方位展示网络营销对企业、行业的妙用。

1.1　网络整合营销

1.1.1　网络营销定义

从营销的角度出发，网络营销可以定义为：网络营销是建立在互联网墓础之上、借助于互联网来更有效地满足顾客的需求和愿望，从而实现企业营销目标的一种手段。按照这个定义，网络营销包括新时代的互联网传播媒体、未来的信息高速公路、数字电视网和电子货币支付方式等。网络营销贯穿于企业经营的整个过程，包括市场调查、客户分析、产品开发、生产流程、销售策略、售后服务和反馈改进等环节。

网络营销是企业整体营销战略的一个重要组成部分，它是建立在互联网基础之上、借助互联网来实现一定营销目标的一种营销手段，它是一种新生的营销方式，因此，必须正确理解网络营销。

据 2013 年最新的全球网民数量统计，目前全球网民数量已超过 20 亿，占据全球总人口的三分之一，可想而知互联网所蕴含的商机是多么的巨大。而对于超过 90%的中小企业来讲，都会选择建立自己的网站或者独立的网络展示页面，通过精准的网络营销手段寻找目标客户，这就为网络营销的行业发展提供了广阔的想象空间。

相信刚了解网络营销这个行业的读者已经对网络营销产生了初步的兴趣，不管是刚入门的从业者还是已经在该行业摸爬滚打多年的老手，亦或中小企业老板，对于网络营销，都有必要了解有关它的一些误区。

1．网络营销不是网上销售

网上销售是网络营销发展到一定阶段的产物，但网络营销本身并不等于网上销售。一方面，网络营销的目的并不仅仅是促进网上销售，很多情况下还可以表现为企业品牌价值的提升、与客户之间沟通的加强、对外信息发布渠道的拓展和对顾客服务的改善等。另一方面，网上销售的推广手段也不仅仅靠网络营销，往往还要采取许多传统的方式，如传统媒体广告、发布新闻和印发宣传册等。

总的来说网上销售是整个网络营销的一个分支，有了周密的营销计划安排，才会有成功的网上销售产生。

2．网络营销不等于网站推广

网络营销的开展需要科学地制订网络营销目标与计划，因而不能片面地认为网络营销就是网站推广，网站推广只是网络营销的基础性内容而已。

单纯的网站推广，其营销效果会大打折扣。例如，虽然网站访问量提高了，关键词搜索量也增加了，却没有带来多少用户、咨询和订单，这是因为相关配套的网络营销措施不到位。所以企业在开展网络营销时，要制订包括网站推广在内的系统而周密的网络营销计划，才能达到预期效果。

一个有计划的网站推广，事先会根据推广的目的来分析目标人群特性，结合产品本身的特性，对它加以整合，再进行针对性的推广，才会发挥出网络营销真正的价值。网络营销正是多方面整合的统称。

3．网络营销是手段而不是目的

网络营销具有明确的目的和手段，但网络营销本身不是目的。网络营销是为实现销售目的而进行的一项基本活动。网络营销是营造网上经营环境的过程，也就是综合利用各种网络营销方法、工具、条件并协调它们之间的相互关系，从而更加有效地实现企业营销目的的手段。

网络营销听起来非常的美好，但不能忘记其自身的特性，是为服务企业和品牌所产生的一种营销综合服务。

4．网络营销不局限于网上

由于互联网本身还是一个新生事物，上网人数占总人数的比例还很小。即使对于已经上网的人来说，由于种种因素的限制，即使有意寻找相关信息，但在互联网上通过一些常规的搜索方法也不一定能找到所需信息。尤其对于许多初级用户来说，他们可能根本不知道如何去查询信息。因此，一个完整的网络营销方案，除了在网上做推广之外，还很有必要利用传统营销方法进行网下营销。

未来的网络营销模式是线上线下结合的推广，在 2012 年刚刚兴起的 O2O 模式正是最好的验证，有线下坚强的实体后盾，才有线上百花齐放的拓展。

5. 网络营销不等于电子商务

电子商务的定义强调的往往是电子化交易的基础或形式，也可以简单地理解为电子商务就是电子交易。所以也可以说电子商务是网络营销的基础，在具备开展电子商务活动的条件之前，企业同样可以开展网络营销。网络营销只是一种手段，无论传统企业还是互联网企业都需要网络营销，但网络营销本身并不是一个完整的商业交易过程。

电子商务是实现线上购买交易行为的统称，简单的说就是购买线上任何产品之后，利用支付工具支付，然后发货完成交易的过程。然而一个成功的电子商务网站必须要有网络营销全方位的支持。

6. 网络营销不是孤立存在的

许多企业开展网络营销的随意性很大，往往是根据网络广告公司的建议进行，而企业营销部门几乎不参与，网络营销成了网络广告公司的表演秀。事实上，网络营销应纳入企业整体营销战略规划。

网络营销活动不能脱离一般营销环境而独立存在，网络营销应被看做传统营销理论在互联网环境中的应用和发展。网络营销与传统市场营销策略之间并不冲突，但由于网络营销依赖互联网应用环境而具有自身的特点，因而有相对独立的理论和方法体系。在营销实践中，往往是传统营销和网络营销并存。

网络营销产生于 20 世纪 90 年代，发展于 20 世纪末。网络营销产生和发展的背景主要有三个方面，即网络信息技术的发展，消费者价值观的改变，激烈的商业竞争。

互联网自进入中国发展到今天，互联网营销所呈现的形式、依托的工具及投递的通路都有所变化，现在大多数营销公司都沿用了互联网营销的多种传统营销手段方式，但现在传播更快捷，服务更良好，资源更丰富，互联网营销进入了真正科技潮流时代。

1.1.2　网络营销特点

网络营销也可以被称之为在线营销、网络精准推广等等，在了解网络营销的定义及一些常见误区后，希望读者能仔细了解网络营销的一些特点，网络营销的魅力也在这10个特点中得到体现。

1. 时域性

营销的最终目的是占有市场份额，由于互联网能够超越时间约束和空间限制进行信息交换，使得营销脱离时空限制进行交易变成可能，企业有了更多的时间和更大的空间进行营销，可7×24小时随时随地地提供全球性营销服务。

2. 富媒体

互联网被设计成可以传输多种媒体的信息，如文字、声音、图像等信息，使得为达成交易进行的信息交换能以多种形式存在和交换，可以充分发挥营销人员的创造性和能动性。

3. 交互式

互联网通过商品图像的展示，商品信息资料库提供有关的查询，来实现供需互动与双向沟通。还可以进行产品测试与消费者满意调查等活动。互联网为产品联合设计、商品信息发布、以及各项技术服务提供了最佳工具。

4. 个性化

互联网上的促销是一对一的、理性的、以消费者为主导的、非强迫性的、循序渐进式的，而且是一种低成本与人性化的促销，避免推销员强势推销的干扰，并通过信息提供与交互式交谈，与消费者建立长期良好的关系。

5. 成长性

互联网使用者数量快速成长并遍及全球，使用者多属年轻、中产阶级、高教育水准，由于这部分群体购买力强而且具有很强的市场影响力，因此是极具开发潜力的市场渠道。

6. 整合性

互联网上的营销可由商品信息展示至收款、售后服务一气呵成，因此也是一种全程的营销渠道。以统一的传播资讯向消费者传达信息，避免不同传播中所导致的不一致性产生消极影响。

7. 超前性

互联网是一种功能最强大的营销工具，它同时兼具渠道、促销、电子交易、互动顾客服务、以及市场信息分析与提供的多种功能。它所具备的一对一营销能力，正是符合定制营销与直复营销的未来趋势。

8．高效性

计算机可储存大量的信息，代消费者查询，可传送的信息数量与精确度远超其他媒体，并能适应市场需求，及时更新产品或调整价格，因此能及时有效了解并满足顾客的需求。

9．经济性

通过互联网进行信息交换，代替以前的实物交换，一方面可以减少印刷与邮递成本，可以无店面销售，免交租金，节约水电与人工成本，另一方面可以减少由于迂回多次交换带来的损耗。

10．技术性

网络营销大部分是通过网上工作者的一系列的宣传、推广，这其中的技术含量相对较低，对于客户来说是小成本大产出的经营活动。

1.1.3　发展历程

目前，各种网络调研、广告、网络分销、网络服务等活动已开始被我国企业广泛采用。初期的网络营销注重广告覆盖、点击率、流量，由于定位模糊，对顾客需求没有深刻理解，无法有效吸引用户，所以大多数没有多大的实际效益。然而，以 Web 2.0 为特征的新营销模式正在改变这一现象，Web 2.0 更注重用户的交互性，使用户更主动地掌握或者制造网站信息，甚至参与产品设计和信息传播。比如以腾讯微博、新浪微博为代表的典型 Web 2.0 在网络营销传播上所发挥出的巨大潜能，在这两年得到了诸多的印证，后文将会深入讲解这些优秀的网络营销媒介及方法。

从网络营销诞生到现在的广泛应用，其发展历程也值得读者进行了解，下面将依次展示从互联网诞生到现在的各种越来越先进的网络营销方法。

网络广告是网络营销初期应用最为广泛的模式之一。企业在初期还停留在简单的信息发布阶段，大量发布广告以追求点击率、浏览量等广泛覆盖率为指标。网络广告主要有横幅广告、网上分类广告、企业名录、自动弹出式广告（包括弹出广告、弹底广告、插播式广告等）、标志广告、网页广告、互动游戏广告、下拉菜单式广告等。初期的网络广告没有明确定位，没有仔细锁定目标客户群，加上网站设计等因素，并没有收到预期的效果。

作为应用最久出现最早的网络营销方式，网络广告也存在着大量的优势和劣势。

网络广告的优势包括：

- 覆盖面广，观众数目庞大，有最广阔的传播范围。
- 不受时间限制，广告效果持久。
- 方式灵活，互动性强。
- 可以分类检索，广告针对性强。
- 制作简捷，广告费用低。
- 可以准确地统计受众数量。

网络广告的劣势包括：

- 访问者自身对网络广告的“过滤”。
- 网络技术对广告的过滤。
- 普遍性的问题，例如网络带宽、网络终端、安全、结算等。
- 监管滞后。
- 无序竞争。
- 强迫性广告过多。
- 网络广告专业人员缺失。
- 网络广告的真实性。

在网络广告之后，另一个应用广泛的网络营销方式则是电子邮件营销。电子邮件由于针对性强、传播广、费用低廉等特点在初期也得到大量企业的欢迎。电子邮件有时直接发送，有时通过搭载发送的形式，例如通过用户订阅的电子杂志发送与内容相关的推广信息，通过新闻通讯、免费软件、网站每日更新提示服务等其他资料一起发送。电子邮件推广的一个最大问题是垃圾邮件广告，这是指未经同意向用户直接发送的商业性电子邮件，而且绝大部分是发给毫不相关的用户，容易引起用户的反感。这就要求广告主要在真正了解用户需求的基础上适时、适量地发送广告，否则只能取得适得其反的效果。

关键词广告是网络营销方法的又一个重要手段之一，它是指通过使网站在搜索引擎中获取相应的排名来使目标用户发现企业想售卖的产品或服务。关键词是指网络使用者在搜索引擎用来查找相关信息所输入的搜索词。网络使用者通常会使用搜索引擎查询他们想要寻找的产品或服务，关键词是让搜索引擎引导潜在客户到网站的媒介。关键词营销分为两部分，一是关键词广告，二是搜索引擎优化。关键词广告是在用户通过关键词搜索信息时，在结果列表页面显示与关键词相关联的广告，具有较好的针对性。SEO 与关键词广告最大的不同在于它是搜索引擎自己通过收集整理并免费展示出来的信息，对消费者而言，搜索引擎的自然搜索结果代表的是经过过滤的信息，因而能得到更多的信任和点击率。

联盟营销是指营销合作商将用户引导到销售公司的网站上，这种引导主要是通过在联盟网站上放置销售公司的横幅广告或公司标识来实现。这种方式的最大优势是销售公司用很少的成本通过联盟营销创造了一批虚拟代销员。这种广告方式一般不会是同类公司的联盟，而是互补产品、关联产品或者一个供应链上不同定位的公司之间的联盟。最先采用该模式的是 CDNow 公司，但是亚马逊最为成功，在 50 万个公司的网站上都可以看到亚马逊公司的商标。

关系营销，由于网络的双向沟通特性及连接跟踪能力，使企业所能搜集的用户行为和偏好信息更为丰富。技术支持的关系管理是指企业获得了用户行为、偏好、需要和购买模式等详细信息，并使用这些信息来确定价格和谈判策略、改进促销活动、改善产品特性，从而能够定制同顾客的关系。关系营销也可以称为一对一营销或定制化营销。识别客户特征可能用到数据挖掘技术，系统可以自动识别客户信息，也可以通过用户选择和定制来了解客户行为。另外一种用到的在线市场研究方法是协同过滤，即通过用户数据推断用户感兴趣的其他产品和服务。

博客营销，博客本身的含义是网络日志，一种用来表达个人思想、内容，按照时间顺序排列，并且不断更新的网络出版与交流形式。而维基博客是一般博客的延伸，是一个人人都可以参与添加、删除和修改内容的博客。

2004 年之后，博客作为一种全新的网络应用方式在我国开始普及。博客营销是指博客写手基于自己在某领域的专业知识和经验或者对某产品的使用和体验开展对产品和服务的评价。借助博客的知名度和口碑，在信息传播过程中充当意见领袖的角色。博客营销对于咨询、服务类的企业更有利，但产品型的企业也可以通过经营理念、产品使用经验等文章来进行推广。博客具有发布内容、题材更加多样化；维护简单；可信度高（博客内容一般都经过审查）；可以被搜索引擎发现等优势。

博客作为一种特别的商业工具，还可以用来保持向客户及时通知新产品的研发情况，告知业务伙伴最近的可得性或新的发展情况，辅助改善公司公共关系等。进行博客营销要注意如下几点：多抓热点，参与讨论活动；找合适的题材；内容多样化；通过论坛引入，设置好的关键词来吸引搜索引擎收录等来增加浏览量。

病毒营销，它并不是传播病毒而达到营销目的，而是通过引导人们发送信息给他人或吸收朋友加入某个程序来增加企业知名度或销售产品与服务。这种方式可以通过电子邮件、聊天室交谈、在网络新闻组或者消费者论坛发布消息推送。正如病毒一样，这种策略利用快速繁殖将信息爆炸式地传递给成千上万人。病毒营销的关键是要正确引导人们的传播意愿并且让人毫不费力地传播。经典例子是 Hotmail 的病毒营销，它的策略简单而有效：提供免费的电子邮件，通过 Hotmail 发送的每封电子邮件下面加个标签："点击得到你的个人免费邮箱"。在开始的 18 个月内，Hotmail 的用户从 0 增长到 1200 万，4 年内达到了 5000 万。

长尾理论营销，长尾理论至今尚无正式定义，《长尾理论》的作者，《连线》

杂志的总编辑 Chris Anderson 认为，最理想的长尾定义应解释“长尾理论”的三个关键组成部分：热卖品向利基市场的转变、富足经济、许许多多小市场聚合成一个大市场。长尾营销的产生是由于价值观的多元化和个人价值的追求。这种趋势在传播上的投射就是：畅销书依然存在，但是远不如以前，出版物的品种越来越多，读者也更为小众；广告由“广告”时代逐渐进入了“窄告”时代，传播的技术越来越复杂，制造大热点越来越难；媒体从大众媒体进入到了“小众媒体”或是“分众媒体”。正是由于互联网无限广度和无局限性，非主流的集合就形成了真正的主流。市场显示出更多元化、利基化的趋势，需要在营销方式上也作出相应的改变。

精准营销，精准营销是以 Web 2.0 为技术背景而产生和运作的。Web 2.0 是 2003 年之后互联网热门概念之一，是相对 Web 1.0 的新一类互联网应用的统称。Web 1.0 的主要特点是用户通过浏览器获取信息，Web 2.0 则更注重用户的交互作用，在 2013 年 Web 2.0 的应用达到了新的高度。精准营销通过新的网络技术深入洞察消费者的兴趣和需求，把营销信息制作成消费者“想要的信息”并传达给目标消费者。2005 年菲力普•科特勒最早提出了精准营销的概念。其本质特征在于强调要在恰当的时间、恰当的地点、以恰当的价格、通过恰当的渠道、向恰当的客户提供恰当的广告信息。

最后再讲一下网络营销的一个创新模式和理念——电子拍卖和逆向电子拍卖。

电子拍卖是指在网络上进行的拍卖活动，卖方连续请求买方出价（正向拍卖），或者买方请求卖方出价（逆向拍卖），通过出价来动态地确定价格。几乎所有人都知道 eBay，它是世界上最大的在线拍卖网站，于 1997 年开始网上拍卖业务，是极少数从成立就开始盈利的公司之一。1998 年 eBay 上市时股票价值 6300 万美元，到 1999 年增加到了 76500 万美元。除了 eBay，随后又有 Auction Universe、Amazon、Yahoo、Excite 等多家公司开展了网上拍卖活动。拍卖有很多类型。最常见的一种是英式拍卖，即出价逐升式拍卖。如果拍卖品数量较多，允许出价人指定购买数量的英式拍卖称为美式拍卖。

荷兰式拍卖则与英式拍卖相反，是出价逐降式拍卖，一直降到有出价人接受这个价格为止。此外，还有密封递价拍卖和双重拍卖等其他形式。而逆向拍卖又称为出价系统或投标系统，主要应用于买方 B2B 电子商务，是一个买家和多个卖家的竞价方式。拍卖模式对于公司清偿、库存商品快速批量处理、特殊商品或服务销售如收藏品、电力传输等特别有效果。另一个重要的方面是带来对网站的高黏着性（用户更久地停留在网站或再次访问的倾向），可为拍卖者带来更多的广告收入。

1.1.4　网络营销的发展趋势

从上述网络营销模式和发展历程来看，网络营销第一个趋势是强化了企业与用户的互动性。网络营销不再是单一的企业制定和执行的业务活动，而是有消费者参与的营销活动。从而使网络营销更容易实现个性化和定制化的特征。

第二个趋势则为专业化趋势。如博客营销就具有相对专业化的内容，另外，关系营销需要专业化的数据挖掘技术和在线市场研究方法，这一点催生出大量的专业化电子信息中介，市场进一步细分。由于价值观的多元化和个人价值的追求，大品牌战略已不再适应时代的发展，用户需要更多的产品和服务选择以满足其个性的需求。如与大众媒体相对的“小众媒体”、“分众媒体”、与“广告”相对的“窄告”等新词汇的出现。

总体来说，网络营销最主要的趋势是更加注重客户的需求和体验，真正地逐步向“以客户为中心”的理念迈进，企业网络营销的竞争将以吸引、维持顾客群和经营顾客关系为主要目标。

1.1.5　网络营销的意义

随着科学技术的发展、互联网的覆盖和普及，以及网民数量的激增，网络在人们的日常生活中扮演着越来越重要的角色。网络与人们的工作、学习等日常生活已经密不可分，电子商务、网上购物已经成为人们越来越重要的消费形式，发挥着越来越重要的作用，并逐步延伸到很多行业。同时，网络营销推广也凭借其诸多优点正在逐渐成为最重要、最有效的营销推广方式。

据统计，在国外，80%的个人和企业都选择网络媒介进行营销推广，并从中获得了极好的效果。而在国内，虽然选择“网络营销”的人只有 20%，仅为国外的四分之一，但在这些选择了网络营销的企业中，有很多的公司、个人因为网络营销的强大力量，得以在与对手的竞争中崭露头角、赢得商机。随着网络影响的进一步扩大、人们对于网络营销理解的进一步加深，以及越来越多的网络营销成功案例，人们已经开始意识到网络营销的诸多优点并越来越多地进入到网络营销领域。

网络刚刚出现时，很多人觉得它只是昙花一现，只有那些敢为天下先、抓住机会、勇于尝试的人才能在时代的发展中首先觉醒，继而掌握先机、获得成功。因此，笔者相信阅读这本书的读者也能收获先机，获得成功。

1.2 网络整合营销应用

网络整合营销是以建立、维护和传播品牌，同时加强客户关系，从而对品牌进行设计、实施和监控的一系列营销工作，是将各独立的营销方式组合成一个整体，达到意想不到的效果。独立营销工作包括广告的投入、直接式营销、销售、人员推销、包装营销、事件营销、客户服务等。网络整合营销有如下三个方面的含义。

（1）传播统一性：企业需要有专业公关人士发言，消费者无论从哪种媒体所获得的信息都是一致的。

（2）互动性：公司与消费者展开交流，能够迅速、准确、个性化地获得信息和反馈信息。

（3）目标营销：企业的所有的营销活动都应围绕企业目标来展开。

1.2.1 网络整合营销要求

网络营销要想取得好的效果，还需要以下几个要素的支持。

1. 传染性

网络营销中存在一种“病毒式营销”的概念，与之前提到的网络整合营销传染性有相似的地方。网络营销中，互动性可以成为口口相传的基础，把一切可能无限地放大。在2008年的雪灾中，互联网起到了信息与活动合为一体的效果。及时性的实况信息、相应的救灾方案、论坛集体捐款给受灾严重的地区等等，互联网成为了一个有力的沟通平台，让千千万万人可以和家人报一声平安。这就是传染性发挥功效的最好证明。

网络营销传染性的作用可以从以下四个方面着手。

（1）善用社会性关注事件：百姓日常生活中所关心的事件，如2012年伦敦奥运会、开放二胎政策、转基因技术的国内推行。

（2）善用突发性事件：国内国际所发生的大事，如李亚鹏与王菲突然离婚、禽流感事件以及淘宝网双十一网购交易额达350亿等。

（3）善用粉丝追星的心理：即利用粉丝喜爱的明星或者明星所推出的作品来做文章，其中比较典型的例子就是百度广告，在这个广告中所使用的唐伯虎形象，就跟笑星周星驰有着极大的关联。

（4）利用非传统的心理：通俗地说就是通过惊世骇俗来吸引大众的目光，通过网络和口碑进行快速传播，比如曾经出现的人体彩绘轰动效应、广东性文化节上的性爱椅的现场示范等。

2. 重合性

重合性不同于重复性。对于广告来说，重复性是指利用同一媒体重复出现同样的广告，最典型的莫过于史玉柱脑白金的送礼广告，反复播个几次，想不记住也不行。

提出“重合性”这个概念，是想让大家清楚，虽然广告的重复有助于加深客户的印象，但就广告来说，重合或许比重复更有价值。

“重合性”沿用整合营销传播的概念，在不同媒介上以统一形象或者是以不同的形式出现。如客户对产品的广告只看到了 2 次，一种情况是在同一个媒介上看到了 2 次，一种是在两种媒介上分别看到了 1 次，对客户来讲后面那种情况，事实上更容易让客户产生印象，建立记忆。

回想一下在现实生活中经历的案例，当你在大街上看到的某个车身广告，回头又在小区电梯的视频广告中看到时，是不是就会觉得这个广告似乎看到过，原来就是在公交车上。而在这之前，如果仅仅是只在公交车上看到过，你会突然发现，直到此刻你才对这个广告真正有了印象。就此笔者曾调查过身边的不少朋友，发现大家的认识也基本如此。

知晓了广告的“重合性”和“重复性”的差异后，对网络营销人来说，在进行网络营销的时候，除了重复地进行宣传外，还需要考虑利用多种形式和多种媒介的整合宣传来提高广告宣传的效果。

3. 权威背书性

权威背书性是指相关人士帮商家代言、推介。经常看台湾新闻的朋友，应该会注意到“背书”这个词。前总书记胡锦涛和吴伯雄主席的“胡吴会”后，有媒体评价说到：“果如预料，周末包机、大陆观光客来台等‘四个继续’皆获胡锦涛背书”。

由此可见“背书”的大意是指一个权威的或者可信的媒介传递出信息，来为另外一个媒介之前披露的信息进行确认和佐证。依此理解，我们发现其实网络宣传也需要“背书”，需要其他媒介的整合宣传式的背书。

网络自诞生之日起，就缺乏政府公信力的支持，并且网络的开放性，使得谁都可以在网络上散播消息。除门户网站外，甚至大家曾经对网络散播出的每一个信息，首先都会抱着一种怀疑的态度。网民对网络信息的信任感的缺乏，势必需要一个更有公信力的媒体的支持。

4. 落地性

广告的最终目的其实就是让消费者产生对产品的购物冲动，从而产生消费，印次，网络营销广告也是万变不离其宗。

营销作为一种“接力”的运动，不能永远地悬在空中，只有“落地”的营销才能发挥销售的作用。从四川地震案例来说，“网络落地”是通过募捐网点来接力。这也就是为什么很多快速消费品公司在做大规模的电视广告时，首先会做好分销网点的广泛覆盖以及高的铺货率的工作，对比来看，这也就是在做“电视广告落地”的工作。

网点是做好“落地”工作之一，但其重要性并不止于此。网点的可见率尤其是在跟广众媒体（比如：网络和电视）做营销接力的时候，会直接决定客户对企业的信心。另外，网络营销落地的方式还包括销售网点的 POP 广告以及提供让客户可以拨打的销售热线等等，从而通过这些方式让网络营销得以从网上走到网下。

5. 差异性

网络广告不同于线下的媒体报纸、杂志和电台等等，新涌现的搜索、微博为代表的网络广告更是如此。

其实网络广告也有相似于传统媒体广告的地方，以平面媒体的杂志广告为例，通过设计、文案等来凸显与竞争广告的差异，或者是期望从众多的广告中能够脱颖而出。我们称之为“差异化”，网络广告也需要独特的差异性来突围。

在很多实际操作案例中，为了可以达到差异化，并没有从产品本身去做优化，而是为了差异化而差异化，那就不好了。

6. 合作性

在广告中存在一个重要的核心元素，那就是信任度。很多情况下广告都是商家自己提供的，不能拿出值得让人信服的公信力让消费者更加信服。对商家来说，有没有什么方法可以提高广告宣传的公信力呢？

一般最常用的手段是借助公信力极强的新闻媒体和权威机构，在其官方网站专门放置对该品牌有权威证明的文章段落，通过合作为企业带来意想不到的效果。

所谓的网络营销的合作性建议，其实十分类似于平面媒体操作时所用到的软文宣传，只不过由于平面媒体的版面相对稀缺，而网络几乎没有版面的限制，因此网络操作的空间相对要大得多。

总之，通过“传染性”达成滚雪球的效应，通过“重合性”来快速地建立客户的印象，通过“背书性”和“合作性”来强化公信力，通过“落地性”来实现销售，通过“差异性”来强化竞争。将六项基本原则好好地思考并融会贯通，要做一个好广告不再是难事。从以上六个方面来看，前面两个一般是可遇而不可求，有鉴于此，或许我们平时更多的应该从后面两个方面入手，同时在有大事发生的时候，也不要缺席。

1.2.2　网络整合营销趋势

如今媒体形式出现了多种多样的变化，微博、微信、SNS 等在渐渐地改变原有获取信息的渠道。而用户获取信息的工具也越来越多，已是一种常态化，不同形式变化出无数媒体的排列组合。

多种多样的网络营销形式出现，让营销人员手里握有更多的筹码和武器，但值得注意的是网络整合营销不是水果色拉，不能随意地简单混合，必须以品牌为中心，加强关联度，构成一个有序的整合营销体系。

整合，将是网络营销的核心制胜法则；一招鲜吃遍天，独步营销武林只能成为梦中童话。在网络媒体时代，信息传播是“集市式”、信息多向、互动式流动。声音多元、嘈杂、互不相同。网络媒体带来了多种“自媒体”的爆炸性增长，博客、论坛、QQ、SNS……借助于此，每个草根消费者都有了自己“嘴巴”和“耳朵”，同时也滋生了强烈的自我觉醒意识。他们不会再被动地接受传媒信息，而是主动地收集多元化的声音，并反复对比，选择听从哪些内容。再者，他们还张开了“嘴巴”，生产并传播内容，向其他消费者传递他们对品牌和产品的认识和经验。这些声音虽然弱小，但似乎要比厂商营销信息的“大声牛”更有力量。这些消费者们正形成巨大长尾，强力地影响乃至左右其他消费者的购买行为。

一切的信息传播都要以用户为核心来进行设计，确定所要给用户传达的信息目的，再决定采用哪种方式更好。如果说传统营销方式像“狩猎”，通过硬性的媒介购买，直接用“广告信息子弹”激烈地“打击、围猎”消费者，消费者对品牌广告信息的接受是被动、痛苦的。在传统“教堂式”传播环境下，消费者们只有招架之力，没有还手之功，“狩猎”似乎是行得通的。但是网络营销中，“狩猎”式传播可以“隐退江湖”了，它叱咤风云的光辉岁月已经宣告落幕。

“威逼不成，只能利诱”，硬气功失效，软太极才是王道，称霸网络营销江湖的将是“垂钓式”营销。营销人需要学会运用“创意真火”煨炖出诱人“香饵”，而品牌信息作为“鱼钩”巧妙包裹在其中。

1.3　互联网企业与网络整合营销

在互联网普及的今天，中国大约有一半的人口进入了网络时代，传统企业也纷纷转型到网络上来。线上广告营收大大增加，如百度、各大知名新闻门户、专业垂直网站等等。互联网正在逐渐成为各大品牌上推广新产品的第一选择地。

近几年互联网企业在公众的视线中频频出现，如 2013 年的春晚几乎成了互联网公司的广告专场，360 安全卫士、QQ、京东商城、苏宁易购、国美在线等等均出现在春晚前 10 分钟黄金广告位上。这一信号已非常明显，代表中国互联网企业正在崛起当中，网络营销广告也越来越受到传统企业的关注。

互联网大佬李开复、李彦宏、张朝阳等也曾现身《天天向上》节目中。而在 2013 年的几期《天天向上》节目中，百度李明远、奇虎周鸿祎、唱吧陈华等毫不避讳地推广自家产品。这么多的互联网公司频繁现身《天天向上》中，说到底还是为了拓展用户，毕竟电视媒体和新媒体用户覆盖率并不完全重合，这就是为何在新媒体不缺曝光率的互联网企业愿意上《天天向上》节目的原因。眼下，在北上广等一线甚至二线城市，移动互联网、智能手机、App 等已经不是新鲜事，用户群体已然成熟。而在三、四线城市尤其是乡镇、农村地区，这些东西依然有着神秘的面纱，因此这些地方也是新媒体的盲区。

做为一家以广告营收为主导收入的公司，2012 年百度营收达 223 亿人民币，已略胜中央电视台。从这一点来看，互联网的影响力不如传统媒体的这一观点是站不住脚的。实际上，他们应该是各有千秋，对于一般上网的人群，尤其是对年轻人来讲，互联网媒体的影响力显然更大一些。但是对于不上网的人群来说，传统媒体仍然是他们接触外界的唯一手段，对这一部分人传统媒体的传播力当然会更大一些。所以，不顾目标受众去比较谁的影响力更大些的说法我认为并不妥当，因为每种传播渠道都有自己特定的人群。而品牌在今天强调的是整合营销传播，企业希望在每个点、在每一个消费者可能接触的点都把品牌传播出去。

互联网公司扎堆上央视广告，这在往年是绝对没有的。显然，春晚也成为了企业年度营销的主战场，互联网企业开始向新媒体之外的宣传渠道伸手，去获取那些互联网、新媒体无法影响到的人群，而最有效最直接的渠道就是电视媒体。

对于每一家互联网企业的网络营销策略布局而言，必须要根据自己的目标消费人群来研究，每一个品牌都会有自己特定的人群，无论是互联网的品牌，还是传统产业的品牌，都要根据目标消费者的改变而改变，不断地调整改变来应对消费者的变化。有句话说的好，世界上唯一不变的就是变化本身。企业也是如此。至于布局方面，每个企业都有自己的考量，一切的策略都要围绕着企业的基本战略去做。

第 2 章　市场环境与前景

2.1　网络营销的社会环境

20 世纪 90 年代以来，信息技术革命的步伐大大加快。如今，很多时候人们是生活在一个由网站、电子邮件、短信和移动电话组成的数字宇宙中，网络正在以前所未有的形式改变着我们的价值观、道德观、审美观、行为方式、传统方式等，即社会文化环境。而社会文化环境又制约着人们的消费观念，是影响企业网络营销诸多因素中最复杂、最深刻、最重要的因素。因此，网络营销人员必须知晓社会文化发展的趋势，才能为网络营销创造出更好的条件。

网络营销的社会文化环境，从宏观上讲，主要包括两大方面：一方面指的是在互联网影响之下，因人们思想、行为和心理的变化而随之发生改变的人们的交流方式、思维方式和消费方式等，另一方面指的是在互联网影响之下而随之发生巨大变化的整个社会经济基础。

1．互联网影响之下人们的交流方式、思维方式和消费方式

在交流方式层面，一是网络拓展了人际交流的空间，缩短了交流的距离；二是网络使人际交流的频率更高；三是网络打破了以往社会交往中对人们身份背景的限制。

在思维方式层面，一是从传统的线性思维逐渐向非线性网络思维转变；二是网络给人们提供了一个极大的自由思维空间，使得创造性思维逐步建立起来；三是为人们带来了不真实感。

所谓思维方式，是人们大脑活动的内在程式，对人们的言行起决定性作用，它体现在民族文化的所有领域，是人类特有的一种精神活动，这种精神活动从社会实践中产生，又反作用于社会生活。一直以来，人们都普遍遵循着传统的思维方式，而现代科技革命的到来改变了现实生活中的许多模式、程序与规则，尤其是互联网技术的发展，对人们的思维方式产生了巨大的冲击和影响，使得传统思维有了更高层次的超越和发展。

在消费方式层面，消费方式的变化不仅对传统营销产生了巨大的冲击，而且

给营销理念、营销方式、营销体制都带来了巨大的影响，只有跟上这种变化才能在营销中战胜对手，赢得市场。“没人上街，不代表没人逛街”这句淘宝商城的广告语，阐述了现代人在网络影响下消费方式的改变，网上购物已经走进了人们的生活。

2. 互联网影响之下的社会经济系统

由于网络改变了整个社会的思维方式、生活方式、经营方式，改变了社会的经济、政治、文化环境，因而也要求有与此相适应的上层建筑，要求建立与网络营销相适应的制度环境。只有网络营销市场制度完善了，网络营销才能更好地为人们服务。营销的网络化增加了国际金融风险传播、扩散的危险，网络营销制度环境的健全和完善是制约网络营销健康发展的关键。经过十几年的努力，网络营销的制度环境发生了很大的变化，已建立一系列与网络经济相适应的管理制度、法律、法规等，但从整体来看，由于网络经济产生的时间并不长，而网络营销又在飞速发展，许多制度还有待建立，制度环境还有很多不尽如人意的地方。但随着网络营销的发展和普及，这一环境将会不断改善。

（1）网络安全法律环境

安全问题是制约网络营销发展最为核心的问题，它涉及网络营销中的网络支付、配送体系和安全认证系统等各个方面。比如对销售者来说，就存在着中央系统被破坏、客户资料被竞争者盗取、虚假订单频繁出现等问题；而对消费者而言，则存在着订货受到欺骗、付款后收不到商品、个人或单位机密丧失等问题。如果没有完整、系统的法律制约，没有法律对网络营销活动中各方利益的保护和对网络犯罪的打击，必将严重影响网络营销的正常运营，甚至会使任何正常的网络销售和消费无从谈起。

（2）税制建设法律环境

在网络营销迅速发展的过程中，经济运行环境所产生的前所未有的新变化，一方面使得对纳税主体、客体、环境、地点等基本概念的鉴定陷入了困境，另一方面在虚拟环境下，由于买卖双方的合同、各种票据的电子化而导致的以传统票据凭证跟踪审计也失去了依据。于是，对于网上征税和确保征税所得足额入库成为时代问题。特别是网络营销与匿名支付的结合，以及交易过程和结果的无形化，税务机关已经很难准确了解和掌握网络营销的纳税人是否真正依法纳税。可见，在信息化日新月异的时代，如果没有适宜的相关法律规范，网络营销经济行为人就只能靠“自律”来完税。因而，及时地把电子交易与网络服务收税的目标确定下来，并在法律政策上加以规范，就显得特别重要。

（3）网络支付制度环境

适应网络商务需要的网络支付方式在我国还刚刚起步，还有许多技术问题有待解决和完善。随着这些问题的解决，网络支付将会逐步走向完善并会被广泛地推广应用，从而更好地促进网络营销的发展。

（4）信用体系环境

从理论上说，在交易过程中，信用是一种工具，它够能更好地确定交易双方的身份、资产、负债、产品等企业的基本情况，银行能更好地参与交易过程，杜绝各类错误的发生。在近些年经济快速发展的过程中，由于对于信用体系这个基础软件设施建设的不重视，严重影响了网络营销安全实现的脚步，制约着网络营销的健康发展。网络营销与传统营销相比对信用的要求更高，因此，正确的网络营销应充分利用互联网的功能，建立可靠的信用保障体系，同时还要从根本上改变人们的意识，要让人们把信用看的比生命还重要，在全社会倡导诚信观念，推动网络营销信誉体系环境的早日建成。

2.2　网络营销的技术环境

网络营销的技术基础是信息技术。现代信息技术“以计算机技术、微电子技术和通信技术为特征，是主要用于管理和处理信息所采用的各种技术的总称。包含通信、计算机与计算机语言、计算机游戏、电子技术、光纤技术等。网络营销正是依托上述技术条件逐步发展起来的，概括来讲，网络营销的科技条件主要表现在以下几个方面。

1. 计算机技术迅猛发展

50 年前出现的计算机是信息化革命进程中的核心技术，这种技术经过半个世纪的发展，至今已相当成熟。1965 年，戈登•摩尔准备一个关于计算机存储器发展趋势的报告。在他开始绘制数据时，发现了一个惊人的趋势。每个新芯片大体上包含其前任两倍的容量，每个芯片的产生都是在前一个芯片产生后的 18～24 个月内。如果这个趋势继续的话，计算能力相对于时间周期将呈指数式的上升。这就是现在所谓的摩尔定律，其所阐述的趋势一直延续至今，且仍不同寻常地准确。目前，计算机系统主要朝着“高”“广”“深”三个方向发展，即性能越来越高，速度越来越快、覆盖的范围越来越广，渗透的领域越来越多，智能化程度越来越高。网络营销的发展趋势与计算机技术的发展趋势是相呼应的，随着计算机技术的发展和计算机价格的下降，网络营销正以逐渐加快的步伐走向千家万户。

2. 信息传输技术不断完善

从某种意义上来说，Internet 可以说是美苏冷战的产物。美国国防部认为，如果仅有一个集中的军事指挥中心，万一这个中心被原苏联的核武器摧毁，全国的军事指挥将处于瘫痪状态，其后果将不堪设想，因此有必要设计这样一个分散的指挥系统——它由一个个分散的指挥点组成，当部分指挥点被摧毁后其他点仍能正常工作，而这些分散的点又能通过某种形式的通讯网取得联系。现代信息技术已经包括了 PC 信息传输和移动信息传输，随着技术越来越成熟，信息传送速度也随之加快，移动端正由 3G 向 4G 迈进，在不久的将来，下载一部几百兆的电影只要花几分钟时间。

3. 网络带宽高速增长

所谓带宽，顾名思义，就是传输信息通道的宽度。而 “宽度”只是一种比喻的说法，带宽实际上是指通讯线路中允许的最大数据传输速度，也可以说是最大数据传输频率。带宽小自然使上网的速度受到限制，影响带宽的因素主要是传输的介质。任何一种介质都只能传输低于某个频率的信号，当信号的基频高于此频率时，此介质就无法正确传输这个信号了。所以任何一种介质都有一个最大数据传输的频率，也就是带宽。网络发展到今天，光纤宽带正全面取代原来的电话线宽带。

4. 统一使用的 TCP/IP 协议

在确定今天因特网各个电脑之间“通讯规则”的过程中，最重要的人物当数温顿·瑟夫。正是他的努力，才使今天各种不同的电脑能按照相同协议上网互联。温顿·瑟夫也因此获得了美称——互联网之父”。他同麻省理工学院的数学教授罗伯特·卡恩合作，开发了一套名为“协议”的软件，以便不同型号的计算机能够交换信息包，并于 1973 年推出传输控制协议（TCP）和因特网协议（IP）。

随着科学技术的发展和网民、网站数量的增加，互联网为人们提供了一个现实世界之外的虚拟世界，人们几乎可以把现实世界的所有活动都虚拟到互联网的世界中。

移动通信和网络营销都是当今时代特征的新兴业务，他们在相互渗透、相互促进中获得了巨大发展，网络不断地为移动通信开辟新的业务领域，而移动通信不断地为电子商务的发展提供新的技术和手段。随着社会需求和计算机与通信技术的进一步发展，移动通信一定能够不断推出新业务， 并必将在未来的电子商务中发挥更为重要的作用。

2.3 网络营销的市场环境

毫无疑问，一切营销活动，都有其所针对的目标群体，下面通过数据来了解网民群体的基本概况[①]：

- 如图 2-1 所示，截至 2012 年 6 月底，中国网民数量达到 5.38 亿，互联网普及率为 39.9%。2012 年上半年网民增量为 2450 万，普及率提升 1.6%。
- 截至 2012 年 6 月底，我国手机网民规模达到 3.88 亿，较 2011 年底增加了约 3270 万人。
- 截至 2012 年 6 月底，农村网民规模为 1.46 亿，比 2011 年底增加了 1464 万。
- 2012 年上半年使用台式电脑上网的网民比例为 70.7%，相比 2011 年下半年下降了 2.7%，手机上网比例则增长至 72.2%，超过台式电脑。
- 2012 年上半年在网吧上网的网民比例继续下降，为 25.8%，与 2011 年下半年相比下降了 2.1%。
- 2012 年上半年，中国网民人均每周上网时长由 2011 年下半年的 18.7 小时增至 19.9 小时。

图 2-1　2012 年中国网民增长率

通过上面的数据，我们不难看出，中国互联网用户数居全球第一。网民群体庞大，已经接近中国总人口数的一半。人口基数庞大，意味着巨大的市场机遇。

报告还显示如下两点：

（1）微博用户进入平稳增长期，手机微博保持较快发展

截至 2012 年 6 月底，微博的渗透率已经过半，用户规模增速低至 10%以下。

① 数据来源：CNNI 中国互联网络信息中心《第 30 次中国互联网络发展状况统计报告》

但微博在手机端的增长幅度仍然明显，用户数量由 2011 年底的 1.37 亿增至 1.70 亿，增速达到 24.2%。

（2）网络购物用户增长趋于平稳

如图 2-1 所示，截至 2012 年 6 月底，网络购物用户规模达到 2.1 亿，网民使用率提升至 39.0%，较 2011 年底用户增长 8.2%。从 2011 年开始，网络购物的用户增长逐渐平稳，未来网购市场规模的发展，将不仅依托于用户规模的增长，还需要依靠消费深度不断提升来驱动。

2.4 网络整合营销的前景

2012 年 3 月 7 日，美国知名市场研究公司 eMarketer 发布名为《中国数字媒体：使用和营销趋势》的研究报告称，中国主流网民正转向使用社交网站、移动和视频服务，随着中国微博服务用户量的增长，广告主开始重视在此类网站上投放广告。如图 2-2 所示为近年及未来的中国互联网使用和渗透率。

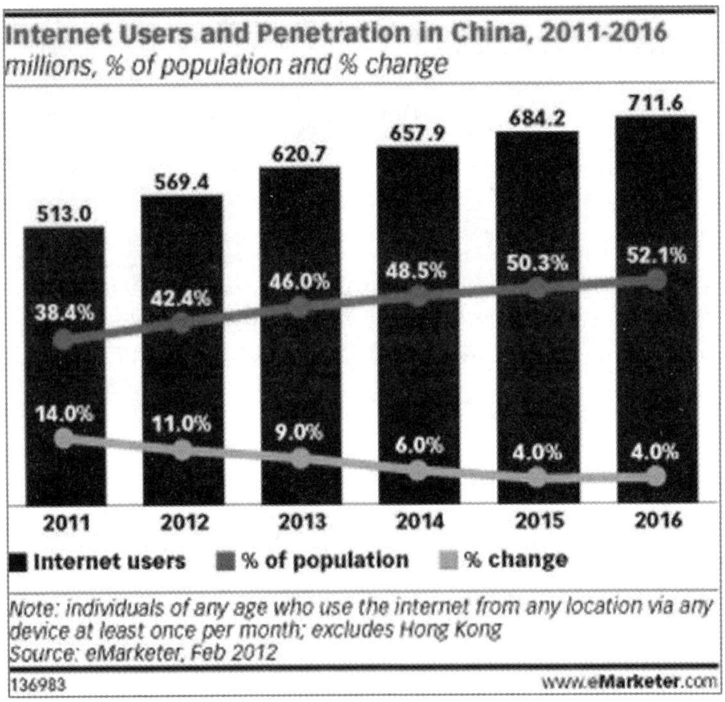

图 2-2 2011-2016 年中国互联网使用和渗透率

如图 2-3 所示，截至 2012 年 6 月底，中国网民数量达到 5.38 亿。

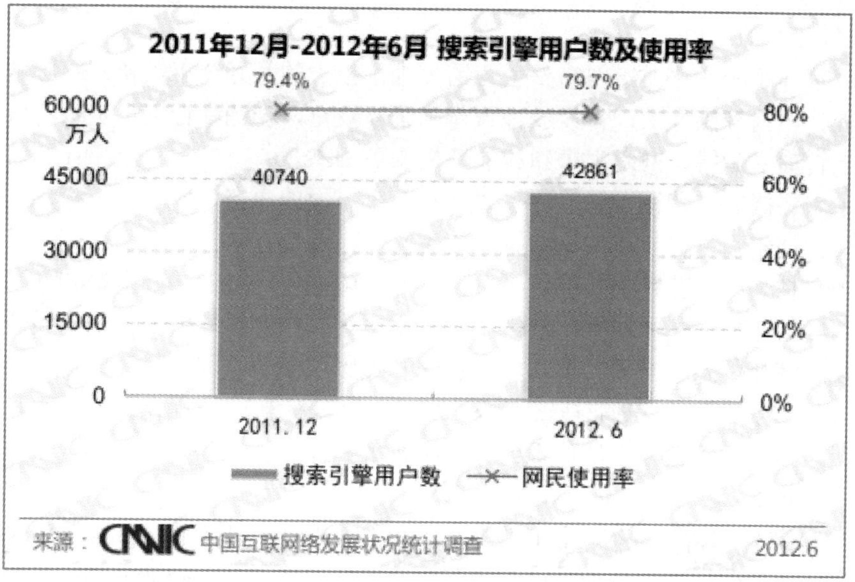

图 2-3　2011.12-2012.6 搜索引擎用户数及网民使用率

虽然中国网民总量增速从 2013 年开始将放缓，仅为个位数增长，且 2015 年之前中国至少还有 1/3 的人口不会接触互联网，但中国网民总量仍居全球第一，且呈不断增长之势。

全球网民总数量（以独立访问用户量为标准）将超过 19 亿，将近全球总人口的二分之一。

网络在人们的日常生活中扮演着越来越重要的角色，同时，网络整合营销也凭借其诸多优点正在逐渐成为最重要、最有效的营销推广方式之一。

巨大的网民群体，也给从业者带来了巨大的商机。哪里有受众，哪里就有企业的广告信息宣传，随着网民数量的增多，网络营销这块阵地也在逐渐发展壮大。网络整合营销正凭借着成本低、效果好，见效快的特点，不但成为了电子商务宣传应用的主要手段，同时也受到越来越多的中小企业的青睐。

在欧美国家，90%以上的企业都建立了自己的网站，通过网络寻找自己的客户、寻找需要的产品已经成为习惯。如果企业想购买些什么，特别是首次购买时，会先在网上进行初步的查找和选择，再进一步与供应者取得联系。网上巨大的消费群体特别是企业的商务习惯变化，给网络营销提供了广阔的空间。

传统营销方式里的展会营销日益式微，给网络整合营销很大的想象空间。

据报道，2012 年 11 月，第 112 届广交会二期闭幕成交额较上届下降 7.67%，与上一届广交会相比，本届广交会采购商和与会人数以及成交额双双下滑，下滑幅度均超过 10%。电子商务的发展，也使得广交会逐渐沦为展示形象和维系老客户的平台。

政策环境的变化，给网络整合营销带来了巨大的利好今年年初，中国政府针对电视、广播等媒体的广告投放行为作出了新规定，一些广告主于是将广告投放目的地转向了微博、网络视频和智能手机服务网站。

未来中国网络营销发展趋势主要包括八个方面的内容。

（1）搜索引擎仍然是第一网络营销工具

未来搜索引擎营销的发展势不可挡，并且随着多种专业搜索引擎和新型搜索引擎的发展，搜索引擎在网络营销中的作用更为突出。搜索引擎营销的模式也在不断发展演变，除了常规的搜索引擎优化和搜索引擎关键词广告、网页内容定位广告等基本方式之外，专业搜索引擎（如博客搜索引擎）、本地化搜索引擎推广等也将促进搜索引擎营销方法体系的进一步扩大和完善。

（2）Web 2.0 网络营销模式的深度发展

2009 年博客营销取得了快速发展，未来的企业博客营销有望成为主流网络营销方法，博客营销成为企业网络营销营销策略的组成部分，企业博客引领网络营销进入全员营销时代。与此同时更多 Web 2.0 网络营销模式将获得不同层次的发展，如 RSS 营销、网摘营销、播客营销、基于 SNS 网络社区的各种营销模式等。

（3）企业网站的网络营销价值将得到提高

随着 IE7 和火狐浏览器用户数量的增加，那些不符合 Web 标准的网站将无法获得正常浏览效果，这将在一定程度上促进网站建设采用 Web 标准的进程。2007 年即将正式发布的中国互联网协会企业网站建设指导规范，基于国际认可的 Web 标准和新竞争力网站优化思想并且经过大量调查研究而制定，这一规范对于提高网站建设服务商以及企业网站建设的专业水平将发挥积极作用。当越来越多的企业网站建设符合网络营销导向，企业网站的网络营销价值将得到明显提升。

（4）视频网络广告的价值更加成熟

受到 YouTube 等视频网站成功的刺激，国内有大量视频类网站呈爆发式发展，而传统门户网站和搜索引擎等也将视频网络广告作为未来发展的方向之一。事实上，截止到 2013 年，中国已经有大量的优质视频网络平台，包括优酷土豆、腾讯视频、爱奇艺、乐视网、搜狐视频、网易视频等，这些视频网络所覆盖的网民用户超过 5 亿。由于其相比电视广告更低的成本和更广泛的用户覆盖，视频网络广告的价值会更加成熟。

（5）更多适用于中小企业的网络广告形式

传统的展示类 Banner 网络广告和 rich media 广告由于广告制作复杂播出价格高昂，至今仍然只是大企业展示品牌形象的手段，传统网络广告难以走进中小企业。不过随着更多分类信息、本地化服务网站等网络媒体的发展，以及不同形式的付费广告模式的出现，将有更多成本较低的网络广告，为中小企业扩大信息传播渠道提供了机会。

（6）插件类网络推广产品市场的演变

随着反流氓软件的进一步深化，与用户决定营销规则不相符的插件类网络推广产品在网络营销服务市场的地位将进一步降低，甚至存在快速边缘化的可能。另一方面，未来也将产生基于用户许可的客户端插件的网络推广产品，并且将成为插件类网络营销的主流发展方向。

（7）网站运营注重用户体验改善

网站运营进入精细化管理阶段，即体现出笔者一直倡导的网络营销细节致胜理念。尽管很难详尽罗列用户体验的各项因素，也很难为用户体验下一个准确的定义，甚至对同一现象的用户体验也没有统一的解决方案，但是这种听起来似乎有些空洞和玄虚的概念将通过各种细节体现出来并成为网站运营成功的法宝。“让用户可以方便地获取有价值的信息和服务，才是网络营销的精髓”，这是新竞争力网络营销管理顾问提出的用户体验的基本思想。

（8）系统的用户行为研究将受到重视

以网站流量统计分析为基础的网络营销管理的基本意识在 2006 年已经有明显提高，在新的一年中网络营销管理的内容将进一步扩大，应用层次也将逐渐提高。互联网用户行为研究是网站运营管理必不可少的内容，同时也是网站运营中用户体验研究的基础，因此系统的用户行为研究将成为网络营销的重要研究领域。

2.5　从业者的发展前景

20 世纪 90 年代以来，网络时代高速发展，网络营销已经深刻改变工业化社会，电子商务的发展如火如荼。

随着中国网络营销的发展壮大，中国企业对网络营销人才的需求不断加大。网络营销相关岗位的需求与日俱增，随之带来巨大的从业机会。

随着网络影响的进一步扩大，以及人们对于网络营销理解的进一步加深，越来越多的网络营销推广成功案例不断涌现，人们已经开始意识到网络营销的诸多优点并越来越多地通过网络进行营销推广。

最近一段时间，无论是电子商务平台还是各行业企业，均在加大网络营销的力度和投入。例如：淘宝商城推出淘宝天猫，加大对企业 B2C 电子商务的服务；联想改版企业官网，加大网络营销的版块；万科改版企业官网，跨入网络营销推广房产的行列。

随着网络营销的蓬勃发展，各行各业竞相争聘网络营销人才，网络营销人才竞争已是当前最时髦的话题。许多 B2C、B2B 等互联网公司因为“招不到合适的人才”而烦恼。

百度、Google、网易、新浪等网络公司推出了大量空缺岗位；无论是京东、当当，还是麦考林，也纷纷表示当下招聘与留住网络营销人才的压力比任何时候都大，企业间的挖墙角也愈发普遍。

网络营销相关从业人员，应夯实网络营销技能，广积人脉，抓住机遇，乘势而为。共同努力做好网络营销，维护整个行业的健康发展。

2.6 目标市场与产品

市场并不是由产品组成，而是由需求组成。企业设计产品时应先考虑好这个问题。企业只有在目标市场上，找到目标消费者才能成功地进行销售。做不到这一点产品一定在市场上碰壁。很多企业是先有了产品，然后才去找市场，“找”的水平又不够，在市场上乱撞，撞得停了产，经典的市场营销理论如图 2-4 所示。

图 2-4 经典营销理论：4P 原则（产品、价格、分销、促销）

从上述问题我们不难看出，经营者只有到目标市场上，深入地调查分析消费者的需求，从而设计和开发符合消费者需求的产品，然后深入目标市场，对目标消费者进行营销活动，才能成功销售出产品。

第 3 章　整合的魅力

3.1　整合数字营销

为了在新“技术经济”中保持竞争优势，发展业务需要一种新方式的消费交流，也就是需要整合数字营销来指导。使业务产生大量原创的、特别的、个性化的和相关的内容来和受众形成有意义的联系。它应该能够在任何社交分享平台、浏览平台或者消费平台上优化。数字营销发展日新月异，营销手段也多种多样，因此我们有必要对新流行的营销趋势进行一下筛选。如果创业企业紧跟趋势发展下去，可以最大化企业市场规模。下面是读者们应该了解的数字营销十二条新趋势。

1. 联合数字巨头

每个月美国人使用 Google 搜索 120 亿次；Facebook 今年将拥有 10 亿用户；Apple 和 Exxon 正在移动领域争夺最有价值企业的头衔。在国内也迅速成长起一批拥有数亿用户的数字巨头，如腾讯、淘宝、360 等等。所以，创业者如果能够联合像 Google、Facebook、腾讯、Twitter、Linkedin 以及 Amazon 这些数字巨头，必将大获成功。

2. 加快创新步伐

创新这个话题越来越受到关注，从视频网站到桌面电脑，再到语音识别软件，创新无处不在。IBM 公司开发的 Watson 计算机告诉我们，此类高性能的计算机将是未来社会人工智能技术发展的先驱。我们应该更加期待诸如 IBM、Google、Apple、Facebook 以及 Zynga 这样的企业带来创新。

3. 抓住移动机遇

现在美国有 3 亿 2000 万手机用户。智能手机正在跨步前进。早在 2010 年，Google 就宣布“发展要把手机摆在优先发展的位置”。Google 确实在手机快速发展的时期抓住了最好的发展机遇。除了移动网络的发展，移动广告、手机优惠券、移动搜索引擎、位置提醒记忆以及手机应用程序都在2012年得到了蓬勃发展。

根据2012年年底三大运营商披露的数据显示，我国移动用户数量超过了10亿，而手机网民数量已达到了4.5亿，智能手机用户也高达3.8亿，在这样的市场环境下面，中国诞生了诸多的移动互联网平台，如微信、微博等，其广告效应不容小觑。

4．视频！视频！视频！

人们每天要看30亿部视频。据Alexa网站的数据，Youtube视频网站已列为全球访问数量第三的网站（第一是Google，第二是Facebook）。每分钟都有超过48小时时长的视频内容上传到Youtube中。接下来的几年视频业务更是会加快发展，所以创业人员要时刻保持亮丽的形象，为自己的事业准备好杀手级的视频推广策略。

5．用户定位搜索

SEMPO在其2011年的《美国搜索市场报告》中说，北美的搜索业务市场在2011年达到了193亿美元，较2010年涨幅为16%。这么大的涨幅，用户定位搜索功不可没。用户定位搜索可以帮助企业自动选择用户、投放广告，从而大大提高广告点击率。

6．结合社交网络

最近几年，市场分析人士一直都在争论究竟用哪种方法来衡量社交网络更有用，关注人数还是评论转发数？在今年，人们将把目光从关注人数转向更加实在的评论、转发和分享的人数，一般社交营销都选择Facebook、YouTube、Twitter等，如图3-1所示。

图3-1 社交网络数据营销

7. 整合社交、位置和手机

我们不得不承认我们都是社交化的人群，而且我们聚集生活在一起，都在使用手机。想想你出门的时候，是不是边拿着手机寻找商店，还边在 Facebook 上改状态或者传照片？Google 曾评论说“把手机摆在优先发展的位置”，还不如说“社交、区域、手机三手抓，三手都要硬”，在 2013 年乃至之后五年，这个观念仍然是值得肯定的。

8. 市场营销自动化

市场营销自动化发展得如火如荼，单市场营销自动化过程这一问题就有无数个解决方案，更别说帮助企业在 Twitter 上的宣传阵势的营销方式。不管是展示广告还是社会化媒体广告，都急需在市场营销自动化领域进行创新。

9. 迎来多屏时代

比尔·盖茨曾幻想在未来每家每户的桌子上都有一台电脑。可是时代不同了，我们现在生活的世界不仅仅需要一台台式机，还需要笔记本电脑、平板电脑、智能手机以及互联的家电设备等。有约 86%的用户在看电视时还在使用手机。在美国超级碗（Super Bowl）比赛期间，Twitter 上每分钟发表 17000 条新消息。

10. “大数据”时代

数据无处不在，市场分析人员需要数据来作分析，然后将数据分析结果用来改善营销手段，从而提高市场营销效率。McKinsey Company 预测说：“在可见的未来，数据增长将呈指数级增长。”不仅只有大公司才需要使用大量的数据。许多中小企业也在使用创新的云端存储技术来实现新颖又低耗的数据解决方案。未来，必将是属于“大数据”时代的。

11. 直接定位客户

传统的市场营销趋势是从普通大众再到专业人士的垂直宣传过程。预计未来几年企业将会直接与目标客户联系在一起，让市场营销更加有效、更直接。

12. 下线上线不分开

用户每天都要在网络世界里上上下下。在不久的将来，消费者走进商店会打开手机查找优惠券，打开杂志或者电脑就看到企业的广告。企业树立的广告牌将吸引无数消费者去其网站、Facebook 主页查看，或者通过扫描 QR 码来查看。所以，在未来几年的营销动作中，一定要做好产品在线上和线下的互动营销。

3.2 整合营销的五大优势

整合营销的初衷是为企业建立、维护和传播品牌形象，加强与消费者之间的关系，从而对品牌进行计划、实施和监督等一系列工作。简单地说就是把各个独立的营销个体综合成一个整体，产生协同效应。

如今网络媒体发展得非常迅猛，企业推广新产品及危机公关处理都越来越多地选择网上宣传。就网络本身而言拥有一个庞大的消费群体，仅三大门户网站的网民数量就超过整个欧洲网民的数量。

整合营销的魅力以追求客户需求为出发点，结合资源降低投入，实现精准化网络营销。可以有效地为企业带来更多的宣传效果，成为新增收利润的工具，其主要有如下五大优势。

（1）平台资源化，资源最大化，包括新闻媒体资源、论坛资源、微博达人资源等等。企业在推广新产品时可以利用这一系列优势的媒体资源，很容易取得消费者的信任。

（2）超低价格，通过严格的入驻审核标准，筛选优质网络媒资源，进一步将资源价格降到最低，以求得绝对性的优势。

（3）资深操作，星级服务质量，筛选优质服务团队、工作流程层层把关、多年项目执行经验。

（4）快递响应，快速、精准传播，资深策划团队、专业系统数据分析、精准广告投放、五分钟快速响应机制。

（5）服务方式的转变，网络整合营销比传统营销更能满足消费者对购物方便的需求，消除了传统营销中的时间限制。网络上的空间距离使各方相隔的“时差”几乎不复存在。由于网络能够提供 24 小时服务，消费者可随时查询所需商品或企业的信息并在网上进行购物。

综合上面的几大优势不难看出，整合营销是未来的一种趋势，把模糊不清的概念变得越来越清晰，从而节省开支。方便、快捷、服务正是整合魅力中最具代表性的。

3.3 整合营销模式的重要性

所谓营销模式，就是指在营销过程中所采取的各种不同的模式，能否选择一个最佳的营销模式，对最终的产出有着非常大的影响。

现如今有很多的营销方式供我们选择，最常见的有软文营销、博客营销、SEM 营销、邮件营销、微博营销、微信营销等等，这些都是现在比较流行的集中营销手法之一。如果能合理地运用其中的任何一种营销手段并发挥到极致，效果也十分明显。有能力的可以用二、三种营销方式交叉起来操作，可以给企业节省更多的推广经费，最终达成的目标更精准。

选择好的营销方式对营销人员非常的有用，营销模式的重要性也不言而喻。

微信营销，微信自 2011 年 1 月 21 日推出之后，凭借腾讯平台迅速积累了上亿的用户。对于营销人员可以采用微信来实现线上和线下的体验工作，更好地拉近企业与消费者之间的距离，以后企业需要推广新产品时直接在微信上做宣传页可以了。总而言之微信营销实现的是企业与消费者沟通的一个桥梁，方便、快捷。

微博营销，微博可以为企业起到一个公关的效能，如遇到紧急事件的时候，可以在微博当中进行官方发言，消费者可以第一时间知道企业做出的最官方的回答。由此可见微博营销可以充当公关人员的作用。

博客营销，博客的出现让很多专家都可以尽情地在网上展示才华，随着时间的累积会有一批忠实的粉丝支持。其本身的商业价值就不言而喻，企业可以博客软文的形式为产品提前铺路，达到未见其人、先见其声的效果。专家推荐的产品或者好奇事物，权威性比一般新闻媒体价值度要高。

SEM 营销，企业在线上推广渠道中，必然少不了 SEM 营销手段，通过精准的搜索引擎关键词匹配，找到精准的客户群体，如搜索“男士衬衫”立马就能看到企业事先投放的广告，对产品的认知度进一步加深。

邮件营销，邮件起源非常早，国外的营销专家已经利用邮件营销来做生意，弊端就是先前得积累一大批客户资料，进行邮件群发营销，当然群发邮件内容需根据产品的卖点和特性来组合。只要把握好度还是一个非常好的营销方式，切勿乱发邮件，造成对消费者的困扰就不好了。

营销方式可以千变万化，唯独不变的是要以消费者为核心点，投其所好来做营销，离成功也就近了一步。选择何种营销模式是每个企业所考虑的。

3.4　电视与网络视频整合营销

线上广告近年来发展得异常迅速，传统广告行业个个都被压得喘不过气来，照此发展下去的话总有一天电视广告会被线上视频广告吞并掉。很多因素正在加速这个吞并的进程，其中最显而易见的就是在线视频的高品质内容以及可以在多种平台上同时发布，这些平台包括台式电脑、笔记本电脑、智能手机、平板电脑以及有线电视。

但是短期看来，电视广告和线上广告的一统局面还不会出现。

“什么在起着阻碍作用？最重要一点是电视行业的一些人害怕自己的经济利益受到伤害——无线、有线电视内容提供商以及线路提供商（线路提供商往往也是互联网服务提供商），”David Hallerman 这样表示，他是 eMarketer 的理论分析师，他最近发表了名为《数据化视频和电视广告：16 种帮助或阻碍他们整合的因素》的报告，“因为害怕经济利益受损，他们就制定出了一些策略来阻止视频广告向网上迁移，这些策略包括宽带和手机上网的套餐政策以及网络身份验证协议，前者被用来限制在线视频的应用。”电视与网络视频整合营销发展趋势如图 3-2 所示。

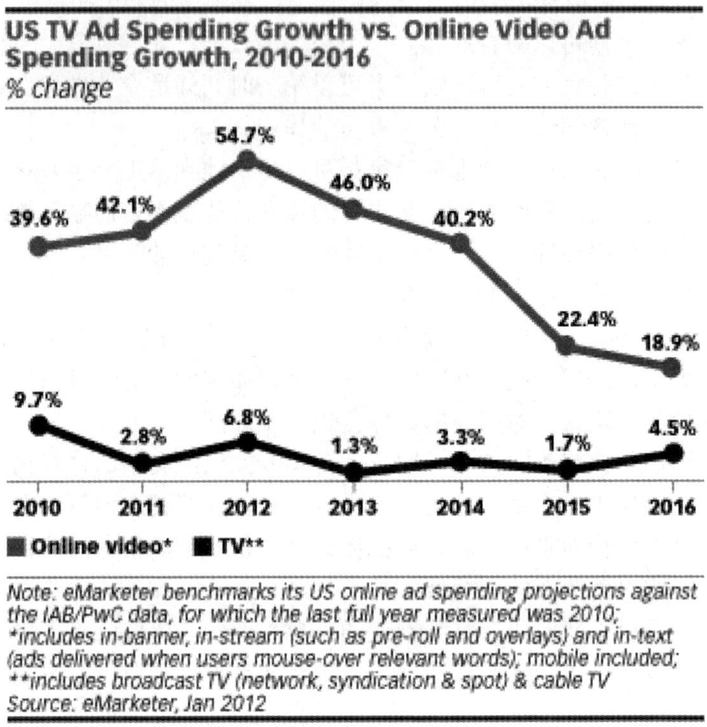

图 3-2　电视与网络视频整合营销发展趋势

当两种广告还不能完全整合的时候发生了什么？2010～2016 年间，在线视频广告投入的增长将远远超过电视广告的增长，而且这主要是来源于品牌广告而不是媒体公司或者其他既定内容的推广者。

电视观众中也出现了越来越多的声音希望电视广告和在线视频能够尽早整合，这是推进整合的一个重要因素。如图 3-3 所示，这种利好条件也使得 2012 年北美 28%的品牌广告及其推广商希望购买在线平台的广告，而这个数字在 2011

年还只是 8%，这些统计来自于 Adap.tv 以及 DIGIDAY 的报告。

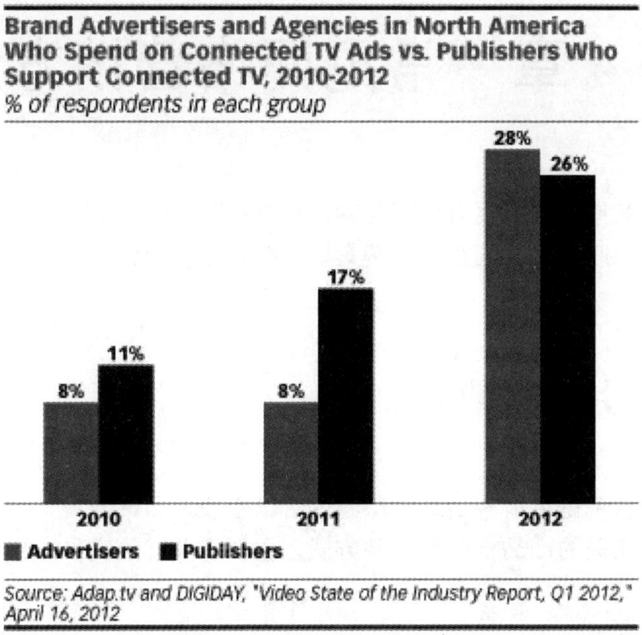

图 3-3　电视与网络视频整合营销

在线视频用户仍在不断增长，而且他们也热衷于在线收看节目，这些是另一个支持两平台广告整合的因素。但是抵触整合的声音也很强烈，其中包括对行业没落的恐惧，广告商可能无法在网上卖出足够的广告，数字格式广告购买以及统计、评测的复杂性，当然还有商家、推广者的惰性。

“在线的数字格式视频广告还需要些时间才能吞并电视广告，但是胜利的天平早就偏向了在线媒体，” David Hallerman 说，“五种数字屏幕——台式电脑、笔记本电脑、智能手机、平板电脑以及有线电视——这些是越来越多的观众收看电视以及其他视频节目的途径，品牌推广方希望能随时随地的让观众看到自己的广告。”

第 4 章　常见网络营销方法

常见网络营销方法主要有以下几种：搜索引擎营销、合作营销、病毒式营销、电子邮件营销、联署计划营销、免费策略营销、博客营销、网络广告营销和社会化网络营销等。

4.1　搜索引擎营销

搜索引擎营销是目前应用最为广泛的营销手段之一，国内一般是指通过搜索引擎平台进行相关的产品推广的一种方式，主要有关键词竞价、搜索引擎图文广告等。

4.1.1　搜索引擎营销简述

搜索引擎营销（Search Engine Marketing），简称为 SEM。就是根据用户使用搜索引擎的方式，利用用户检索信息的机会尽可能将营销信息传递给目标用户。简单来说，搜索引擎营销就是基于搜索引擎平台的网络营销，利用人们对搜索引擎的依赖和使用习惯，在人们检索信息的时候尽可能将营销信息传递给目标客户。

搜索引擎营销的基本思想是让用户发现信息，并通过点击进网站或网页进一步了解所需要的信息。

在介绍搜索引擎策略时，一般认为搜索引擎优化设计主要目标有两个层次：被搜索引擎收录和在搜索结果中排名靠前。这已经是常识问题，多数网络营销人员和专业服务商对搜索引擎的目标设定也基本处于这个水平。但从目前的实际情况来看，仅仅做到被搜索引擎收录并且在搜索结果中排名靠前还很不够，因为取得这样的效果实际上并不一定能增加用户的访问率，更不能保证将访问者转化为顾客或者潜在顾客，因此只能说是搜索引擎营销策略中两个最基本的目标。

4.1.2　搜索引擎营销特点

搜索引擎营销有着诸多的特点和优势，了解这些优势将有助于做好搜索引擎营销。

1．搜索引擎营销方法与企业网站密不可分

一般来说，搜索引擎营销作为网站推广的常用方法，在没有建立网站的情况下很少被采用（有时也可以用来推广网上商店、企业黄页等），搜索引擎营销需要以企业网站为基础，企业网站设计的专业性对网络营销的效果又会产生直接影响。

2．搜索引擎传递的信息只发挥向导作用

搜索引擎检索出来的是网页信息的索引，一般只是某个网站/网页的简要介绍，或者搜索引擎自动抓取的部分内容，而不是网页的全部内容，因此这些搜索结果只能发挥一个“引子”的作用，如何尽可能好地将有吸引力的索引内容展现给用户，是否能吸引用户根据这些简单的信息进入相应的网页继续获取信息，以及该网站/网页是否可以给用户提供给他所期望的信息，这些就是搜索引擎营销所需要研究的主要内容。

3．搜索引擎营销是用户主导的网络营销方式

没有哪个企业或网站可以强迫或诱导用户的信息检索行为，使用什么搜索引擎、通过搜索引擎检索什么信息完全是由用户自己决定的，在搜索结果中点击哪些网页也取决于用户的判断。因此，搜索引擎营销是由用户所主导的，最大限度地减少营销活动对用户的骚扰，这一点最符合网络营销的基本思想。

4．搜索引擎营销可以实现较高程度的定位

网络营销的主要特点之一就是可以对用户行为进行准确分析并实现较高程度的定位，搜索引擎营销在用户定位方面具有更好的功能，尤其是在搜索结果页面的关键词广告，完全可以实现与用户检索所使用的关键词高度相关，从而提高营销信息被关注的程度，最终达到增强网络营销效果的目的。

5．搜索引擎营销的效果表现为网站访问量的增加而不是直接销售

了解这个特点很重要，因为搜索引擎营销的使命就是获得访问量，因此作为网站推广的主要手段，至于访问量是否可以最终转化为收益，不是搜索引擎营销可以决定的。这说明，提高网站的访问量是网络营销的主要内容，但不是全部内容。

6．搜索引擎营销需要适应网络服务环境的发展变化

搜索引擎营销是搜索引擎服务在网络营销中的具体应用，因此在应用方式上

依赖于搜索引擎的工作原理、提供的服务模式等，当搜索引擎检索方式和服务模式发生变化时，搜索引擎营销方法也应随之变化。因此，搜索引擎营销方法具有一定的阶段性，与网络营销服务环境的协调是搜索引擎营销的基本要求。

4.2 合作营销

所谓合作营销，也可以称为联合营销或协同营销。可以理解为厂商之间通过共同分担营销费用，协同进行营销传播、品牌建设、产品促销等方面的营销活动，以达到共享营销资源、巩固营销网络目标的一种营销理念和方式。合作营销的最大好处是可以使联合体内的各成员以较少费用获得较大的营销效果，有时还能达到单独营销无法达到的目的。

合作营销是企业之间更加战略性的营销合作关系，最早由艾德勒于 1966 年在《哈佛商业评论》上提出，指的是两个或两个以上的品牌或企业，为了实现资源的优势互补，增强市场开拓、渗透与竞争能力，达成了长期或短期的合作联盟关系，共同开发和利用市场机会。通常所说的品牌合作（Co-Branding）、品牌联盟（BrandAlliances）、协同营销（JointMarketing）和共生营销（SymbioticMarketing）等都基本和合作营销是同一概念。

营销专家艾略特•艾登伯格（ElliottEttenberg）在其著名的《4R 营销》（The Next Economy：Will You Know Where Your Customers are）一书中预言：“合作营销将是后经济时代新的大趋势。”合作营销的兴起与当今市场激烈竞争和科技飞速发展有着密切关系。面对众多水平更高、实力更强的对手，任何一个企业都不可能在所有方面处于优势。在这种形势下，具有优势互补关系的企业便纷纷联合起来，实施联合营销，共同开发新产品、共享人才和资源，共同提供服务等，从而降低竞争风险，增强企业竞争能力。

例如，微软初出茅庐时就将“Windows”与久负盛名的 PC 厂商 IBM 公司的电脑结合，实行联合营销。又比如：在 1940 年当过近卫内阁大臣的日本财阀小林一三在一家百货公司任总经理时，曾让其秘书到全市调查哪家饭馆的咖喱饭味道最好。然后他把最好的那一家饭馆的老板请来，提出在百货公司开辟一处地方卖咖喱饭，价格比市场上低四成，这四成由百货公司负责给老板补上。饭馆老板当然乐意。全市味道最好的咖喱饭，又比别处便宜四成，结果引来了大量顾客。顾客吃完饭就要逛商场，逛商场就要买东西，一年下来商场营业额比上一年增加了 5 倍，饭馆营业额增加了几十倍。由此可见联合营销只要运用得当，不但对双方都有利，有时还可获得单独营销无法达到的效果。

4.2.1　合作营销的特征

传统营销是营销——竞争导向观念，它既考虑满足顾客需要又考虑竞争者的经营战略将市场导向和竞争导向相统一。而合作营销则是营销——合作导向观念，通过与经销商、供应商甚至竞争者的合作来更好地满足顾客需要，企业之间的关系是既有合作又有竞争。

由此可见，合作营销的核心是建设性的伙伴关系，而这种伙伴关系的建立是以双方的核心能力的差异性或互补性为基础。这种互补性使得双方的合作产生协同效应，创造“1+1>2”的效应，创造“1+1>2”的效果，从而实现合作双方的“双赢”。合作营销也有如下三个特征。

1．在合作过程中，合作双方保持各自实体上的独立性

合作营销过程中的合作并不是指合作各方在企业整体层面的共同运作，仅限于成员企业部职能（如新产品开发、仓储、市场等）的跨组织合作，合作各方保持各自实体上的独立性。因此，与合资、兼并和收购相比合作营销仅是企业间较为松散的一种合作形式。

2．合作营销范围广泛

一个企业可以根据实际的需要同产业链甚至产业链以外的多家企业建立合作营销关系，以涉及不同的行业和地域，范围相当广泛。

3．合作有一定局限性

合作的范围应具体，相对独立单一，恪守 1+1=1 的限制，而不是 1+1=2 的企业。两个企业的兴旺或衰败可不受对方的限制，应一方为主体，另一方为附体。但附体必须有相对的独立性，可仅是某种资源的提供者。

4.2.2　合作营销的三种形式

了解合作营销的三种形式，将有助于更好的使用这一方法，这三种形式为水平合作营销、垂直合作营销和交叉合作营销。

1．水平合作营销

水平合作营销指的是企业在某一特定营销活动内容上的平行合作，如两个企业在开发某一新产品上通力合作，或者在对产品的广告和促销上进行合作，或者

互相为对方产品提供销售渠道等。水平合作最有可能在同行业的企业中展开。

2．垂直合作营销

垂直合作营销是企业在不同的营销活动内容上的合作。企业分别承担某一营销活动，最终组成合作优势。如丹麦的诺沃公司是生产胰岛素和酶的小企业，具有一定的生产技术优势，但是本身的销售能力却很差。为此，诺沃公司与美国的施贵宝公司合作，由施贵宝公司专门负责北美市场的销售活动，取长补短，取得了很好的效果。

3．交叉合作营销

垂直合作主要是在同一行业的企业之间进行，交叉合作却是两个企业的综合，主要在不同行业的企业之间进行。随着企业多角化战略的不断应用，这种交叉合作已越来越为企业所喜好。交叉合作又被称为全方位合作或全面合作，它在国际营销中的重要性将受到更高重视。

4.2.3 合作营销的利弊

合作营销的优点具体体现在如下几个方面。

1．巩固已有的市场地位，增强企业的竞争实力

美国三大汽车公司曾经通过与日本和韩国的企业合作来提高市场占有率。三大汽车公司以定牌生产的方式，购进日本和韩国的小轿车在美国市场销售，以满足一部分消费者的需求。而英特尔与微软之间构建的“Win－tel”联盟，给竞争者设置了一道难以逾越的屏障，从而保证了双方的竞争优势。

2．顺利进入新市场

企业要想进入到一个国际新市场，不仅需要巨额的投资，还要遇到很多意想不到的非关税壁垒的限制。企业通过与当地企业的合作可以开辟出一条进入新市场的捷径，而多家企业联手开拓新市场也可以规避很多风险。法国酸奶制造商Danone和加拿大冷冻食品公司McCain公司合作进军南非的酸奶市场，成功地挑战了Irvin和Johnson这样的当地大品牌。

3．有助于多元化战略的展开

对大型企业来说，其战略要求它必须要有意识地向新的领域进军。但是，新的领域对企业来说是一个陌生的地带，要承担很大的市场风险，通过合作营销就能减少这样的市场风险。20 世纪 80 年代初，韩国现代与三菱和克莱斯勒、大宇与通用汽车分别建立了多种形式的合作营销，使韩国在短短十多年间，一跃成为世界的主要汽车生产和出口国之一。

4. 减少无益的竞争

同一行业的企业在激烈的竞争中往往会产生负效应，从而增加企业的生产成本。进行合作营销能避免这种情况的发生，合作营销的趋势在航空运输业中最为明显。

除了优点，合作营销的缺点也不容忽视，这些缺点主要包括：

- 联合各方所承担的费用难以商定，利益冲突较难摆平，相互关系较难处理。
- 营销活动的时间、地点、内容和方式较难统一，各方都希望选取对自己最有利的活动时间、地点、内容和方式。
- 营销活动开始后，各方为了把顾客吸引到自己周围，或提高自己产品的销量，有可能互相拆台，使合作伙伴成为竞争对手。
- 在联合营销活动中，要突出本企业或本企业产品的特色，有一定困难。

4.2.4 合作营销的原则

互利互惠是合作营销最基本的原则，只有合作各方都能得到好处，合作营销才能顺利进行。其次，合作营销各方要有基本一致的目标消费群体，才容易收到理想效果：“美宝莲”润唇膏的折价券，是夹在“博士伦”隐形眼镜向其会员寄发的通讯册中发送的。这种联合营销之所以可行，是因为这两种产品有共同的目标消费群体，都是年轻女性。“嘉龙”牌食用油和“家乐”牌调味粉联合营销的内容是：顾客买一壶油和一组调味粉，就可以减价 3.5 元。这两种产品的目标消费者一致，销售渠道一致，甚至可以放在一个货架上推广，因此效果较好。

近几年来，在中国互联网公司合作营销案例中，也出现了较多的经典案例，比如中国电信与网易合作营销，红米手机与 QQ 空间，高德地图与阿里巴巴等。

选择联合对象还要考虑对方市场形象的问题。企业树立自己的市场形象并不容易，一旦选择合作伙伴不当，有可能损害甚至破坏自己的市场形象，得不偿失。有的企业定位于高档商品市场，有的企业定位于低档商品市场，这样的联合就有可能损害自己的形象。特别是与一个品牌形象不佳的企业合作营销，还有可能破坏自己的企业形象和品牌形象。

最后，合作营销最好是知名企业、知名品牌之间的强强联合。如果是强弱联合或弱弱联合，这种联合有可能起反作用。

4.2.5 合作营销的关键点

签订完善的联合营销协议书或合同书，是联合促销成功最基本的前提。

联合营销成败的关键是选准合作对象。如果有一方的产品不能被消费者接受，就会影响其他各方产品的销售；只要有一方企业形象或品牌形象不佳，就会影响其他各方的企业形象或品牌形象；营销中如果有一方损人利己，就会破坏合作效果。

联合营销中很难做到利害关系完全均等，能否调节好各方合作关系，也是决定成败的一个关键。

4.3 病毒式营销

病毒式营销是通过类似病理方面和计算机方面的病毒的传播方式，即自我复制的病毒式的传播过程，利用已有的社交网络去提升品牌知名度或者达到其他市场营销目的。病毒式营销是由信息源开始，再依靠用户自发的口碑宣传，达到一种快速滚雪球式的传播效果。它描述的是一种信息传递战略，经济学上称之为病毒式营销，因为这种战略像病毒一样，利用快速复制的方式将信息传向数以千计、数以百万计的受众。

4.3.1 病毒营销的发展

病毒营销是由欧莱礼媒体公司总裁兼 CEO 提姆·奥莱理提出。他是美国 IT 业界公认的传奇式人物，是开放源码概念的缔造者。当我们采用病毒营销方式的时候，目标产品或需要传递的信息会直接从一位用户传播到另外一位用户，像病毒一样进行快速的大范围传播，迅速在较大范围的目标群体中产生正面的影响。

以策略观点思考病毒式营销的动机，起源于艾利朗·卡茨和保罗·拉沙非将近五十年前的作品。他们在著作《个人影响》一书中，比较消费者（或称用户）对消费者接触的力量，与其他形式的大众传播，并假设该过程透过一种两级流动运作。某个人被视为有影响力，吸收资讯并将其传给他们接触过的人，重点是影响人物的影响力，来自他们与社群和其他人的关系，除此之外，这些人较难接受或吸收资讯。

4.3.2　如何设计病毒营销

病毒营销的优势毫无疑问，如何设计病毒营销，一般参考如下四个方面。

1．有内涵的病毒

没有病毒何来传播？病毒本身是引发传播的母体和根本，如何设计信息内容才能让它具备病毒特性？网络整合营销 4I 原则中的 interests（利益原则）与 interesting（趣味原则）可以作为生产病毒的指导标准。

互联网中有一个强大的定律：免费模式。如果你能提供优秀的内容，免费的电子书，免费的试用装，免费的网络服务，那么用户就会帮你传播，转发给朋友，网络整合营销 4I 原则中的 interests（利益原则）——给予用户利益，没人会抗拒。

互联网是娱乐经济，是注意力经济。病毒的设置，应该具有娱乐精神，回顾一下曾经火爆网络江湖的内容，芙蓉姐姐、贾君鹏等哪个不是娱乐的底色？网络整合营销 4I 原则的 interesting 趣味原则为无娱乐，不病毒。同时不要忘记将病毒巧妙的掩藏起来，合理展示出来，平衡很重要。

2．病毒传播要容易

就如 H1N1 流感传播的那样，其只需通过咳嗽或喷嚏就可以在人群中传播。在开展病毒传播之时同样需要考虑到让其可以简单地传播起来。

简化营销信息，让用户容易复制，传递，转帖，下载，通过邮件发送等。需要充分考虑用户使用互联网的习惯和传播成本。

病毒传播成本如果大于传播获得的乐趣，用户将不会去传播，反之，传播成本越低，病毒获得传播的机会就越大。

3．寻找易感人群

H1N1 流感为什么在儿童中容易爆发？因为儿童的免疫力和抵抗力不如成年人。如果 H1N1 流感爆发在南极或北极，人烟稀少也将不会爆发。

同样，病毒营销传播也是需要寻找易感人群作为传播的平台。针对设计的病毒，寻找容易感染、反馈、参与病毒营销的潜在感染者。比如设计的病毒目标载体是时尚年轻人，那么需要事前进行病毒测试，感染性怎么样，是否容易感染上病毒。寻找开展病毒营销的平台也很重要，年轻人在互联网上聚集在什么平台，就去这些平台上开展病毒营销。结合之前谈的人群聚集，再加上容易感染，那么这个病毒营销即将爆发。

4. 病毒变种

流感病毒一直在和人类做斗争，积极的变型以保证适应人体这个载体。甲流在香港出现了变种，更具备了传播性。在设计病毒营销的时候，也必须全程监控病毒传播的效果和反应。面对用户的反应，与时俱进地修改、调整病毒，做一个生命力顽强的病毒。“变型金刚”版的病毒，还怕没有传播机会？

4.4 电子邮件营销

电子邮件营销（E-mail Direct Marketing），简称 EDM。是指在用户事先许可的前提下，通过电子邮件的方式向目标用户传递价值信息的一种网络营销手段。电子邮件营销是一个广泛的定义，凡是给潜在客户或者是客户发送电子邮件都可以被看做是电子邮件营销。

电子邮件营销也通常涉及到以下几个方面：（1）以加强与商人和现在客户的合作关系为目的发送邮件，从而鼓励客户忠实于自己或者重复交易；（2）以获得新客户和使老客户立即重复购买为目的发送邮件；（3）在发送给自己客户的邮件中添加其他公司或者本公司的广告；（4）通过互联网发送电子邮件。

电子邮件营销有三个基本因素：用户许可、电子邮件传递信息、信息对用户有价值。三个因素缺少一个，都不能称之为有效的电子邮件营销。电子邮件营销是利用电子邮件与受众客户进行商业交流的一种直销方式，同时也广泛地应用于网络营销领域。电子邮件营销是网络营销手法中最古老的一种，可以说电子邮件营销比绝大部分网站推广和网络营销手法都要老。

据电子邮件的发明人雷·汤姆林森（Ray Tomlinson）回忆道，电子邮件的诞生是在 1971 年秋季（确切的时间已经无法考证），当时已经有一种可传输文件的电脑程序以及一种原始的信息程序。但两个程序存在极大的使用局限——例如：使用信息程序的人只能给接收方发送公报，接收方的电脑还必须与发送方一致。

发明电子邮件时，汤姆林森是马萨诸塞州剑桥的博尔特·贝拉尼克·纽曼研究公司（BBN）公司的重要工程师，当时，这家企业受聘于美国军方，参与 Arpanet 网络（互联网的前身）的建设和维护工作。汤姆林森对已有的传输文件程序以及信息程序进行研究，研制出一套新程序，它可通过电脑网络发送和接收信息，再也没有了以前的种种限制。为了让人们都拥有易识别的电子邮箱地址，汤姆林森决定采用@符号，符号前面加用户名，后面加用户邮箱所在的地址。电子邮件由此诞生。

虽然电子邮件是在 20 世纪 70 年代发明的，但却是在 80 年代才得以兴起。

70 年代的沉寂主要是由于当时使用 Arpanet 网络的人太少，网络的速度也仅为目前标准速度的 2%。受网络速度的限制，那时的用户只能发送些简短的信息，根本不能像现在这样发送大量照片。到了 80 年代中期，个人电脑兴起，电子邮件开始在电脑迷以及大学生中广泛传播开来；到了 90 年代中期，互联网浏览器诞生，全球网民人数激增，电子邮件被广泛使用。

使电子邮件成为主流的第一个程序是 Euroda，是由史蒂夫·道纳尔在 1988 年编写的。由于 Euroda 是第一个有图形界面的电子邮件管理程序，它很快就成为各公司和大学校园内的热门电子邮件程序。然而 Euroda 的地位并没维持太长时间。随着互联网的兴起，Netscape 和微软相继推出了自己的浏览器和相关程序。微软开发的 Outlook 使 Euroda 逐渐走向衰落。

从互联网诞生到现在，关于电子邮件发生的最大变化是基于互联网的电子邮件的兴起。人们可以通过任何联网的计算机在邮件网站上维护他们的邮件账号，而不是只能在他们家中或公司的联网电脑上使用邮件。

Hotmail 的成功使一大批竞争者得到了启发，很快电子邮件成为门户网站的必有服务，如雅虎、Netscape，Exicite 和 Lycos 等，都有自己的电子邮件服务。

4.5　联署计划营销

联署计划也称为联署营销，大家也叫网站联盟，简单的说是一种按效果付费的网站推广方式。联署计划的英文名称有很多，如 affiliate program、referral program、associate program、profit sharing program、partners program 等。

网站站长注册参加广告商的联署计划，获得一个特定的只属于这个站长的联署计划链接。站长把这个链接放在自己的网站上，或者通过其他方式推广这个链接。当用户通过联署链接点击来到广告商的网站后，联署计划程序会对用户的点击、浏览、销售进行跟踪。如果用户在广告商的网站上完成了指定的行动，广告商将按预先规定好的佣金支付给站长。

4.5.1　联署计划的三种付费形式

通常用户需要完成的指定行为包括销售以及引导。按照用户指定行为的不同，联署计划又可以分成三种付费形式。

1. 按点击付费

按点击付费（Pay Per Click）简称 PPC，非常类似于搜索竞价排名。用户只要点击联盟链接，广告主就要支付站长一定数额的佣金。用户无须在网站上完成其他行为。

2．按引导付费

按引导付费（Pay Per Lead）简称 PPL，用户点击联盟链接来到广告商网站后，需要完成某个引导行为，比如下载试用软件、注册用户账号、订阅电子杂志等。这里的引导行为通常都是免费的，不需要用户花钱购买任何东西。

3．按销售付费

按订单付费（Pay Per Sale）简称 PPS，用户点击联署链接来到广告商网站后，需要完成购买，产生销售额，广告主才按商定的金额支付站长佣金。通常按销售付费是最常见的。

4.5.2 联署计划营销的优势

联署计划营销是对广告商、站长及用户三赢，是非常有效的网络营销渠道。对广告商来说，只有在用户完成特定任务，产生了营销效果后，才支付广告费用。没有营销效果，广告商不必支付任何费用。

当然，如果联署营销计划只对广告商一方有利而没有站长的积极参与，也不可能迅速发展。对参加联署计划的站长来说，这也是一个有效的赚钱方式。最后，联署计划对用户也是有利的，如果没有联署计划，用户可能根本没有机会看到广告商的网站，也就没有机会买到自己想要的产品和服务。无论用户是以哪种方式来到广告商的网站，产品和服务的价格及水平都是完全一样的，并不会因为客户是从联署计划链接来到广告商网站，付出的价格就更高些。对最终用户来说，产品和价格都是一样的，没有任何区别。

4.6 免费策略营销

免费营销是一种传播性很强的策略。在网站看到免费东西的人，可以没有心理负担的向其他人推荐。反正是免费的，不会被人觉得自己是拿了什么回扣或好处才推荐别人来网站。免费策略营销是为日后盈利打基础的网络营销策略。用免费的东西获得用户，必然要在其他地方赚回来。因为人本身的相关特性，免费策略营销也有强大的生命力。

4.6.1　免费策略的优势

互联网最初是完全免费的，没有商业性。开始有电子商务，是发展几年以后的事了。所以在互联网上大家多少会有一种倾向，网上的东西都应该是免费的。而网上恰恰有很多好东西确实是免费的，而且免费是很有力的一种手段。

免费策略使浏览者变成固定用户的阻力大为减小。一个浏览者来到网站，如果该网站提供某种免费的东西，使这个浏览者成为该网站的用户，或者免费试用客户，或者会员，以后还有机会向他推销付费产品的可能性就会大为增加。对这个浏览者来说，不用白不用，不下载白不下载，不看白不看，对他没有任何损失。对站长来说，增加一个免费用户就增加了多产生一个付费用户的可能性。

4.6.2　免费策略营销的相关形式

免费策略可以有很多形式，下面举几个例子。

免费的东西也可以是与付费产品捆绑在一起的赠品。有的时候产品一共 100 块钱，但可以赠送很多东西，而且赠送的东西价值加起来，可能值几百块，看着非常让人高兴。当然这种赠送的东西往往是容易大量复制，而不需要很高成本的，像电子书，白皮书，报告等。有的人买东西最后的决定，往往是在赠送了大量免费赠品的推动下而做出的。

电子邮件营销往往也需要免费策略的辅助。网上的电子杂志多如牛毛，浏览者凭什么要订阅电子杂志？这时候就需要给浏览者一个理由，免费赠送些什么东西就是个好理由。

很多时候初级产品是免费的，但要升级就要付费了。比如说免费虚拟主机，要想不带广告，或者增加数据库、PHP 等功能，就要成为付费用户。软件行业也常用这个免费策略，试用版免费，但过一段时间软件会过期。或者初级版免费，但功能做了限制。想要完整版没有限制的软件，则要付费。这种软件销售方式非常有效。当然前提是软件真有用，人家试用了一下，觉得物有所值。

免费策略也可以用来提高市场占有率，快速获得大量用户。比如淘宝战胜易趣，虽然到目前为止淘宝还没有收费，但像前面说的，天下没有免费的午餐。到现在为止，淘宝已经通过提供相关的增值服务获得了较大的盈利。

4.7　博客营销

要了解什么是博客营销，首先要知道什么是博客。博客最初的名称是 Web log，由 Web 和 log 两个单词组成，英文单词 blog（Weblog 的缩写）的字面意思是网络日记，后来喜欢新名词的人把这个词的发音故意改了一下，读成 Weblog。由此，blog 这个词就被创造出来。

博客这种网络日记的内容通常是公开的，用户可以发表自己的网络日志，也可以阅读别人的网络日志，因此博客可以理解为一种个人思想、观点、知识等在互联网上的共享。由此可见，博客具有知识性、自主性、共享性等基本特征，正是博客这种性质决定了博客营销是一种基于包括思想、体验等表现形式的个人知识资源，它通过网络形式传递信息。

博客营销是利用博客这种网络应用形式开展网络营销的工具。公司、企业或者个人利用博客这种网络交互性平台，发布并更新企业、公司或个人的相关概况及信息，并且密切关注并及时回复平台上客户对于企业或个人的相关疑问以及咨询，并通过较强的博客平台帮助企业或公司零成本获得搜索引擎的较前排位，以达到宣传目的的营销手段。

与博客营销相关的概念有企业博客、职业博客、营销博客等，这些也都是从博客具体应用的角度来描述，主要区别那些出于个人兴趣甚至个人隐私为内容的个人博客。

4.7.1 博客营销的内容及含义

博客是很好的企业公关工具，进可攻，退可守，就算是企业博客也都是个人写的，很多时候完全可以不必代表公司立场。有时候自卖自夸一下，讽刺一下竞争对手都无伤大雅。写的时候也不必打草稿，写错了，写的不合适也没什么大不了，承认错误，或者说一句，这是我的地盘我做主，也挺好。博客是这几年最火爆的网络应用之一，现在国内写博客的人已经多达几千万。博客营销所包含的内容一般有博客地址选择、博客设置、博客内容运营、博客的宣传以及博客的互动等，如图 4-1 所示。

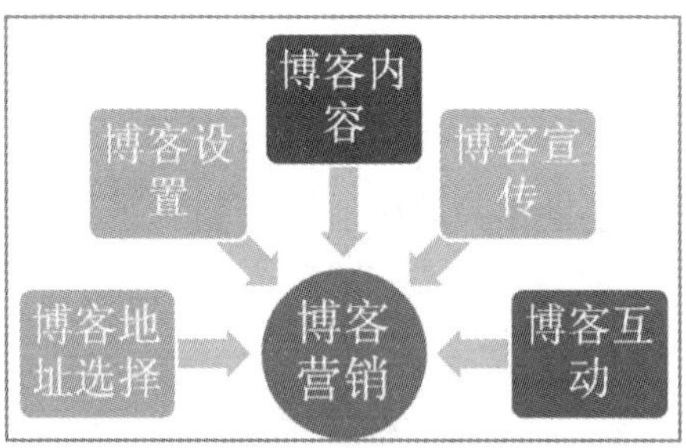

图 4-1 博客营销内容

从博客营销的内容可以看出要做好博客其实也并非一件易事，需要用心，并且需要关注诸多环节。

那么什么是博客营销，可以说并没有严格的定义，简单来说，就是利用博客这种网络应用形式开展网络营销。

博客是一种新型的个人互联网出版工具，是网站应用的一种新方式，要说明什么是博客营销，首先要从什么是博客说起，它为每一个人提供一个信息发布、知识交流的传播平台，博客使用者可以很方便地用文字、链接、影音、图片建立起自己个性化的网络世界。

4.7.2　博客营销的特点

1．博客是一个信息发布和传递的工具

在信息发布方面，博客与其他工具有一定相似的地方，即博客所发挥的同样是传递网络营销信息的作用，这是认识博客营销的基础。网络营销信息传递实际上也是整个网络营销活动的基础。

2．博客文章的内容题材和发布方式更为灵活

博客文章内容题材和形式多样，因而更容易受到用户的欢迎。此外，专业的博客网站用户数量大，有价值的文章通常更容易迅速获得大量用户的关注，从而在推广效率方面要高于一般的企业网站。

3．博客传播具有更大的自主性，并且无须直接费用

博客的信息传递无须直接费用，是成本最低的推广方式。

4．博客的信息量更大，表现形式灵活

博客文章的信息发布与供求信息发布是完全不同的表现形式，博客文章的信息量可大可小，完全取决于对某个问题描写的需要，博客文章并不是简单的广告信息，实际上单纯的广告信息发布在博客网站上也起不到宣传的效果，所以博客文章写作与一般的商品信息发布是不同的，在一定意义上可以说是一种公关方式，只是这种公关方式完全是由企业自行操作的，而无须借助于公关公司和其他媒体。

5．博客文章显得更正式，可信度更高

博客文章比一般的论坛信息发布所具有的最大优势在于，每一篇博客文章都是一个独立的网页，而且博客文章很容易被搜索引擎收录和检索，这使得博客文

章具有长期被用户发现和阅读的机会，一般论坛的文章读者数量通常比较少，而且很难持久，几天后可能已经被人忘记了。所以，博客营销与论坛营销相比的优势非常明显，可以说完全不在一个层次上。

4.7.3 博客营销的模式

1. 在博客网站上做广告

在博客世界，标准的、口号式的广告，就仿佛是鸡尾酒会上的大声叫唤。广告的设计要把博客考虑进去，要让博客成为广告对话的一部分。

2. 发表专业文章

作为专业文章的主角——产品一定要有一个知识点，用来和公众沟通，并树立权威感。

3. 打造博客团队

通过公关公司发布博客日记来影响主流媒体的报道。

4. 监测博客网站

通过监测博客网站，及时发觉当前谈论最多的公司或时下民众最关注的话题，为潜在的公关危机做好准备。

4.7.4 为什么使用博客营销

博客内容发布在博客托管网站上，这些网站往往拥有大量的用户群体，有价值的博客内容会吸引大量潜在用户浏览，从而达到向潜在用户传递营销信息的目的，用这种方式开展网络营销，是博客营销的基本形式，也是博客营销最直接的价值表现。

1. 博客营销的价值体现在降低网站推广费用方面

网站推广是企业网络营销工作的基本内容，大量的企业网站建成之后都缺乏有效的推广措施，因而网站访问量过低，降低了网站的实际价值。通过博客的方式，在博客内容中适当加入企业网站的信息达到网站推广的目的，这样的“博客推广”也是成本极低的网站推广方法，降低了一般付费推广的费用，或者在不增加网站推广费用的情况下，提升了网站的访问量。

2．博客文章内容为用户通过搜索引擎获取信息提供了机会

多渠道信息传递是网络营销取得成效的保证，通过博客文章，可以增加用户通过搜索引擎发现企业信息的机会，其主要原因在于，一般来说，访问量较大的博客网站比一般企业网站的搜索引擎友好性要好，用户可以比较方便地通过搜索引擎发现这些企业博客内容。这里所谓搜索引擎的可见性，也就是让尽可能多的网页被主要搜索引擎收录，并且当用户利用相关的关键词检索时，这些网页出现的位置和摘要信息更容易引起用户的注意，从而达到利用搜索引擎推广网站的目的。

3．博客文章可以方便地增加企业网站的链接数量

获得其他相关网站的链接是一种常用的网站推广方式，但是当一个企业网站知名度不高且访问量较低时，往往很难找到有价值的网站给自己链接，通过在自己的博客文章为本公司的网站做链接则是顺理成章的事情。拥有博客文章发布的资格增加了网站链接的主动性和灵活性，这样不仅可能为网站带来新的访问量，也增加了网站在搜索引擎排名中的优势，因为一些主要搜索引擎把一个网站被其他网站链接的数量和质量也作为计算其排名的因素之一。

4．可以实现以更低的成本对读者行为进行研究

当博客内容比较受欢迎时，博客网站也成为与用户交流的场所，有什么问题可以在博客文章中提出，读者可以发表评论，从而可以了解读者对博客文章内容的看法，作者也可以回复读者的评论。当然，也可以在博客文章中设置在线调查表的链接，便于有兴趣的读者参与调查，这样就可以扩大网站上在线调查表的投放范围，同时还可以直接就调查中的问题与读者进行交流，使得在线调查更有交互性，其结果是提高了在线调查的效果，也就意味着降低了调查研究费用。

5．博客是建立权威网站品牌效应的理想途径之一

对于个人来说，如果想成为某一领域的专家，最好的方法之一就是建立自己的博客。如果你坚持不懈地写下去，你所营造的信息资源将会带来可观的访问量，在这些信息资源中，也包括你收集的各种有价值的文章、网站链接、实用工具等，这些资源为自己持续不断地写作更多的文章提供很好的帮助，如此便会形成良性循环。这种资源的积累实际上并不需要多少投入，但其回报却是可观的。对企业博客也是同样的道理，只要坚持对某一领域的深度研究，并加强与用户的多层面交流，获得用户的品牌认可和忠诚就指日可待。

6. 博客减小了被竞争者超越的潜在损失

2004 年博客在全球范围内已经成为热门词汇之一，不仅参与博客写作的用户数量快速增长，浏览博客网站内容的互联网用户数量也在急剧增加。在博客方面所花费的时间成本，实际上已经从其他方面节省的费用所补偿，比如为博客网站写作的内容，同样可以用于企业网站内容的更新，或者发布在其他具有营销价值的媒体上。反之，如果因为没有博客而被竞争者超越，那种损失将是不可估量的。现在虽然没有以前那么火了，但博客仍然是互联网最通用的应用之一。

7. 博客让营销人员从被动的媒体依赖转向自主发布信息

在传统的营销模式下，企业往往需要依赖媒体来发布企业信息，不仅受到较大局限，而且费用相对较高。当营销人员拥有自己的博客园地之后，就可以随时发布所有自己想发布的信息，只要这些信息没有违反国家法律，并且信息对用户是有价值的。博客的出现，对市场人员营销观念和营销方式带来了重大转变，博客赋予每个企业、每个人自由发布信息的权力，如何有效地利用这一权力为企业营销战略服务，则取决于市场人员的背景知识和对博客营销的应用能力等因素。

4.7.5 博客营销的操作方式

博客营销的操作方式与传统营销有所区别，而且其易操作性以及最初的低投入成本使得博客营销具有非常大的可实施性。下面以如何利用第三方博客平台的博客文章发布功能开展网络营销活动为例，介绍博客营销的操作方式。

1. 选择博客托管网站、开设博客账号

即选择适合本企业的博客营销平台，并获得发布博客文章的资格。一般来说，应选择访问量比较大以及知名度较高的博客托管网站，这些资料可以根据全球网站排名系统等信息进行分析判断，对于某一领域的专业博客网站，则应在考虑其访问量的同时还要考虑其在该领域的影响力，影响力较高的网站，其博客内容的可信度也相应较高。如果必要，也可以选择在多个博客托管网站进行注册。

2. 制定一个中长期博客营销计划

这一计划的主要内容包括从事博客写作的人员计划、每个人的写作领域选择、博客文章的发布周期等。由于博客写作内容有较大的灵活性和随意性，因此博客营销计划实际上并不是一个严格的“企业营销文章发布时刻表”，而是从一个较长时期来评价博客营销工作的一个参考。

3. 创建合适的博客环境，坚持博客写作

无论一个人还是一个博客团队，要保证发挥博客营销的长期价值，就需要坚持不懈的写作，一个企业的一两个博客偶尔发表几篇企业新闻或者博客文章是不足以达到博客营销的目的的，因此如果真正将博客营销纳入到企业营销战略体系中，企业创建合适的博客环境、采用合理的激励机制是很有必要的。

4. 综合利用博客资源与其他营销资源

博客营销并非独立的，只是企业营销活动的一个组成部分，同时博客营销的资源也可以发挥更多的作用，如前文所述，将博客文章内容与企业网站的内容策略和其他媒体资源相结合，因此对于博客内容资源的合理利用也就成为博客营销不可缺少的工作内容。

5. 对博客营销的效果进行评估

与其他营销策略一样，对博客营销的效果也有必要进行跟踪评价，并根据发现的问题不断完善博客营销计划，让博客营销在企业营销战略体系中发挥应有的作用。至于对博客营销的效果评价方法，目前同样没有完整的评价模式，不过可参考网络营销其他方法的评价方式来进行。

4.7.6　博客营销的策略

博客营销在执行时，需要讲究一些策略，方能达到最佳效果。

首先需要选择博客托管网站、注册博客账号，即选择功能完善、稳定，适合企业自身发展的博客营销平台，并获得发布博客文章的资格。选择博客托管网站时应选择访问量比较大而且知名度较高的博客托管网站，可以根据全球网站排名系统等信息进行分析判断。对于某一领域的专业博客网站，不仅要考虑其访问量而且还要考虑其在该领域的影响力，影响力较高的博客托管网站，其博客内容的可信度也相应较高。

在营销的初始阶段，用博客来传播企业信息首要条件是拥有具有良好写作能力的博主，博主在发布自己的生活经历、工作经历和某些热门话题的评论等信息的同时，还可附带宣传企业，如企业文化、产品品牌等，特别是当发布文章的博主是在某领域有一定影响力的人物，所发布的文章更容易引起关注，吸引大量潜在用户浏览，通过个人博客文章内容为读者提供了解企业信息的机会。这说明具有营销导向的博客需要以良好的文字表达能力为基础。因此企业的博客营销需要以优秀的个人博客为基础。

1. 创造良好的博客环境

企业应坚持长期利用博客，不断地更换其内容，这样才能发挥其长久的价值和应有的作用，吸引更多的读者。因此进行博客营销的企业有必要创造良好的博客环境，采用合理的激励机制，激发博主的写作热情，促使企业博主们有持续的创造力和写热情。同时应鼓励他们在正常工作之外的个人活动中坚持发布有益于公司的博客文章，这样经过长期的积累，企业在网络上的信息会越积越多，被潜在用户发现的机会也就大大增加了。可见，利用博客进行营销是一个长期积累的过程。

2. 协调个人观点与企业营销策略之间的分歧

从事博客写作的是个人，但网络营销活动是属于企业营销活动。因此博客营销必须正确处理两者之间的关系，如果博主所写的文章都代表公司的官方观点，那么该博客文章就失去了其个性特色，也就很难获得读者的关注，从而失去了信息传播的意义。但是，如果博客文章只代表个人观点，而与企业立场不一致，就会受到企业的抵制。因此，企业应该培养一些有良好写作能力的员工进行写作，他们所写的东西既要反映企业，又要保持自己的观点性和信息传播性。这样才会获得潜在用户的关注。

3. 建立自己的博客系统

当企业在博客营销方面开展的比较成功时，则可以考虑使用自己的服务器，建立自己的博客系统，向员工、客户以及其他外来者开放。博客托管网站的服务是免费的服务。服务方不承担任何责任，所以服务是没有保障的，如果服务方中断服务，企业通过博客积累的大量资源将可能毁于一旦。如果使用自己的博客系统，则可以由专人管理，定期备份，从而保障博客网站的稳定性和安全性。而且开放博客系统将引来更多同行、客户来申请和建立自己的博客，使更多的人加入到企业的博客宣传队伍中来，在更大的层面上扩大企业影响力。

4.8 网络广告营销

目前网络广告营销已经成为最时尚、最流行的媒介宣传方式，具有针对性强、数据统计方便准确、传播范围广等诸多优点。网络广告营销结合市场需求和丰富多彩的网络营销渠道和推广形式，以及良好的性价比，吸引了众多企业和品牌，对提高品牌知名度和号召力起到不容小觑的推动作用。

4.8.1　网络广告的特点及其优势

互联网作为新型的媒体通路，被大家认为是继纸介媒体、电波媒体、视频媒体之后出现的“第四媒体”，因而也具有较多明显的特点。

1．传播、覆盖范围广

其传播的最大特色是不受任何时间与地域的限制，通过国际互联网络把各类信息或广告 24 小时不间断地传播到世界各地。

2．交互性强

传统媒体基本上只能进行大众传播，而在互联网上，既能进行大众传播，又能进行个人传播、人际传播、群体传播和组织传播。交互性强是网络媒体的最大优势，它不同于传统媒体的信息单向传播，而是信息互动传播，用户可以获取他们认为有用的信息，广告主也可以随时得到宝贵的用户反馈信息。

3．针对性强

根据各方面的调查分析显示，网络广告的受众是最年轻、最具活力、受教育程度最高的群体，特别是专业网站，能够吸引专业人群，这样的背景特点，可以帮企业直接命中最具潜质的用户群。

4．受众数量可准确统计

利用传播媒体做广告，虽然有众多的收视（听）率、阅读率调查数据，但仍很难准确地知道有多少人接受到广告信息，而在互联网上则可通过权威公正的广告数据管理平台，可精确统计出每个客户的广告被多少个用户看过，以及这些用户查阅的时间分布和地域分布，从而有助于企业正确评估广告效果，审定广告投放策略。

5．实时、灵活、成本低

在传统媒体上做广告，广告发布后很难更改，即使可改动往往也须付出很大的经济代价。而在互联网上做广告能按照需要及时变更广告内容，这样，经营决策的变化也能及时实施和推广，并且无须太大的成本花费。

6．强烈的感官性

网络广告的载体基本上是多媒体、超文本格式文件，受众可以对某感兴趣的产品了解更为详细的信息，使消费者能亲身体验产品、服务与品牌。这种以图、文、声、像的形式传送多感官的信息，让顾客如身临其境般感受商品或服务，并能在网上预订、交易与结算，将大大增强网络广告的实效。

4.8.2 网络广告的营销价值

从对网络营销所产生的效果来看，网络广告的网络营销价值可以归纳为六个方面：品牌推广、网站推广、销售促进、在线调研、顾客关系和信息发布。

1. 品牌推广

网络广告的主要效果之一就表现在对企业品牌价值的提升，这也说明了为什么用户浏览而没有点击网络广告同样会在一定时期内产生效果，在所有的网络营销方法中，网络广告的品牌推广价值最为显著。同时，网络广告丰富的表现手段也为更好地展示产品信息和企业形象提供了必要条件。

2. 网站推广

网站推广是网络营销的主要职能，获得尽可能多的有效访问量也是网络营销取得成效的基础，网络广告对于网站推广的作用非常明显，通常出现在网络广告中的“点击这里”按钮就是对网站推广最好的支持，网络广告通常会连接到相关的产品页面或网站首页，如网页上的各种 Banner 广告、文字广告等，用户对于网络广告的每次点击，都意味着为网站带来了访问量的增加。因此，常见的网络广告形式对于网站推广都具有明显的效果，尤其是关键词广告、Banner 广告、电子邮件广告等。

3. 销售促进

用户由于受到各种形式的网络广告吸引而获取产品信息，已成为影响用户购买行为的因素之一，尤其是当网络广告与企业网站、网上商店等网络营销手段相结合的时候，这种产品促销活动的效果就更为显著。网络广告对于销售的促进作用不仅表现在直接的在线销售上，也表现在通过互联网获取产品信息后对线下销售的促进。

4. 在线调研

网络广告对于在线调研的价值可以表现在多个方面，如对消费者行为的研究、对于在线调查问卷的推广、对于各种网络广告形式和广告效果的测试、用户对于新产品的看法等，通过专业服务商的邮件列表开展在线调查，可以迅速获得特定用户群体的反馈信息，大大提高市场调查的效率。

5．顾客关系

网络广告所具有的用户行为的跟踪分析功能为深入了解用户的需求和购买特点提供了必要的信息，这种信息不仅是网上调研内容的组成部分，也为建立和改善客户关系提供了必要条件。网络广告对顾客关系的改善也促进了品牌忠诚度的提高。

6．信息发布

网络广告是向用户传递信息的一种手段，因此可以理解为信息发布的一种方式，通过网络广告投放，不仅可以将信息发布在自己的网站上，也可以发布在用户数量更多、用户定位程度更高的网站上，或者直接通过电子邮件发送给目标用户，从而获得更多用户的注意，大大增强网络营销的信息发布功能。

4.9　社会化网络营销

新兴的以网络人际关系为核心的社会化网络与传统的论坛相结合起来构建的更为强大的网络社区——SNS 社区，作为媒介进行传播与传统营销完全不同的营销，像 Facebook、Twitter、51 网、新浪微博就是社会化网络营销经典媒介。

社会化网络营销是集广告、促销、公关、推广为一体的营销手段，是典型的整合营销行为，只不过是在精准定位的基础上展开的，偏重于口碑效应的传播。创意、执行力、公信度、传播面样样都要出彩。同时，要树立“精品意识”，减少“互动参与”的疲劳。

4.9.1　社会化网络营销的五大误区

1．社会化媒体营销效果是立竿见影的

这个认识是错误的。社会化媒体自身的特性决定了其营销效果是温和的、持续的。社会化媒体营销活动做的到位，可以和现有的用户及潜在的客户建立一个良好的关系。不是简单的立杆见影的魔术棒，能迅速提升销售业绩和品牌认知度。我们需要去创造内容，就是我们圈内常说的内容营销，让其成为我们社会生活中有意义的部分。美国许多的社会化媒体营销的案例一般都是几个月后、有的甚至一年后才真正地“发芽”。

面对这个问题，我们的企业在和相关的互动营销、数字营销机构谈广告传播业务的时候，可以多一份宽容和理解。在一个宽松的氛围下，双方的合作可以创造出中国社会化媒体营销的经典案例。

2．社会化媒体是不值钱的

这个认识是错误的。社会化媒介的隐形成本（比如劳动力）问题，没有被企业主认可。可以说中国的广告人是辛苦的，挣钱也是“血泪史”，许多广告人活的没有自尊。为此笔者也感到遗憾，这么一个充满创意、人才汇聚的行业确是一个靠天天加班、压榨劳动力来体现价值。

社会化媒体营销中，我们需要计算诸多的隐形成本。其实就拿社会化媒体营销中一个简单的口碑监控来说，它就是一个非常耗时的、需要及时反应的事情。难道我们仅仅从计算机程序监控的角度来衡量？程序编好了，还需要人力的投入、所以不要忽略一些隐形的资本。

3．社会化媒体营销是病毒营销

这个认识是错误的。这个好比正方形本身也是属于长方形一样，但是长方形却不是正方形。有人会问社会化媒体营销可以产生病毒传播吗？当然可以，但是如果把社会化媒体营销的活动向病毒传播的角度去努力，可以说此时用户还没有真正理解什么是社会化媒体营销，最多就是在利用社会媒介作为平台来发布广告和一些传统的营销活动。

比如某工厂在微博上发布新产品信息，并通过抽奖活动来达到宣传的目的，这样的活动是最简单也是最常见的社会化媒体营销，但这样的活动很难触发病毒传播。

因此，所谓社会化的病毒营销，则需要营销人员来制作病毒，让大家乐意传播，并且需要控制病毒传播的方向性问题，不要让病毒传播向不可控的方向发展。

4．社会化媒体营销是无法科学评价的

何谓科学评价？对广告界来说还没有一个标准。这个命题本身就存在一定的可疑性，可以说未来广告学发展的一个重要分支就是如何更加合理地评价我们的广告及营销活动。

社会化媒介与一些别的传播手段，例如常规的PR、电视广告、户外广告等相比较而言，社会化媒介可以提供相对精确的数据报告。我们还不可以说这些数据如何来影响销售业绩和所谓的ROI。

5．社会化媒体营销是可有可无的

不论企业的目标客户具有什么样的特征，从当前互联网群体的覆盖率来说，

绝大多数企业的客户和潜在的用户都“掉”在网络中，比如通过 QQ、论坛、微博等在线讨论企业的方方面面，企业需要积极参与到这些讨论中。未来企业的营销主战场将会由社会化媒体（网络）、传统媒体等多层次、多渠道形式构成。

4.9.2　社会化网络营销的六大特性

无论是最初的 Friendster 的创始人，或者是 Facebook 的创始人马克・扎克伯格，或许都没有预料到社交网络带给人们生活的巨大的变革。我们通过社会化网络联系朋友、维持关系、分享资讯、召集活动、促成消费，几乎无一不能。那么在未来的几年中，我们可以预见的社会化网络会有怎样的特点呢？

1. 稳定的关系网络

互联网是一个和现实社会一样的“网民”为基础的社会，因此社会化网络的形成以及维持都是以网民的忠诚度为基础的。尽管诸如腾讯 QQ、Facebook、Twitter、开心网、人人网等都有数以亿计的用户不断地加入这个社会化网络，但是毫无疑问，随着互联网的普及完善，这种社会化网络基础用户的增速必将逐步放缓，最终达到一个比较稳定的网民的比例。这是从用户数的角度来看社会化网络的未来状态。

而另一个稳定对于社会化网络才是具有重要意义的，那就是社会关系的稳定网络。无论是社交网站的社交圈还是微博、分享网站的兴趣圈，他们最终都会经过不断地自我调整最后达到一种相对稳定完善的状态。以微博为例，一个并非意见领袖的新人很难有足够的影响力来吸引众多的粉丝，那么此时他最容易做的就是主动关注别人，以获取别人的回馈。长此以往的结果就是自己的关注数很多，但是粉丝数则相对较少。另一方面，按照 150 度原则，一个人不会无限制地去关注太多的自己无法吸纳的信息，那么当他继续想要增加粉丝，并且发现更想关注的人的时候，他唯一的做法就是删掉一些人，然后替换关注。谁最容易被删掉？毫无疑问，就是那些他关注了，但是却没有关注他，并且与他的利益并没有太直接关联的非重要人物。

显然这是一个良性的循环。即便对方是一个万人迷的明星，如果我在社会化网络中的目的是日常交际或者网络营销，那么他未必能为我带来任何利益。因此，我可能在短期内保持对你的关注，但是在利益的抉择面前，答案是非常明显的。所以，经过类似的层层筛选，最终的社会化网络所留存的社交圈以及兴趣圈都将是相当牢固以及忠实的，而且是积极互动的。

2．定位服务（Location Based Service）LBS 的广泛应用

社会化网络如果想要真正地体现现实社会的特性，就必然要与现实接轨，并且落地生根。而目前单纯地依靠虚拟的游戏、娱乐而简单地把用户“沉溺”其中的做法是不健康也不长久的。于是有不少业内人士认为，国内目前的社会化网络在模糊、淡薄的社会关系之外，就只剩下 Web 游戏的特性了。当每个人都沉迷于开心农场、好友买卖的时候，其实这种社会化网络与一个在线的游戏网站几乎没有丝毫的区别，这显然并非我们的初衷。

因此，LBS 是社会化网络生根发芽的最佳途径。国外 Foursquare 网站的火热在一定程度上预示了这一方向的发展，而国内的切客网站也让我们看到了社会化网络现实化的曙光。其实在很多方面，社会化网络依然大有可为，比如类似 Everlater 的旅游分享、类似大众点评网的餐饮点评、类似携程旅游网之类的酒店、宾馆的体验评价等等。细分行业的利基市场永远都有可以开发的余地，只要我们能寻找到最容易引起用户参与兴趣的切入点。

但是必须注意的是，单纯的 LBS 应用在网络上的技术实现是空洞无力的。尤其对于一些小的创新企业来说，很难有什么值得依赖的壁垒让自己稳坐某一行业的霸主。国内诸如嘀咕、Follow5、饭否、贫嘴、做啥等众多的较早的微博类网站，目前在新浪、腾讯的强大压力下基本已经消亡或者苟延残喘了，偶有一两个稍微有些创新技术的，也终究难与巨头们正面抗衡。而社交网站更是只剩下人人网、开心网两大网站，其余的要么过于垂直细分、要么只是地域性的、兴趣圈的小规模网站，前途暗淡。

所以，LBS 的发展要想与现实社会接轨并非一件容易的事情。以携程旅行网来说，他所做的酒店、宾馆的入住体验分享网站就具有先天的行业优势，在他的整个线下的产业链中，不仅有全国各地的各种类别的宾馆、酒店资源，同时他们还可以将线上分享与线下消费有机地结合起来。比如在分享中积分获取入住酒店的折扣券，这对于其他没有线下资源的企业来说简直堪比蜀道之难，但是对于携程则是水到渠成的。因此，类似的大众点评网做这种美食的分享也是顺理成章的，而尽管百度在搜索领域如此强大，在这一方面，短期内并不能给大众点评造成大的影响。

3．游戏的社会化

尽管诸如开心农场之类的简单游戏已经为很多社会学专家广为诟病，但是无可置疑的是对于企业来说，用户的关注以及忠诚度才是他们最为关心的。但是作为一个有责任感的企业来说，他们的社交网络依然应该具备促进社交、提升智力等等一些健康的方向导向。但是由于目前大多数社会化网站的应用都是个人或者

小团队开发的，他们逐利的本质限制了他们在其余的社会性方面的考虑，而企业本身由于竞争的激烈性，也很难针对某些火热的游戏进行取舍。

但是无论是开心农场还是植物大战僵尸，我们在见识了他们的火爆之后也见识了这种热潮的衰退。因为毕竟游戏不是生活的全部，而休闲娱乐、学习交流等因素综合起来才是生活的全部。那么如何将游戏做的越来越具有社交性，或者说社交活动本身变成一种轻松的游戏，这是一个挑战，也是最需要考虑的。或许在未来的某一天，开心农场依然火爆，但是我们也会真的在种菜、偷菜之外的其他方式里获得交际的快乐、学习的乐趣、充实的生活等更多的价值。

4. 用户创造内容

社会化网络的重要特点之一就是人人都可以变成广播台。表现欲作为人类精神追求中重要的基本需求之一，从理论上为社会化网络繁荣的必然性提供了佐证。正如我们今天所见，在社会化网络中能发出响亮声音、并影响重大的已经不仅仅是传统社会的意见领袖了。更多的平民、普通网民在互联网上发出了自己的声音，并得到了网民的认同，很多时候这是一种现实需求以及精神追求的双重满足。

在一般的社会化网络应用中这一点的反映还不太明显，比如新浪博客、微博、社交网站中关注最多、影响最大的依旧是一些明星、政府官员、著名企业、社会名人等，因此意见领袖的优势当然不会消失。但是至少普通网民已经开始能发出声音，并且相对于传统社会影响力有了大幅度的提升，尤其在一些互动分享平台上更为明显。比如在百度知道、互动百科、豆丁文档、雅虎知识堂、新浪爱问、优酷土豆中，我们看到千万数量级的文档、词条、图片、视频被分享，同样引起海量用户的关注和追捧，但是这其中的分享以及发布者却很少有传统社会中的意见领袖。

5. SNS 电子商务化

无论是社会化网络本身，还是依靠社会化网络进行营销活动的企业或者个人，都会促进社会化网络电子商务化的进程。在今天的社交网站中，类似 Facebook、人人网中的侧边栏广告已经是最常见的形式了，而类似于 Facebook 中的商店则是直接变成了 C2C 的电子商务模式。而 Twitter 的广告形式则类似于搜索引擎的付费结果排名，以 Groupon 为主的团购类网站其实与传统的联盟营销又是具有共同本质的，都类似于企业或者个人的分销渠道，按单提成。

其实，社会化网络的主体市场无所谓是个人的还是企业为主的，也无所谓具体的电子商务模式以及盈利模式，但是毫无疑问的是社会化网络如果要具有更多的社会性，那么除了娱乐休闲之外终究不可缺少消费的概念。因此，在商家、商品、消费者、营销、流通、支付等多个环节之间，谁能更好地以一种简单便捷的应用服务将这一套环节进行完美地整合，那么这个社会化网络就必将是成功的。也唯有电子商务化，才是保证企业长期发展的源动力。

6. SNS 的移动化

随着移动设备硬件基础的提升以及 3G 网络等移动高速上网技术的普及，社会化网络的移动化应用毋庸置疑。社会交往从来都是随时随地的，因此社会化网络必然也要满足这方面的需求。因此，移动网络的诸多特性——弥补了传统互联网的多种不足以及空间、时间的限制等。也正如我们所看到的，移动网络中社会化网络的应用正如雨后春笋般高速发展。

4.10 微信营销

微信营销是网络经济时代企业对营销模式的一种创新，是伴随着微信的火热产生的一种网络营销方式，微信不存在距离的限制，用户注册微信后，可与周围同样注册的“朋友”形成一种联系，用户订阅自己所需的信息，商家通过提供用户需要的信息，推广自己的产品的点对点的营销方式。微信营销具有诸多移动互联网典型的营销特点。

1. 点对点精准营销

微信拥有庞大的用户群，借助移动终端、天然的社交和位置定位等优势，每个信息都是可以推送的，能够让每个个体都有机会接收到这个信息，继而帮助商家实现点对点精准化营销。

2. 形式灵活多样

漂流瓶：用户可以发布语音或者文字然后投入大海中，如果有其他用户“捞”到则可以展开对话，如：招商银行的“爱心漂流瓶”用户互动活动就是个典型案例。

位置签名：商家可以利用“用户签名档”这个免费的广告位为自己做宣传，附近的微信用户就能看到商家的信息。

二维码：用户可以通过扫描识别二维码身份来添加朋友、关注企业账号；企业则可以设定自己品牌的二维码，用折扣和优惠来吸引用户关注，开拓 O2O 的营销模式。

开放平台：通过微信开放平台，应用开发者可以接入第三方应用，还可以将应用的 logo 放入微信附件栏，使用户可以方便地在会话中调用第三方应用进行内容选择与分享。如美丽说的用户可以将自己在美丽说中的内容分享到微信中，可以使商品得到不断的传播，进而实现口碑营销。

公众平台：在微信公众平台上，每个人都可以用一个 QQ 号码，打造自己的微信公众账号，并在微信平台上实现和特定群体的文字、图片、语音的全方位沟通和互动。

3. 加强关系的机遇

微信的点对点产品形态注定了其能够通过互动的形式将普通关系发展成紧密关系，从而产生更大的价值。通过互动的形式与用户建立联系，互动就是聊天，可以解答疑惑、可以讲故事甚至可以“卖萌”，用一切形式让企业与消费者形成朋友的关系，我们不会相信陌生人，但我们会信任“朋友”。

截至 2013 年 10 月 24 日，微信用户已超过 6 亿，海外用户也超过 1 亿，如此规模庞大的用户平台，对于营销人员而言，是必须要重视的一个营销方向。

4.11　微博营销

微博营销是指刚刚推出的一个网络营销方式，因为随着微博的火热，催生了有关的营销方式，就是微博营销。每一个人都可以在新浪、腾讯等等注册一个微博，然后更新自己的微型博客。每天更新内容跟大家交流，或者有大家所感兴趣的话题，这样就可以达到营销的目的，这样的方式就是新推出的微博营销。

微博营销与博客营销有三个方面的本质区别。

（1）信息源的表现形式差异。博客营销以博客文章（信息源）的价值为基础，并且以个人观点表述为主要模式，每篇博客文章表现为独立的一个网页，因此对内容的数量和质量有一定要求，这也是博客营销的瓶颈之一。微博内容则短小精悍，重点在于表达现在发生了什么有趣（有价值）的事情，而不是系统的、严谨的企业新闻或产品介绍。

（2）信息传播模式的差异。微博注重时效性，3 天前发布的信息可能很少会有人再去问津，同时，微博的传播渠道除了相互关注的好友（粉丝）直接浏览之外，还可以通过好友的转发向更多的人群传播，因此是一个快速传播简短信息的方式。博客营销除了用户直接进入网站或者 RSS 订阅浏览之外，往往还可以通过搜索引擎搜索获得持续的浏览，博客对时效性要求不高的特点决定了博客可以获得多个渠道用户的长期关注，因此建立多渠道的传播对博客营销是非常有价值的，而对于未知群体进行没有目的的“微博营销”通常是没有任何意义的。

（3）用户获取信息及行为的差异。用户可以利用电脑、手机等多种终端方便地获取微博信息，发挥“碎片时间资源集合”的价值，也正因为是信息碎片化以及时间碎片化，使得用户通常不会立即做出某种购买决策或者其他转化行为，因此作为硬性推广手段只能适得其反。

将以上差异归纳起来可以看出，博客营销以信息源的价值为核心，主要体现信息本身的价值；微博营销以信息源的发布者为核心，体现了人的核心地位，但某个具体的人在社会网络中的地位，又取决于他的朋友圈子对他的言论的关注程度，以及朋友圈子的影响力（即群体网络资源）。因此可以简单地认为微博营销与博客营销的区别在于博客营销可以依靠个人的力量，而微博营销则要依赖个人的社会网络资源。

4.12 其他网络营销手法

还有一些其他的网络推广手法，比如电子书营销，论坛营销，网络视频营销等，后面章节会有详细介绍。

第 5 章　网络整合营销策划

整合营销概念最初是以整合营销传播形式出现的。1991 年，美国市场营销学教授唐·舒尔茨（DonSchultz）提出了“整合营销传播”的新概念，认为整合营销传播是一个“管理与提供给顾客或者潜在顾客的产品或服务有关的所有来源的信息的流程，以驱动顾客购买企业的产品或服务并保持顾客对企业产品、服务的忠诚度”。

本章将从各个角度跟读者一起探讨网络整合营销的策划思路及流程。

5.1　整合营销的概念

整合营销是传统的以 4P 为核心的营销框架，4P 是产品（Product）、价格（Price）、渠道（Place）和促销（Promotion），重视的是以产品为导向而非真正的以消费者为导向，制造商的经营哲学是“消费者请注意”。面对 20 世纪 90 年代市场环境的新变化，企业应在营销观念上逐渐淡化 4P、突出 4C（Consumer、Cost、Convenience、Communication）。制造商的经营哲学更加注意消费者。整合营销传播的核心思想是：以整合企业内外所有资源为手段，再造企业的生产行为与市场行为，充分调动一切积极因素以实现企业统一的传播目标。IMC 强调与顾客进行多方面的接触，并通过接触点向消费者传播一致的、清晰的企业形象。整合营销具有如下特征：

（1）在整合营销传播中，消费者处于核心地位。

（2）以建立资料库为基础对消费者进行全面深刻的了解。

（3）整合营销传播的核心工作是培养真正的“消费者价值”观，与那些最有价值的消费者保持长期的紧密联系。

（4）以本质上一致的信息为支撑点进行传播。企业不管利用什么媒体，其产品或服务的信息一定要清楚一致。

（5）以各种传播媒介的整合运用为手段进行传播。凡是能够将品牌、产品类别和任何与市场相关的信息传递给消费者或潜在消费者的过程与经验，均被视为可以利用的传播媒介。

随后，整合营销传播开始扩展为整合营销。1995 年，PaustianChude 首次提出了整合营销概念，他给整合营销下了一个简单的定义：整合营销就是“根据目标设计（企业的）战略，并支配（企业各种）资源以达到企业目标”。菲利普·科特勒在《营销管理》一书中从实用主义角度揭示整合营销实施的方式，即企业里所有部门都为了顾客利益而共同工作。因此，整合营销就包括两个层次的内容：一是不同营销功能——销售、广告、产品管理、售后服务、市场调研等必须协调；二是营销部门与企业其他部门，如生产部门、研究开发部门等职能部门之间的协同。

尽管对于整合营销的定义仍存在很大争议，但基本思想是一致的，即以顾客需求为中心，变单向诉求和灌输为双向沟通，树立产品品牌在消费者心目中的地位，建立长期关系，达到消费者和厂家的双赢。

一般来说，整合营销包含两个层次的整合：一是水平整合，二是垂直整合。

水平整合包括如下三个方面。

（1）信息内容的整合。企业的所有与消费者有接触的活动，无论其方式是媒体传播还是其他的营销活动，都是在向消费者传播一定的信息。企业必须对所有这些信息内容进行整合，根据企业所想要的传播目标，对消费者传播一致的信息。

（2）传播工具的整合。为达到信息传播效果的最大化，节省企业的传播成本，企业有必要对各种传播工具进行整合。所以企业要根据不同类型的顾客接受信息的途径，衡量各个传播工具的传播成本和传播效果，找出最有效的传播组合。

（3）传播要素资源的整合。企业的一举一动、一言一行都是在向消费者传播信息，应该说传播不仅仅是营销部门的任务，也是整个企业所要担负的责任。所以有必要对企业的所有与传播有关联的资源（人力、物力、财力）进行整合，这种整合也可以说是对接触管理的整合。

垂直整合包括如下四个方面。

（1）市场定位整合。任何一个产品都有自己的市场定位，这种定位是基于市场细分和企业的产品特征的基础上制定的。企业营销的任何活动都不能有损企业的市场定位。

（2）传播目标的整合。有了确定的市场定位以后，接下来就应该确定传播目标，想要达到什么样的效果，多高的知名度，传播什么样的信息，这些都要进行整合，有了确定的目标才能更好地开展后面的工作。

（3）4P 整合。其主要任务是根据产品的市场定位设计统一的产品形象。各个 P 之间要协调一致，避免互相冲突、矛盾。

（4）品牌形象整合。主要是品牌识别的整合和传播媒体的整合。名称、标志、基本色是品牌识别的三大要素，它们是形成品牌形象与资产的中心要素。品牌识别的整合就是对品牌名称、标志和基本色的整合，以建立统一的品牌形象。传播媒体的整合主要是对传播信息内容的整合和对传播途径的整合，以最小的成本获得最好的效果。

5.2 如何做好整合营销

在中国的营销界很多人对于企业整合营销的现实状况有些茫然，根本原因在于对自身行业的无奈，企业整合营销从来没有相对的规则，说圆并不是圆，说方也难以成方，而发出的企业整合营销理论也从来没有做到普及。从目前显示的所有企业整合营销概念上看，大凡追随企业整合营销理论的，无法从目标的最终实践上获取更多的经验。本小节将从九个方面讲解怎样做好整合营销。

1. 市场调查

知己知彼，方能百战百胜，许多企业整合营销竞争策略的制订，大都是老板坐在办公室里冥思苦想出来的，只是凭感觉，凭自己的主观意愿来代替消费者的真实消费需求，并对竞争对手的策略一无所知，所以，最后的结果往往是浪费了企业的资金、资源而陷入市场困境。

只有了解了竞争对手，了解消费者真实的消费需求，才能结合企业的资源和现状，制订有针对性的竞争策略，这是成功的前提，而这一切营销策略制订的依据都来源于市场调查。市场调查包括针对市场现状、消费需求、竞争对手以及重新理性地审视企业自身的资源和现状，简单的说就是针对企业的内部调查和针对外部市场环境调查两部分。

2. SWOT 分析

通过对市场调查信息的整理，要明确企业的优势、劣势，明确市场机会和竞争威胁。市场机会对每个企业都是均等的，关键看企业结合自己的实际情况能否把握，大企业有大企业的活法，小企业也有小企业的生存之道，对任何企业来说，都有做大做强的机会。

企业首先要了解清楚自己的现状，理性地认识自己的优势和不足之处，同时还要看到来自竞争对手的威胁，这样才能制订出有竞争性的营销战略和策略。

3. 市场定位和经营战略

有目标才有动力，才有努力的方向，经营战略的确定不仅仅是简单的销售额目标和利润指标，具体包括年度销售目标、赢利目标、产品规划战略、竞争战略、品牌战略、市场推广战略、渠道战略等。经营战略包括长期和即期的，具体要结合企业现状和市场动态来确定。

4. 制订针对性的营销策略

缺乏有效的营销策略是许多企业在市场上处于推广困境的主要原因。营销策略的制订，要结合竞争对手和消费者的需求，需要制订企业的产品策略、价格策略、渠道策略、针对经销商和消费者的促销策略、终端策略等。

5. 品牌规划与低成本企业整合营销传播策略

品牌建设不是简单的进行一下广告宣传而短期速成的，品牌建设是企业一切营销活动的积累，是企业长期系统营销活动的结果。品牌建设对于企业销量的提升不言而喻，许多企业在完成了企业的原始积累而进行发展跨越时，品牌就成了一道坎，败就败在从初期就缺乏系统的品牌规划和品牌传播。品牌规划包括品牌定位、品牌诉求、品牌视觉形象识别系统设计等，而品牌的传播要结合企业现实的资源来确定，在企业资金有限的情况下，就要考虑低成本的品牌营销传播活动，比如终端、软文等地面渗透传播，在企业具备一定的实力后，再考虑电视等的“高空轰炸”。

6. 制订竞争性的区域市场推广策略

在经过市场调查了解了竞争品牌的市场策略及市场机会和现状后，企业就要制订自己的市场推广策略，是采取聚焦目标市场策略，先建立根据地以点带面地进行稳步市场推广呢，还是实行市场全面开花的战术；是采取与竞争对手正面抗衡的跟随市场策略呢，还是避开与竞争对手的正面冲突而另辟战场的战术，具体要结合企业的实际资源情况确定。

7. 招商规划和策略、经销商的管理

建立了完善的经销渠道，等于在战场上占据了有利的阵地。招商如同征婚，要进行系统的规划，在征婚之前首先要审视一下自己的条件，列明自己的优势，其次要考虑找什么样的目标情人最合适，然后还要考虑通过什么样的媒介途径把征婚的信息发布出去。在发布信息之前还要考虑什么样的征婚传播内容更有吸引力，等有了潜在的目标后，就要考虑如何沟通获得姑娘的芳心了。

招商要进行系统的规划、准备和实施，许多企业都因为在没有进行充分计划的基础上，就让销售人员带上简单的产品资料冲上招商的战场，最后的结果是一无所获。招商规划要明确招商目标、招商条件、企业政策支持、招商方式和途径、招商沟通规范、招商步骤和计划等系列因素。而经销商的管理如同婚姻的经营，如果缺乏有效的经营管理手段，经销商也可能会“移情别恋（代理其他品牌）”或者“红杏出墙（经营着我们的品牌而主推其他品牌）”，如果长期夫妻不和，最后

只能面临“离婚”的结局。

8．营销团队建设及管理（人员、业务、信息等管理）

营销团队的组建要结合企业的战略和市场推广策略来确定，首先要完成营销组织架构规划，明确营销机构的部门组成，每个部门的职能职责，然后确定配置什么样的人，具体要明确到每个人的岗位描述，让每个营销人员都明确自己的职责和权利，比如大区经理、省级经理、城市经理、销售主管、市场策划员等，最后要制订每个人的职位说明书。

结合岗位描述，然后要确定每个职位的薪资体系。完善的薪资体系的设计对稳定和培养一批能征善战的营销人员、调动其主观能动性具有重要作用。针对营销团队的管理要建立一套系统的、针对人员、业务、信息反馈等的营销制度和流程，营销制度可以激励、监督、惩罚营销人员的行为，流程可以保障营销活动开展的效率，保证营销计划的执行力度和深度。

9．营销预算与年度营销实施计划

目标制订对应的是企业现有的资源，根据企业现实的资金、资源情况来进行营销预算和费用控制，并制订具体的年度营销计划和行动措施步骤等。

有了以上的“九步法则”，制造型企业就能根据企业自身情况制定适合自己的企业整合营销规划。

营销总监需要抓好整合市场营销的工作，营销总监在企业中的地位举足轻重。他们要协助公司建立科学的销售战略，确保市场营销对企业经营战略实施的最大支持；他们肩负着制定整体营销计划，并适时监督、控制的重任；他们需要密切关注市场变化，并适时调整竞争策略和营销通路；他们要严格控制营销成本，促进营销利润最大化。

5.3　目标用户在哪里

整合营销是从了解客户开始的。整合营销并不是简单地选择媒体，笔者认为，从接触、了解客户开始就已经开始进行整合营销了。了解客户的背景情况、销售数据，然后根据客户的情况、数据做出提案。当广告在广告平台或其他媒体资源上播出后，首先是对广告效果进行监测，然后根据广告监测的具体参数进行营销方案的改进。这就是整合营销。整合营销最重要的是为客户提高广告投放 ROI，使投资回报率的最大化。

整合的广告效果也是按照目前大家熟知的 CPC、CPA、CPS 等模式评估。具体操作会根据客户的情况而定：如果是需要打品牌的新客户，首先要提高客户官方网站的浏览量。效果评估主要还是按照点击量来衡量。

如果是以销售为目的，评估效果是有差异的。有一定的品牌知名度的客户适合采用 CPS 模式进行推广。一般来说采用 CPS 方式计费是以客户在网上下订单、结算付款之后，才支付广告费的。这种付费模式对广告主来说，显然是有利的，而对媒体来说吸引力相对较小。下面介绍一下媒体采用这种模式有哪些益处。

目前国内约有近 300 万家网站，数量庞大，但客户数量是有限的。对客户来说，不知道哪些媒体的效果比较好；对媒体来说，尽管自身质量很好，但客户并不了解，广告位销售一样有问题。比如成果网拥有 1000 多家的广告主和超过 15 万的媒体资源，当网站广告位空闲时企业就可以投放广告，网站本身也可以利用空闲广告位获取一定的广告收入。国内很多好的媒体广告位因为没有经过投放实践证明而得不到广告主的认可，如果投放了成果网的广告，效果也不错的话，就比较容易被广告主发现，在与客户谈广告合作时也比较有说服力。

1．效果营销是线上线下相结合进行的

为了获得线下的用户，我们和一些线下媒体也进行合作，比如销售演唱会门票的媒体负责送票给订票的用户。通过和线下媒体的合作，在送票的同时也会送上广告主的相关信息。例如有一个客户是办婚博会的，在为他们做整合营销策划时，线上可以用成果网平台和搜索引擎营销，线下可以和送票媒体进行合作，送票时附上客户婚博会的门票。根据门票上的编号，可以了解到当天有多少人参加了婚博会。类似的案例在餐饮业也有。

2．广告主越来越多地尝试无线广告

无线广告面临一个问题，就是对于传统广告主来说，他们不清楚什么样的用户会用手机上网，不知道无线广告有怎样的效果，所以广告主无线广告投放比较少，只有网络服务、网络游戏等少数行业手机广告投放相对较多。手机上网用户增长很快，有白领、学生、也有高层人士，用户质量很高，主要是传统广告主没有做过无线广告，对无线广告认知度不够，所以导致无线广告做的比较少。

对于广告主来说，只要广告有效果就肯定愿意投放，因此广告代理需要提供无线广告效果评估平台系统。现在已经有这样的手机广告平台，所以一些广告主开始尝试投放无线广告，然后利用手机广告平台进行效果监测，通过良好的监测数据来促使更多的广告主尝试无线广告。

在中国的互联网广告业中，大概 80%的企业是国内的企业，各行各业都有，网络服务行业比较多；调查类，人才招聘也有很多；最近食品行业的比较多，总体来说大概 30%的是传统类企业，70%左右是网络服务类的企业。

5.4　整合营销的推广思路

结合前文所述，笔者对整合营销的推广思路进行了简单的梳理，有如下几点。

以整合为中心，着重以消费者为中心并把企业所有资源综合利用，实现企业的高度一体化营销。整合既包括企业营销过程、营销方式以及营销管理等方面的整合，也包括对企业内外的商流、物流及信息流的整合。

讲求系统化管理，整体配置企业所有资源，企业中各层次、各部门和各岗位，以及总公司、子公司、产品供应商，与经销商及相关合作伙伴协调行动，形成竞争优势。

强调协调与统一，企业营销活动的协调性，不仅仅是企业内部各环节、各部门的协调一致，而且也强调企业与外部环境协调一致，共同努力以实现整合营销。

注重规模化与现代化，整合营销十分注重企业的规模化与现代化经营。规模化不仅能使企业获得规模经济效益，还为企业有效地实施整合营销提供了客观基础。整合营销同样也依赖于现代科学技术、现代化的管理手段，现代化可为企业实施整合营销提供有效保障。

5.5　整合营销的推广方式

整合营销推广方式较多，这里主要列举常见的五种整合营销推广方式。

5.5.1　信息发布

将有关的网站推广信息发布在其他潜在用户可能访问的网站上，利用用户在这些网站获取信息的机会实现网站推广的目的，适用于这些信息发布的网站包括在线黄页、分类广告、论坛、博客网站、供求信息平台、行业网站等。信息发布是免费网站推广的常用方法之一。

5.5.2　电子邮件

以电子邮件为主要的网站推广手段，常用的方法包括电子刊物、会员通讯、专业服务商的电子邮件广告等。基于用户许可的 E-mail 营销与滥发邮件不同，许可营销比传统的推广方式或未经许可的 E-mail 营销具有明显的优势，比如可以减少广告对用户的滋扰、增加潜在客户定位的准确度、增强与客户的关系、提高品牌忠诚度等。

5.5.3 资源合作

网站通过交换链接、交换广告、内容合作、用户资源合作等方式，在具有类似目标网站之间实现互相推广的目的，其中最常用的资源合作方式为网站链接策略，利用合作伙伴之间网站访问量资源合作互为推广。

每个企业网站均可以拥有自己的资源，这种资源可以表现为一定的访问量、注册用户信息、有价值的内容和功能、网络广告空间等，利用网站的资源与合作伙伴开展合作，实现资源共享，共同扩大收益。在这些资源合作形式中，交换链接是最简单的一种合作方式，调查表明这也是新网站推广的有效方式之一。交换链接又称互惠链接，是具有一定互补优势的网站之间的简单合作形式，即分别在自己的网站上放置对方网站的 logo 或网站名称并设置对方网站的超级链接，使得用户可以从合作网站中发现自己的网站，达到互相推广的目的。交换链接的作用主要表现在以下几个方面：获得访问量、增加用户浏览时的印象、在搜索引擎排名中增加优势、通过合作网站的推荐增加访问者的可信度等。交换链接还有比取得直接效果更深一层的意义，一般来说，每个网站都倾向于链接价值高的其他网站，因此获得其他网站的链接也就意味着获得了与合作伙伴和同领域内同类网站的认可。

5.5.4 论坛搜索

搜索引擎推广是指利用搜索引擎、分类目录等具有在线检索信息功能的网络工具进行网站推广的方法。由于搜索引擎的基本形式可以分为网络蜘蛛型搜索引擎和基于人工分类目录的搜索引擎（也称之为分类目录），因此搜索引擎推广的形式也相应的有基于搜索引擎的方法和基于分类目录的方法，前者包括搜索引擎优化、关键词广告、固定排名、基于内容定位的广告等多种形式，而后者则主要是在分类目录合适的类别中进行网站登录。随着搜索引擎形式的进一步发展变化，也出现了一些其他形式的搜索引擎，不过大都是以这两种形式为基础。

搜索引擎推广的方法又可分为多种不同的形式，常见的有：登录免费分类目录、登录付费分类目录、搜索引擎优化、关键词广告、关键词竞价排名、网页内容定位广告等。

从发展的趋势来看，搜索引擎在网络营销中的地位依然重要，并且受到越来越多企业的认可，搜索引擎营销的方式也在不断发展演变，因此应根据环境的变化选择搜索引擎营销的合适方式。

5.5.5 快捷网址

即合理利用网络实名、通用网址以及其他类似的关键词网站快捷访问方式来实现网站推广的方法。快捷网址使用自然语言和网站 URL 建立其对应关系，这对于习惯于使用中文的用户来说，提供了极大的方便，用户只需输入比英文网址要更加容易记忆的快捷网址就可以访问网站，用自己的母语或者其他简单的词汇为网站“更换”一个更好记忆、更容易体现品牌形象的网址，例如选择企业名称或者商标、主要产品名称等作为中文网址，这样可以大大弥补英文网址不便于宣传的缺陷，因为网址在推广方面有一定的价值。随着企业注册快捷网址数量的增加，这些快捷网址用户数据可也相当于一个搜索引擎，这样当用户利用某个关键词检索时，即使与某网站注册的中文网址并不一致，同样存在被用户发现的机会。

5.6 整合营销可行性分析

有些企业盲目选择国际化的合作伙伴，认为只要找个国际传播公司就代表国际化、专业化、科学化，其实这是不可取的，许多没有选择国际化的企业，仍然能够取得很好的成绩就是证明。我们反思一下，如果国内企业真的选择了一家国际传播公司，外资企业反而放心了，因为国际传播公司的套路他们都很清楚，这些东西也只能骗骗国内的制造企业，只要企业选择了他们，在品牌传播竞争中就永远没有形成真正差异优势的可能。

正如脑白金在上市之时能够取得很好的销售效果，并不在于其做了如何的整合，如何的传播，而是产品定位准确下的精确诉求，在抓住足够差异化的产品（品牌）的诉求下，攻心为上，快速占据了消费者心理——“送礼还是脑白金”。可以说整合营销传播不是灵丹妙药，更不能让重症的病人病急乱投医，比如科龙，在营销体系出现诸多问题的情况下，即使整合了营销传播体系，也没能救他于水火。

整合营销传播到底是什么？是一个各说各有理的东西，没有绝对明确的答案。但是有一点是确定无疑，就是无论讲起来如何天花乱坠的传播整合，落在操作层面上都是细微的点滴，而这需要一点一滴的规范化去操控与把握；没有规范化与制度化保证的整合营销传播必将是失败的、短命的，不但不能真正发挥整合营销传播的作用，还会把企业和品牌推向绝路！

因此，当我们做可行性分析的时候，可参考以下几个重点。

1．市场定义

项目可行性分析是为初始投资和整合决策提供综合完善的分析系统。项目前期对政策因素、经济因素、环境因素、行业因素及竞争因素等方面进行全面的调查研究和对比分析，预测操作可行性；对项目未来所具有影响性的产品服务主体、配套条件、专业技术、市场经济和人力资源进行对应评估和条件分析，总结成功和失败率。最终确定项目是否具有投资可行性或继续运营必要性。

2．现实应用

朝鲜战争时期，有 7 个字的价值无法预测。

1950 年，朝鲜战争爆发之初，就中国政府的态度问题，美国兰德公司集中了大量资金和人力加以研究，得出 7 字结论：“中国将出兵朝鲜”，作价 500 万美元（相当于一架最先进的战斗机价钱）卖给美国对华政府研究室。研究成果还附有 380 页资料，详细分析了中国的国情并断定：一旦中国出兵，美国将输掉这场战争。美国对华政策研究室的官员们认为兰德公司是在敲诈，是无稽之谈。后来，从朝鲜战场回来的麦克阿瑟将军感慨地说：我们最大的失误，是舍得几百亿美元和数十万美国军人生命，去吝啬一架战斗机的代价。事后，美国政府花了 200 万美元，买回了那份过时的报告。“中国将出兵朝鲜”七个字，字字无价，那 380 页的资料是兰德公司研究了多方面因素的分析结果。

军事上的战略决策要从分析每个细节中来，商战中的战略决策也同样如此。

3．灵感分析

项目可行性分析在很久以前以多种形式进入多元市场，以往和现在的多数小型商业行为中，项目可行性分析变化成为“经验”，一位或几位资方坐在一起几个小时就可以决定一个项目的投资，结果不难想象。一个项目的成功或失败，可行性分析占有绝对性比重，无论一位多么优秀的企业家也需要对一个项目进行完善的可行性分析研究，对数据的科学分析来帮助最终决策。项目可行性分析是项目进行时的重要环节，每个项目执行前如果有正确的项目可行性分析，那么它已经成功了一半。

4. 方案分析

项目定位分析：项目盈利主体所涉及的现行价值、增长价值和潜在价值分析。

政策环境分析：项目周期内政策影响优劣调控分析，区域市场政策支持分析。

市场环境分析：项目启动主体市场、二级市场文化、竞争、需求程度等分析。

计划行为分析：整体项目计划多元分析为基础的项目可行性操作程度审视分析。

人力资源分析：初期主体筹划人员分析，执行操作主体人员的执行控制分析。

营销构架分析：项目计划的营销系统支持分析及操作运行相关协调系统分析。

第 6 章　网络整合营销常用方式

网络整合营销是现在大多企业普遍应用的营销模式，常见的营销模式大概有22 种，分别为：黄页登录、搜索引擎优化、关键词搜索、网络广告、来电付费广告、交换链接、信息发布、整合营销、邮件列表、许可式电子邮件营销、个性化营销、会员制营销、病毒性营销、网上商店、来电付费、网络视频营销、论坛营销、网络图片营销、网络营销联盟、竞价推广、电子书营销、交叉网络营销等。接下来依次介绍常用的网络营销工具。

企业中经常用到的网络整合营销模式有以下 7 类，如图 6-1 所示，包括搜索引擎营销、图片营销、视频营销、博客营销、微博营销、百科营销、贴吧营销、口碑营销、公关营销、新闻营销、事件营销、EDM 营销、BBS 营销、SNS 营销。

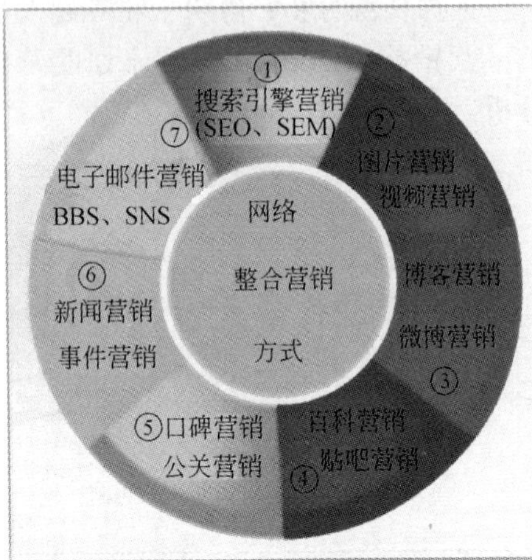

图 6-1　网络整合营销

6.1　搜索引擎营销

先来看一个案例：随着互联网的高速发展，越来越多的互联网公司凭借自己的媒体平台和广泛的用户基础进行公益营销，传播公益理念的方式也越来越多。互联网公司越来越重视通过公益营销展现自身的企业责任感、塑造品牌形象，同时也利用互联网独有的技术优势将公益的营销方式变得丰富多样。

百度作为全球最大的中文搜索引擎，在给用户提供信息搜索服务的同时，一直以来也致力于打造最大的公益平台，利用自己的平台优势向用户传递公益理念，以吸引更多的用户关注并参与，从而提升百度品牌形象和企业责任感，但是公益营销的方式还是局限于传统的形式，真正对产品本身有较大量的提升，同时又有广泛影响力，能对品牌形象有明显提升效果的营销较少。

2012 年是传说中的世界末日，关于末日的猜测和种种自然灾害的频发（日本地震、欧洲极寒天气等）让人们越来越陷入对末日的恐惧中。其实，世界末日是否到来在于我们人类怎么对待这个地球，人类对地球资源的无情掠夺、过度开发，对自然环境无情破坏才是末日降临的元凶。百度在2012年4月22日（末日前的最后一个世界地球日）这个极具话题性的时间点用一种创新的、具有互联网特性的方式向用户传达“末日其实出自人类之手，保护地球，拯救地球”的公益理念，吸引用户广泛关注并引发思考和讨论，提升百度品牌形象。

但在做公益营销时面临以下挑战：

（1）互联网公益营销模式难以突破：每年互联网上都会有成千上万个公益活动，但是大多数形式都基于产品本身、以奖品刺激吸引用户参与，提升页面浏览量和参与用户量，百度每年也会发起多项公益行动，真正给用户留下深刻印象的、能对品牌形象产生大的提升和影响力的较少。

（2）创意营销的疲劳：创意营销是容易吸引用户关注和引发用户讨论的营销方式，百度从2011年变形金刚、圣诞老人到2012情人节创意logo，用户惊叹于百度的技术实力和创新意识的同时，对页面及logo的创意有期待也有疲劳，简单的页面变化已无法满足用户的期待。

活动的目标受众是追求新鲜、个性、多样化网上体验的年轻群体，关注环保等社会热点话题的年轻人。

该活动的执行过程分为如下几个方面。

（1）页面特效及主题活动上线，首次将特效与活动参与人数关联

2012年4月20日，在百度“2012世界末日”和“拯救地球”两个关键词的搜索结果页（pc端和wap端）上线了页面特效，用户进入这两个关键词结果页会看到页面抖动、从页面顶部有碎石掉落，随后页面裂开，露出部分岩浆火山的景象，用户能在线上感受到世界末日般的视觉效果。页面裂开后，从百度搜索框中飘出一张船票，代表用户通过搜索获得了一张诺亚方舟的登船卡，但需要完成线上的拯救行动。船票链接到2012拯救地球环保宣言主题活动页面，虚拟了一个即将灭亡的三维地球，地球上显示的大多是已遭受了严重破坏或者几十年后即将消失的地方，用户通过点击拯救按钮，选择拯救的地点、拯救的类别及具体的拯救宣言，提交后就能成功地为地球的美好明天贡献一份力量。随着参与人数的增加，三维地球会逐渐从颓废破败的状态演变成健康绿色的新生地球，同时页面特效中的裂缝也会随着参与人数的增加逐渐愈合，直至最终页面完全恢复。

这是第一次将页面特效的展现效果与活动参与人数进行关联，用户的行为将决定线上的展示效果。如图6-2所示，在手机端输入“2012世界末日”，便出现页面断裂的画面。

在宣传上也做了相应的设计，如图6-3所示。

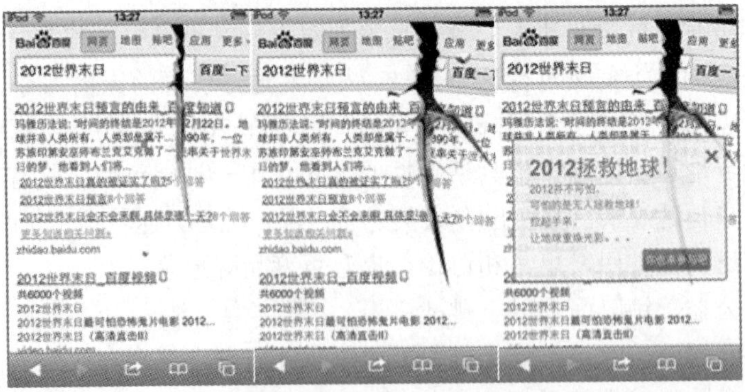

图 6-2　手机特效页面

图 6-3　拯救地球环保宣言活动页面

（2）媒体公关稿配合微博，首轮传播引爆线上创意讨论

页面特效及活动上线后，首先在各大网络门户、公益垂直媒体发布了新闻稿《地球日百度创新搜索“地裂特效”令人惊叹警醒》，第一时间、最大化、高强度覆盖大众及业界人群；同时，百度官方微博和 WWF 官方微博也在第一时间发布了特效上线的微博，发布消息的同时引导用户对页面创意及公益话题的讨论。

（3）4 月 22 日北极熊、熊猫突降北京地铁十号线

4 月 22 日是末日前的最后一个世界地球日，为配合线上的活动主题，活动主办者在线下进行了一次行为艺术：濒临灭绝危险的熊猫和北极熊惊现北京地铁十号线。他们手拿展现自己“遗像”的平板电脑，颓废地坐在地铁上，旨在告诉人们，如果再不保护他们也许人类真的只能看到他们的遗像了，同时号召人们赶快参与百度 2012 拯救地球大行动，在线上完成一次拯救行动。这次的行动同样通过微博以网友的视角进行了传播，引发网友在地球日这天再一次关注这一创意环保行动，引发用户讨论环境保护，拯救地球的话题。

（4）根据上线效果新增第三轮传播，展现技术实力与创新成果

活动上线六天，“2012 世界末日”和“拯救地球”这两个关键词搜索量就突破 2000 万，微博上网友自发讨论量已突破 500 万，这样的效果完全出乎当时的预估，根据这一情况临时在第三轮传播基础上新增了一轮效果的传播。第三轮传播着重在展现百度技术实力上，页面特效的开发展现的是百度工程师的技术实力和创新意识，从这一视角解读百度对创新的追求，能更好地强化百度高科技以及创新的品牌形象。出于用户体验的考虑，线上特效最长时间不能超过一周，因此在活动下线的当天（4 月 26 日），又在网络媒体和平面媒体发布了展现活动效果的公关稿《百度“2012 世界末日”搜索量 6 天突破 2000 万》，在全面介绍此次活动在网络上引爆的热潮及技术实现方式的同时告知用户，为了让更多的人体验到我们的震撼特效，活动将延期下线，吸引更多的用户关注和参与到活动中，同时引发更多的关于百度技术、创新以及公益话题的讨论。

活动的效果总结如下。

产品实际收益（搜索量大幅提升）：关键词“2012 世界末日”和“拯救地球”上线六天搜索量突破 2000 万，单日搜索量较历史最高值增长 300%，环保宣言活动页面浏览量 710 万，成功发表宣言数 315 万，活动转化率高达 44.36%，而常规活动转化率为 15%～20%。

微博口碑传播效果显著：活动上线期间，超过 550 万微博草根用户在微博上讨论活动，包括页面创意、技术实力、拯救地球、公益环保等话题，成功引爆微博口碑传播。

活动认知度高，品牌信息传达接受率高：活动期间超过 150 家媒体对活动进行了报道，活动传播广度和影响力大大超出预期，活动认知度达 73%，喜好度超过 80%，品牌创新性和责任感信息的传达接受度均超过 50%，有效提升了百度品

牌在创新性和责任感方面的品牌形象。

从这个案例我们可以发现，搜索引擎营销如果应用得好，所产生的效应是非常巨大的。搜索引擎营销就是根据用户使用搜索引擎的方式，利用用户检索信息的机会尽可能将营销信息传递给目标用户。简单来说，搜索引擎营销就是基于搜索引擎平台的网络营销，利用人们对搜索引擎的依赖和使用习惯，在人们检索信息的时候尽可能将营销信息传递给目标客户。

搜索引擎营销主要的实现方法有：（关键词）竞价排名、分类目录登录（免费和收费）、搜索引擎登录、付费搜索引擎广告、关键词广告、TMTW 来电付费广告、搜索引擎优化（搜索引擎自然排名）、地址栏搜索、网站链接策略、网页内容定位广告等。搜索引擎营销追求最高的性价比，以最小的投入、获取最大的来自搜索引擎的访问量，并产生商业价值。用户在检索信息所使用的关键字反映出用户对该问题（产品）的关注，这种关注是搜索引擎之所以被应用于网络营销的根本原因。

搜索引擎营销的营销过程，如图 6-4 所示。

搜索引擎营销的关键因素如图 6-5 所示。

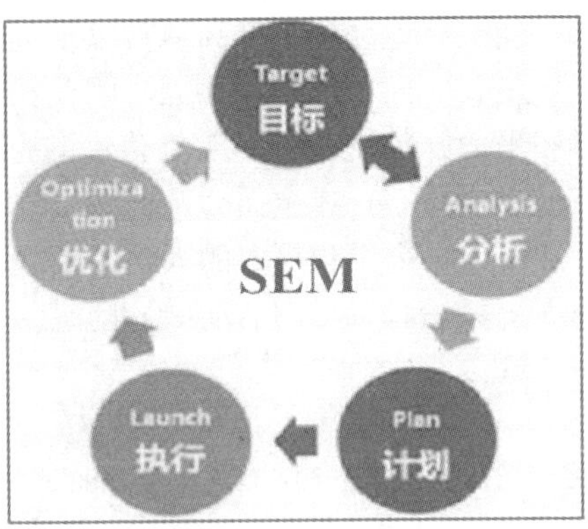

图 6-4　搜索引擎营销

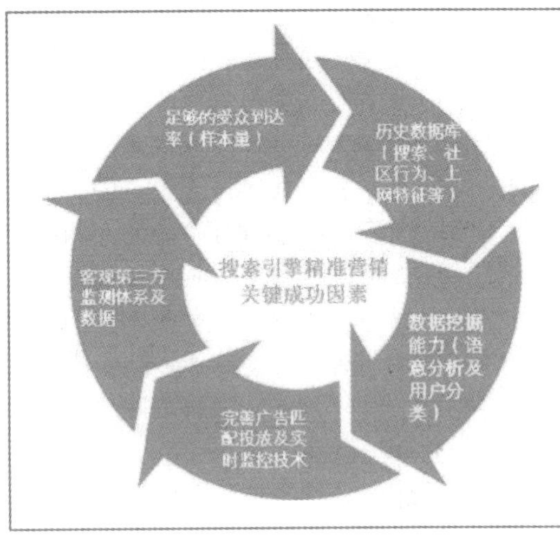

图 6-5　搜索引擎营销关键因素

网站推广是个系统工程，不仅网站建设的专业水平、网站的功能和结构等因素与网站推广策略和网站推广效果直接相关，网站的内容策略同样直接影响着网站推广的效果。只是在一般网站推广策略方面，对网站内容策略的研究比较少，或者很少将网站内容策略与网站推广策略联系起来。考虑到网站内容对于网站推广的意义之后，便于协调网站内容策略与网站推广策略之间的关系，两者均为网络营销策略的重要组成部分，应在网络营销总体策略层面得到统一。

上述分析说明，有效的网站内容对于网站推广策略如此重要，多一个网页，只要包含有效关键词，那么在搜索结果中就多一次被用户发现的机会，但是实际上并不是每个网站都有很多内容，尤其是用户感兴趣的内容，因此显得内容贫乏，这种状况在许多中小型网站上尤为普遍，好像除了公司简介、产品简介之外，再没有其他内容可以发布了。那么，应该如何增加网站的有效内容？这正是许多企业网站面临的网站推广难题之一。

对此，笔者的建议是，增加网站内容的途径可以从网站内部和外部两个方面的资源来考虑，首先充分利用内部资源，也就是对网站现有内容进行合理的包装、优化和扩展；其次合理利用外部资源，包括利用合作伙伴的资源、利用相关的信息资源，以及将企业的信息资源通过其他网站进行传播等。

要做好搜索引擎营销，要做好以下八个方面。

（1）选择搜索引擎营销的策略；

（2）确定搜索引擎目标；

（3）确定关键词计划；

（4）管理竞价；

（5）优化网站内容；

（6）确定标准；

（7）确定搜索引擎营销工具；

（8）报告标准评测的结果。

6.2　视频图片营销

图片广告我们见的很多了，生活中有车身广告、广告牌、广告灯，网络中有网站图片广告位等等，这些广告都是用图片设计出来的，很多公司或个人都用大价钱购买广告位来投放广告，这样的宣传方式投资大、效果也不是很好，而且网民不统一，效果不显著，所以我想出新一代图片营销方式，这样的图片广告在社区论坛叫灌水，在群聊中叫娱乐，而且网络世界中大部分网民都在使用 QQ、UC 这些聊天软件，还有网民常用的 QQ 群，不管是正规企业群，还是学习交流群或是网络主流群，他们都会在聊天时发几张图片，这样可以增加群的活跃度。一张好的图片会被高速转载到网络的每一个角落，但是一个广告图片是不会被转载的，所以我们就要用会被转载的图片做广告，这种方式、这些图片就叫图片营销。

图片营销的好处是：投资小、效果好、不用人力推广、而且传播快。

视频营销指的是企业将各种视频短片以各种形式放到互联网上，来达到一定宣传目的的营销手段。网络视频广告的形式类似于电视视频短片，只是平台在互联网上。“视频”与“互联网”的结合，让这种创新营销形式具备了二者的优点。

由于每一个用户的媒介和互联网接触行为习惯不同，这使得单一的视频传播很难有好的效果。因此，视频营销首先需要在公司的网站上开辟专区，吸引目标客户的关注，其次，也应该跟主流的门户、视频网站合作，提升视频的影响力，而且，对于互联网的用户来说，线下活动和线下参与也是重要的一部分，因此通过互联网上的视频营销，整合线下的活动、线下的媒体等进行品牌传播，将会更加有效。那么视频营销的应用基本上有：高、特、热、炒、展、情、创、娱。如图 6-6 所示为这些基本原则组成的视频营销示意图。

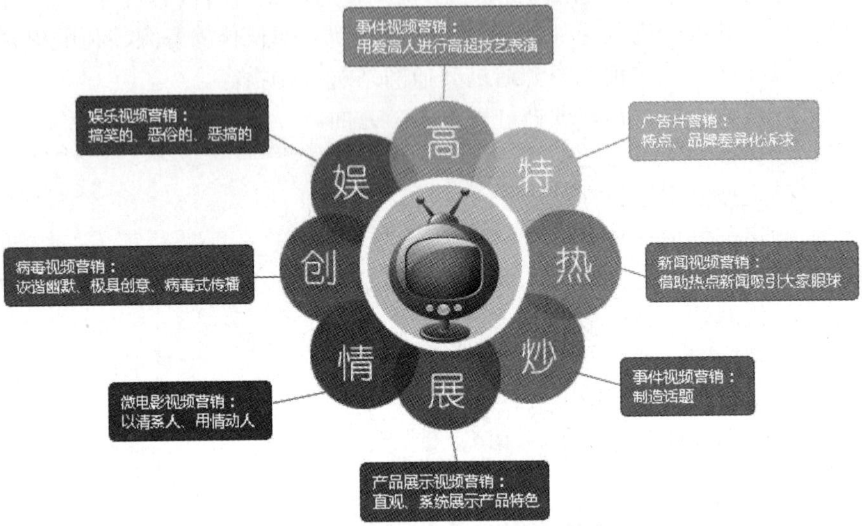

图 6-6　视频营销

做视频广告要遵循以下原则：

- 巧妙叙事：不管是用于“病毒营销”的网络视频还是面向用户的感谢信，优秀的视频一定要学会讲故事，以此留住观众的注意力。
- 言简意赅：效果最好的在线视频长度介于 30 秒至几分钟之间。如果内容长达一小时的话，那么就分成几个小段，这样观众会觉得更有趣一些，而且容易找到主题。
- 处变不惊：在市场营销活动中，如果想通过举办比赛让顾客们发挥想象制作视频短片，那么最好有点思想准备，因为参赛作品中可能会出现不少负面的东西。
- 做足功课：谁也无法保证一个视频营销策略注定会引发病毒式的传播效果。即便如此，我们依然必须弄明白消费者想要什么，就像在传统营销方面做过的事情一样。
- 精确计算：虽然“病毒视频”日趋流行，但是这并不意味着那些乐此不疲的观众就会是我们的目标群体。最好能够获取受众的构成报告，然后看看究竟有多少人会转变为最终用户。

做视频广告要避免以下情况：

- 弄虚作假：如果有大公司想要假扮成普通网民的话，那么必须冒真相大白之后被唾沫星子淹没的风险。最好老实交待自己是谁，因为诚信在网上显得更为重要。
- 处心积虑：最好的推广视频一定要让员工用自己的话讲述自己的故事。费力不讨好地准备一大堆演讲稿让人照本宣科只能弄巧成拙。
- 极度润色：公司如果打算建立一个视频推广网站的话，未必非得让上面的作品都保证极高的质量。实际上，过高的视频质量容易被人误解为传统的电视广告。
- 年轻过头：根据最新的调查结果，相对于 18～24 岁的年轻人，35～54 岁的中年观众对于网络视频的热情绝对不相上下。如果只把目标受众定为年轻人，那么就会丢掉大块市场。
- 忘记品牌：独一无二的滑稽视频在互联网上能够取得极佳的传播效果。但是如果这个视频不能强化企业的品牌形象，那么结果将变成——观众人山人海、买家寥寥无几、用户大惑不解。

下面分享两个较为经典的相关案例，分别是五月花的微电影推广和百度爱奇艺“SWS”视频营销案例。

1．五月花——微电影推广

2012 年 5 月母亲节，五月花推出两条以母亲节为主题的微电影，在上海、杭州和南京针对目标受众进行传播。

母亲一直是我们生命中最坚韧的后盾。如何通过网络广泛地传播这段微电影，引导目标受众观看视频后再参与活动是主要挑战。

策略与投放过程如下：

本次推广的目标受众是三个城市 25～39 岁女性。有较强的消费能力并注重生活品质。目标受众中，重度互联网用户占近 70%，偏好度也位居第三位。而其中视频网站受众覆盖度达到 88%，偏好度也很高。在视频网站中，优酷的覆盖率最高，爱奇异网站的用户偏好度最高。

结合受众特点和微电影素材，市场分析人员在媒体选择上利用视频网站主打知名度；同时借助精准媒体加强转化率。向目标受众展示微电影片花，引导他们访问活动页面，观看视频，参与活动。

该推广的传播效果：

怎么样呢？从 5 月 11 日广告上线到 6 月 4 日，第三方监测数据显示：

广告曝光：25，367，337；广告点击：443，215；到访量：361，259；广告点击率：1.75%；点击转换率（到访/点击）：82%；客户活动页面后台监测数据显示：活动页面视频播放次数超过340，000次；活动页面上产生30，849次二次点击；超过30，000人参与了活动二级页面上传母亲照片的活动。

微电影如图6-7、图6-8所示，为五月花制作的微电影及互动专题，大大提升了用户的黏性。

图6-7　五月花微电影

图6-8　五月图片推广

2．联合利华-清扬：百度爱奇艺“SWS”视频营销方案

（1）传播目标

- 广告主形象：清扬作为中高端去屑及头皮护理的专业品牌，一直传递自信健康、敢于挑战，说到做到的品牌精神。清扬在技术占优的前提下，大举“信任”概念，在消费者心目中树立了高端、专业的积极形象。

- 产品特征：清扬产品的突破在于“维他矿物群”去屑，拥有全球专利及临床测试验证，同时为“维他矿物群”进行了商标注册。进入中国市场后，清扬在国内首次提出了头皮护理“男女区分”的颠覆性概念。
- 客户需求：2010 年联合利华旗下主推产品——清扬，面向市场主打去屑功效。
- 传播目的：通过联合利华投资拍摄打造都市职场大戏《无懈可击之美女如云》，运用电视及网络视频媒体达到相辅相成的效果，赢得强势曝光。并以软性植入方式，加深产品印象，传播品牌理念及传递“无懈可击”的诉求点，达到品牌营销效果。

（2）营销方案分析

当在线视频营销成为 2010 年广告营销行业关注的热点，广告主悄然尝试将植入式营销的传播平台从电视扩展到了网络。联合利华为清扬量身定制的暑期档大片《无懈可击之美女如云》便选择了在卫视首播与主流视频网站同期上映，其中跟百度旗下爱奇艺高清视频的合作更是独树一帜，从这个案例中可窥见业界关注已久的中国“hulu”如何在媒体平台和广告模式上实现的华丽创新。以下为四大看点：

- 易观看：该视频是制作精良的剧集。
- 易接受：剧集中软性植入产品，观众更容易接受。
- 易操作：在百度爱奇艺平台播放。
- 易传播：视频媒体强势曝光。

宣传平台的优势包括如下几方面：

- 海量聚焦：通过百度阿拉丁和视频搜索将绝大多数《美女如云》关注网民聚集在爱奇艺平台，再通过爱奇艺网站强大的站内推广资源，进行矩阵式传播。
- 了解用户：通过百度指数、百度司南等强大的后台用户分析技术，使爱奇艺更了解网络视频用户的偏好和关注点。
- 体验至上：爱奇艺平台深度提升用户体验，无论是对用户的观片体验还是观看广告的体验都在同类网站中处于领先地位。
- 精准定向：爱奇艺互动活动，可以精准定位到其相关的影视剧吧、演员吧、角色吧、地方吧等等，扩大影响力的同时直达目标受众，做到精准营销。
- 话题传播：爱奇艺专区投票与百度贴吧联合互动，通过各关联贴吧之间的转帖，形成几何级传播攻势，极短时间内迅速升温，达到口碑传播影响力。

推广渠道为百度资源海量聚焦+爱奇艺全站矩阵式推广，包括如下几个要点：

- 百度网页搜索及视频搜索推广。
- 奇艺全站资源强势资源热推。

- 无懈可击的专题页面推广。
- 奇艺站内广告呈现。
- 奇艺及百度联手打造无懈可击的互动活动。

百度奇艺深刻把握视频用户需求，首次提出 SWS 广告投放理念，如图 6-9 所示。

图 6-9 爱奇异无懈可击

百度爱奇艺打出"最懂视频用户"的理念，同样是播放《无懈可击之美女如云》视频，爱奇艺紧紧抓住了网络视频用户在影视剧收视上的"SWS"行为模式，通过在"Search（搜索）、Watch（观看）、Share（分享）"的全行为路径上为清扬实现品牌强势曝光，打造基于用户体验的视频营销新模式。

- Search（搜索）：爱奇艺在百度搜索端截流用户，70%以上网络用户选择通过搜索查看影片。爱奇艺通过百度数据了解到用户在搜索《无懈可击之美女如云》的时候常用到的关键词（美女如云、无懈可击、无懈可击之美女如云、美女如云高清、美女如云全集等），并通过百度搜索开放平台以图文的剧集列表的方式进行展现，最大程度地吸引到对该片有兴趣的网民，确保网友享受高清高质的网络播放效果。
- Watch（观看）：爱奇艺高品质的播放平台——超高清、全正版、大画幅，彰显客户品牌。进入到爱奇艺的高清平台观看，网民能从细节上体验到媲美高清电视播放的高清画质，以及电视无法提供的互动细节，比如记忆播放、开关灯、可调清晰度、亮度等贴心功能，硬广投放中，爱奇艺首次引入 hulu 简洁高效的广告形式：前贴片和播放过程中旗帜的配合以及可点亮的高级底纹广告。奇艺对网络视频广告的频次和点击率关系进行了研究，发现 5 次以下频度的曝光点击效果更好，以最佳比例进行投放，实质上大大提升了清扬广告的投资回报率。

- Share（分享）：爱奇艺联合百度贴吧打造互动平台，满足用户分享与沟通的心理，最大化传播品牌。

一个高关注度的影片一定会引起观众的共鸣或讨论，网络便是最好的感受分享平台，在这个环节，爱奇艺再次引入了影视剧评论流量最高的社区百度贴吧，在“美女如云”吧中开设专门的讨论帖，直接跟观看平台打通，并在话题引导中植入了清扬的因素，分几期探讨了“无懈可击”的相关话题，这一系列的口碑营销引发了新一轮观看热潮，从分享到再搜索、再观看形成循环，不断加深清扬的品牌印象。

（3）效果评估

首先来看效果，从投放结果上看，该剧连续十五天登上了奇艺电视剧排行榜榜首，收视成绩仅次于《三国》，另一方面，从清扬官网的调研数据也能看到爱奇艺贡献了所有网络收视中排名第二的用户量，刚刚上线四个月的爱奇艺就创造这样的好成绩，在整个视频行业而言，优秀表现可谓史无前例。

其次来看一下数据，70%以上网友通过百度来到爱奇艺观剧；在爱奇艺电视剧排行榜 15 天稳登榜首；8 月 4 日～22 日在百度有每天近 20 万的阿拉丁展现，且该剧在电台播完之后在爱奇艺点击量持续上升；截至 8 月 23 日，美女如云专题互动投票活动，参与人数超过 10000 人；2010 年 8 月 16 日～18 日第一波活动，爱奇艺在百度贴吧的“观剧赢 iPad 活动”参与人数超过 5000 人；回帖数共计 154 页，回帖 5296 楼；通过清扬活动页面有奖调查，用户收看该连续剧的渠道，爱奇艺占 14.82%，在网络视频中位居第二，领先于优酷、土豆、酷六。

接下来看此次活动的核心发现：

- l5 次以下频度的曝光点击效果明显更好：通过爱奇艺后台统计系统，发现广告显示 1 次和展现 6 次以上的占比最多，分别占比 39.3%和 35.5%；3 次以上展现占比 55.8%，超过一半；从点击数上看，展现 5 次以下的广告点击率更高。
- 网络形成电视播出后的长尾收视：爱奇艺平台不到一个月的收视数跟几大卫视该剧播放周期（半个月）的收视数对比，爱奇艺在 15～40 岁人群的收视已经可以与一个强势卫视相当，而网络还会形成电视收视长尾，2～3 个月的总量爱奇艺会高于任何一级卫视。

最后对案例进行总结。联合利华选择首次跟爱奇艺网站合作，看中的是搜索平台跟视频媒体的整合优势，而该剧的实践正是在利用这样的优势探索出一套基于用户视频行为的“SWS”视频营销模式。营销的本质万变不离其宗，抓住了用户自然就能满足广告主的需求。联合利华投资该剧原本是一次植入式营销的尝试，然而植入式营销不仅拼内容，更要拼高效的传播渠道，需要通过播放平台最大触及并影响目标消费者。而爱奇艺在推广该剧的过程中很好地发挥了整合百度创造的“登录页机会”以及自身平台的高品质广告效果的综合优势，成功向行业证明了爱奇艺所独具的正版高清模式的营销价值，而这种价值也得到了广告主和用户的全力支持。

6.3 博客营销

博客营销是通过博客网站或博客论坛接触博客作者和浏览者，利用博客作者个人的知识、兴趣和生活体验等传播商品信息的营销活动。

博客这种网络日记的内容通常是公开的，自己可以发表自己的网络日记，也可以阅读别人的网络日记，因此博客可以理解为一种个人思想、观点、知识等在互联网上的共享。由此可见，博客具有知识性、自主性、共享性等基本特征，正是博客这种性质决定了博客营销是一种基于包括思想、体验等表现形式的个人知识资源，它通过网络形式传递信息。

博客营销是利用博客这种网络应用形式开展网络营销的工具。公司、企业或者个人利用博客这种网络交互性平台，发布并更新企业、公司或个人的相关概况及信息，并且密切关注并及时回复平台上客户对于企业或个人的相关疑问以及咨询，并通过较强的博客平台帮助企业或公司零成本获得搜索引擎的较前排位，以达到宣传目的的营销手段。

博客与博客营销的区别是：博客就是在网上写的文章，有一些普通日志的特征。比如正文是按时间排序，不过与写在日志本里不同的是，最新的文章排序在最前面，老的日记会排序在后面。真正的博客营销是靠原创的，专业化的内容吸引的读者，培养一批忠实的读者，在读者群中建设信任度、权威度，形成个人品牌，进而影响读者的思维和购买决定。

6.4 微博营销

微博营销是一种网络营销方式，腾讯随着微博的火热催生了有关的营销方式，就是微博营销。每一个人都可以在新浪、腾讯等注册一个微博账号，然后就可以更新自己的微博。每天更新的内容就可以跟大家交流，或者就大家感兴趣的话题发表评论，这样就可以达到营销的目的。

1. 微博营销的理念：一切以客户为中心

"以客户为中心的精准营销和主动式服务营销，在正确的时间把正确的信息传递给正确的人"。企业微博营销一个很关键的原则就是"一切围绕客户"。企业可以在客户不同的消费阶段与客户进行互动，并逐步建立情感关系。在消费者认知阶段，可以主动发现潜在客户的需求，帮助消费者了解品牌和产品的基本功能；在消费者购买阶段，可以有针对性的回答客户咨询，促进购买决策的达成；在消费者使用阶段，通过贴心的互动让客户有更好的体验；最后的关键是要倾听客户怎么评价产品和使用体验，给予关注和奖励，促使客户更有动力地向身边的朋友推荐。

2. 微博营销特点

- 立体化：微博营销可以借助先进多媒体技术手段，从文字、图片、视频等展现形式对产品进行描述，从而使潜在消费者更形象直接地接受信息。
- 高速度：微博最显著的特征就是传播迅速。一条关注度较高的微博在互联网及与之关联的手机平台上发出后，短时间内的互动性转发就可以把这条微博送到微博世界的每一个角落。
- 便捷性：微博营销优于传统推广，无须严格审批，从而节约了大量的时间和成本。
- 广泛性：通过粉丝形式进行病毒式传播，名人效应能使事件传播呈几何级数放大。

3. 微博营销的效果

- 有效实现品牌建立和传播（官方微博）。
- 树立行业影响力和号召力，引导行业良性发展，传播企业价值观。
- "领导人"产品曝光和市场推广。
- 发现目标客户，精准互动营销，完成客户转化和订单销售，全面分析营销效果。
- 无处不在的主动客服，服务真实客户。
- 企业的口碑实时监测，确保危机公关。

从 2013 年新浪微博最新的用户数据显示， 浏览、转发或者发布是基本的用户行为，收看视频、聊天、参与商业促销活动是用户新的兴趣点。而关于微博上的电商行为，近一半的微博网民会直接点击微博上的图片或者正文中的商品链接。43.28%的微博网民会关注 1～5 个企业微博，20.83%的微博网民会关注 5～10 个企业微博；过半微博网民会关注折扣信息及品牌最新资讯，尤其是网站、媒体、IT 产品、服装类官方微博更受关注。

这是社会化媒体赋予企业的巨大商机，也是无数电商企业在苦苦寻找转化率最高的用户群体，社会化媒体上的活跃用户是帮助企业启动口碑传播的关键人群。如何发现他们，并且在第一时间把企业相关的信息传递给他们，在互动中与他们建立情感连接和信任关系，是社会化媒体赋予企业的下一座金矿。微博营销的商业价值如图 6-10 所示。

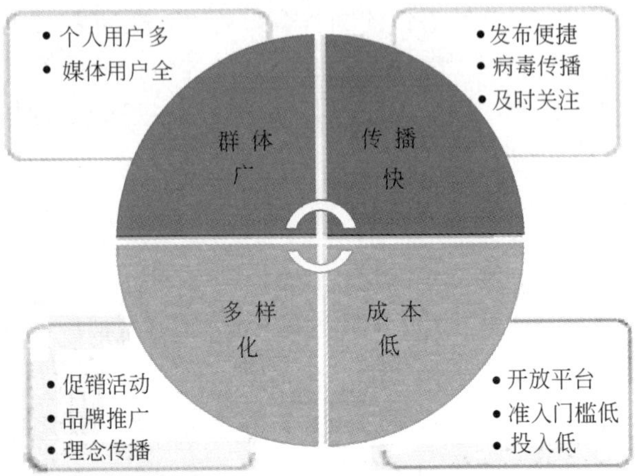

图 6-10 微博营销的商业价值

6.5 百科贴吧营销

贴吧营销，以贴吧为载体的一种营销方式，是一种基于关键词的网上主题交流社区，它与搜索紧密结合，准确把握用户需求，具有针对性强、粘性高和互动功能强等特点和优势。它与搜索紧密结合，准确把握用户需求，通过用户输入的关键词，自动生成讨论区，使用户能立即参与交流，发布自己所拥有的并且感兴趣的话题的信息和想法。这就意味着，如果有用户对某个主题感兴趣，那么他立刻可以在贴吧上建立相应的讨论区。

但是并不是所有的贴吧都可以作为营销的工具，企业应该注意以下几点：

- 选择贴吧要有侧重点。
- 帖子的内容要有讲究。

- 要学会利用百度热点。
- 发帖要有技巧。

鉴于百度贴吧的高人气和百度作为中国最大的搜索引擎的特殊性，在百度贴吧做推广也有两种不同的方式。如果是正规网站的站长，那就要谨慎地使用百度贴吧来做网站推广，必须保证别被百度把你的域名给踢掉，所以推广的主题也相对有一定的局限性，不能做的太过。要保持理性的头脑，合理地利用百度贴吧推广自己的网站。

百度贴吧的高权重，再加上长尾要点词的锚文本链接，就可以很好地传导百度的权重到需要优化的网站上，从而利用大量的长尾要点词来烘托核心要点词的排名，实现农村包围城市的 SEO 优化原则!因而说贴吧也是一个很好的 SEO 优化平台。

当然百度贴吧可能还有更多的网络营销方面的优势，这些大家都可以在实际的操作中不断地归纳总结，不过很多站长可能对百度贴吧上留下外链觉得很难，其实通过变通，经过回复的方式，或者转化到百度知道的平台，利用百度知道或者百度珍藏作为跳转，转到自己的网站上。

当大家都在不断地埋怨论坛营销效果不佳，软文营销太贵，SEO 优化时间花费太长之时，却不知道在自己的身边就有一个万分好的营销平台，那就是百度贴吧，据有关数据统计，现在百度贴吧上的用户人群也早已过亿，是一个万分宏大的集体，假如在百度贴吧上举行营销，那也可以取得相当不错的成绩，从百度贴吧给网站，引流几万 IP 也非难事，由此可见，百度贴吧的网络营销，是不容忽视的!那么如何才可以应用百度贴吧胜利营销呢？可参考下面的三条原则。

1．贴吧的内容应当和自己网站内容相关

现在百度贴吧的种类多如牛毛，涉及到各行各业，因而经过百度贴吧进行营销的时候，不是那种在互联网上到处乱发广告，而是要挑选针对性的贴吧，一方面这些贴吧要有人气，另一方面，这些贴吧的内容是否和自己需要营销的广告或者网站内容有关，假如你找了一个有关机械的贴吧，在这些贴吧上，推销一些棉花价格、农产品采购方面的内容，那定然不会取得很好的效果，因而贴吧的内容必然要相关。

2．贴吧营销必要维护

贴吧的营销，不是在这些贴吧上，把自己网站的消息或者必要的网络营销的产品消息发布上去就行了，这些消息是否会被删除，是不是不可以带上超文本链接等等，都必须仔细检验，然后找到一些可以发布超文本链接的贴吧，同时还要注意不断地维护，通常贴吧的正文是不会提供发布超文本链接的权限的，那么这

些超文本链接，或者网站网址的链接，就可以在维护的时候，例如回复贴吧中的帖子，加上这些网站的链接，这样贴吧的内容就不容易被删除了。

3. 贴吧也是一个很好的 SEO 优化平台

其实高质量的贴吧流量，很多都是经过长尾关键词取得的，而长尾关键词的竞争力通常很小，而百度贴吧的权重又很高，因而利用百度贴吧来发布一些有关网站的长尾要点词，这些长尾关键词就可以排在百度搜索效果的首页，而经过这些长尾关键词搜索的用户，就很容易转化到自己的网站上，而利用这些长尾要点词过来的流量，普遍有很强的目的性，正是这一点，可以让这些流量可以很好地转化过来。

6.6 口碑公关营销

口碑（Word of Mouth）源于传播学，由于被市场营销广泛地应用，所以有了口碑营销。传统的口碑营销是指企业通过朋友、亲戚的相互交流将自己的产品信息或者品牌传播开来。如图 6-11，口碑营销的思维模式可更加清晰地说明口碑营销的执行原则。

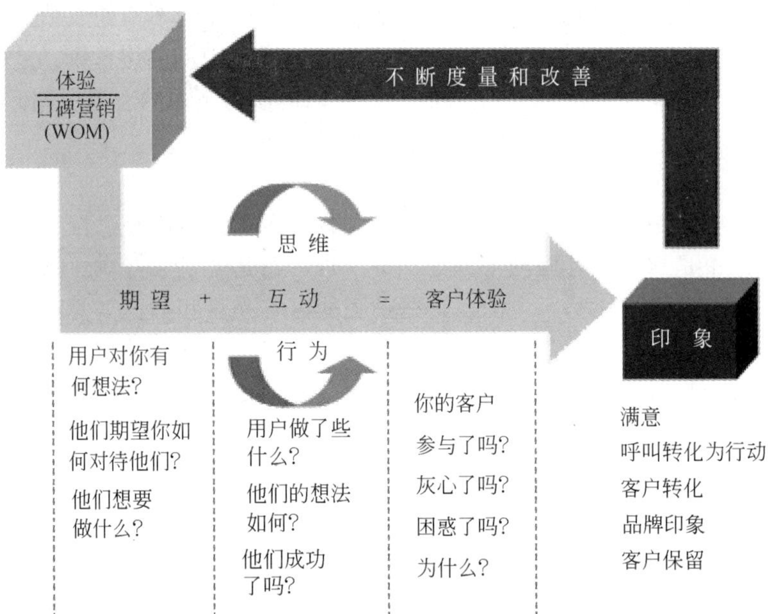

图 6-11 口碑营销的思维模式

口碑是目标，营销是手段，产品是基石。但事实上，口碑营销一词的走俏来源于网络，其产生背景是博客、论坛这类互动型网络应用的普及，这类应用正逐渐成为各大网站流量最大的频道，甚至超过了新闻频道的流量。要做好真正的口碑营销，需要在产品定位、传播因子、传播渠道这三个方面进行创意挖掘。

- 产品定位：很多营销人员希望口碑营销能够超越传统营销方法，但是如果营销的产品消费者不喜欢，很容易产生负面的口碑效果，结果不但不会起到促进作用，甚至导致产品提前退出市场。
- 传播因子：传播因子具有很强的持续性、故事性，能够吸引消费者持续关注，并且容易引伸和扩散。
- 传播渠道：营销模型决定着传播渠道，传播渠道的选择主要由产品目标用户群特征决定，除了传统媒体和网络媒体，最具有影响力和最适合口碑营销的渠道是博客、论坛和人际交互。

口碑营销的优势如图 6-12 所示，有宣传费用低、可信任度高、针对性强、具有团体性、提升企业形象、发掘潜在消费者成功率高、影响消费者决策、缔结品牌忠诚度、更加具有亲和力、避开对手锋芒。

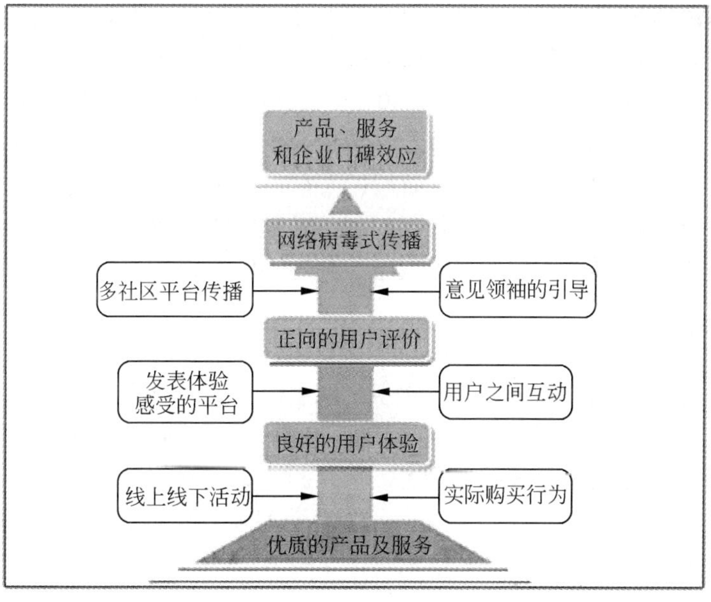

图 6-12　口碑营销的优势

公关营销又称公共关系营销，即社会市场营销，这是 20 世纪 70 年代末出现的、极富有生命力的市场观念，也是“感性消费观念”、“明智消费观念”、“生态强制观念”、“社会公众利益观念”的综合。

市场需求是企业不可控的外部因素，应视不同的需求动态，采取不同的公共关系营销策略：

- 刺激性营销策略。企业产品和劳务在无需求条件下，公关部门应根据市场动态反映，加强宣传型和矫正型公关工作，提高产品竞争力，为企业创造营销条件。
- 扭转性营销策略。由于企业信誉不高，信息传递不灵，价格政策不当等而导致低需求条件时，应以优质服务为宗旨，同时告诉潜在用户价格，扩大信息传播，促进需求。
- 开发性营销策略。在消费公众具有潜在需求条件下，应开展宣传性公关工作，使潜在公众变化知晓公众，再开展进攻性公关工作，使知晓公众变为行动公众。
- 再次性营销策略。当竞争对手相继进入同一市场，消费公众兴趣开始转移时，应运用传播媒介，强化企业和产品形象，造成良好的公共舆论，保持市场份额和占有率。

相宜本草口碑营销案例

相宜本草是一家国产天然本草类化妆品品牌，其产品进入市场化运作时间较短，市场认知度较低。虽然产品拥有良好的品质和口碑，但对于该品牌了解的消费者相对较少。相宜本草总部在上海，公司调查数据显示，相宜本草在上海地区产品美誉度达 70 分，而知名度只有 30 分，这与这几年发展的整体策略有关，市场投入相对较少，将更重要的资源及资金投入于产品研发及销售渠道。在有限的市场投入情况下，如何能够针对现阶段的发展产生最好的营销效果，经过多方咨询与沟通，相宜本草采用了网络社区口碑营销的策略，借助互联网社区营销新媒介，展开迎合精准群体心理的营销策略，利用网络快速传播的特点，实现低成本的广泛传播效应。

相宜本草选择了唯伊网作为核心传播载体，以唯伊社区为营销传播中心，整合浙江本地社区及线下高校资源，实现了线上线下互动整合营销。

唯伊网是国内一家新兴的化妆品品牌口碑社区，社区以品牌俱乐部、试用达人为特色，汇集化妆品品牌的消费者、粉丝和意见领袖，用户人群以年轻态人群为主，年龄层在 20～30 岁之间居多，品牌消费习惯不稳定，有较大的热情尝试新鲜品牌、新鲜产品，因此唯伊社区还形成了特有的“小白鼠”氛围。

相宜本草是化妆品领域的年轻品牌，其市场价格也非常适合年轻态群体，唯伊社区的用户群体与相宜本草的定位相互吻合，这为最终的营销效果奠定了坚实的基础。整个营销过程大致分为如下五个环节：

第一个环节为免费申请品牌试用装。利用消费者的利益驱动和新鲜事物的好奇心，为品牌造势、吸引眼球、聚集人气。事实上对于女性消费者而言，申请新品试用装的诱惑力比较大，最重要的是她们会重新发现一个也许就存在她们周边的品牌，但她们从未在专卖店里尝试过，这有很多心理因素。互联网却实现了很多新鲜的尝试，同时她们也会在这个过程中关注这个品牌，并了解其他消费者对该品牌的口碑评价，这个过程中无形使得品牌受到了极大的关注，抓住受众的眼球，其实已经成功了一部分。

第二个环节是收集申请者的数据资料（包括真实姓名、性别、住址、邮箱、电话、QQ、品牌消费习惯等信息），并向企业反馈，以便进行进一步的数据挖掘。这个过程中相宜本草充分利用了数据资源，为这些潜在消费者进行电话营销，并且为每个潜在消费者邮寄相宜本草的会员杂志，很多用户反馈相宜本草的服务很贴心，使得消费者对相宜本草这个陌生品牌产生了好感。在《影响力》提及的“互惠原理”，授予者愿意在不损害自身利益的情况下有所回报，这也是为什么日本 DHC 化妆品能够在短短的几年间通过口碑营销，成为日本销量第一的化妆品品牌。

第三个环节为网络整合营销传播。唯伊网联合国内知名社区站点，做联合推广，活动有更丰富的传播载体、更广阔的传播范围，快速提升品牌在网络中的知名度和影响力。这个过程线上线下有着交叉互动的关系，包括高校人群的覆盖，短信平台的精准营销，都为整个事件的传播面起到了极大的推广作用。

第四个环节为用户分享试用体验。以奖品为诱饵，吸引试用用户分享产品体验，引导消费者的正向口碑，实现被推广产品在网络传播的知名度和美誉度有一定程度提升的效果。因为唯伊社区有稳定活跃的用户群，收到试用装的用户很快就开始试用体验，并且她们非常愿意与大家分享试用的过程，这个和社区的气氛、气质有很大关系。因为有高质量的人群和特定的氛围，当然还有奖品为诱饵，试用评论的质量非常高，90%以上的评论都超过 500 字，这在化妆品评论网站、社区都是罕见的事情。正因为有高质量的评论，对于产品的口碑还有充分的传播意义。相宜本草推出的免洗眼膜产品，刚好在这一期间投放市场，通过百度和 Google 搜索相关评论，基本上全部回到唯伊社区，因为这里的用户是第一波试用用户，而且这一产品可以找到几十篇高质量的评论，相宜的其他产品可以找到上百篇。对于一个新兴品牌，唯伊社区可能会最集中汇集大量的口碑评论，通过互联网的复制传播效应，口碑逐渐扩散开来。

第五个环节为试用达人 BlogMedia 推荐。试用达人 Blog 目前拥有 1700 多个网络订阅，拥有忠实的读者群，在网络试用领域有着较高的知名度和影响力，我们会在活动结束阶段，重点推荐活动期间优秀的网友评论，为品牌网络传播划上完美的句号。

整个营销事件结束后，统计得到的数据包括：

- 试用装派发数为 400 份（全国）1600 份（高校渠道）。
- 总计获得 4305 份有效网络申请用户资料（用户数据包括姓名、性别、年龄、肤质、电话、邮箱、QQ、地址、手机、消费习惯等)。

- 活动页面浏览量总计 111055 次,用户回复数 1745 条。
- 联合推广的获得浏览量总计 59633 次,用户回复数 749 条。
- 试用评论总计 115 篇,图文并茂,90%以上的评论都在 500 字以上,1000 字以上试用评论,22 篇,500-1000 字试用评论,102 篇,200-500 字试用评论,11 篇,200 字以下试用评论无。
- 因活动的带动,相宜本草版块主题帖增加 228 条,回复增加 6146 条,其中高质量的评论增加近 168 条,累计浏览达 202255 次。
- 事件活动网络转载多达 665 次,因评论数量太多,尚未统计转载次数。
- 活动网络直接传播受众 20 万以上(间接传播受众 400 万以上),线下覆盖人群 10 万。

从活动数据来看,此事件营销可以说是一个非常成功的网络口碑营销案例,之所以能达到这样的效果,有以下几个方面的优势。

(1)品牌与载体人群的高度吻合

年轻的品牌与年轻态的消费群体,消费者愿意尝试新鲜事物,并活跃于网络社区,愿意分享她们的试用感受,这是成功最重要的原因。如果换作兰蔻、雅诗兰黛这类品牌,这个模式就很难成功,使用这两个品牌的人群富有但时间有限,不会去写这类的评论,同样这类人群也很少去尝试一个国产且知名度不高的品牌。

(2)消费者的互惠心理及利益驱动

古话说的好:“吃人嘴软,拿人手短”,互惠原理在日常生活中无处不在,用户受到了“恩慧”,并且还觉得效果很不错,她也会以一定的方式进行回报,这是在直销领域通行的策略。相宜本草的产品美誉度是相当高的,而且试用的产品大多是相宜本草的明星产品,可想而知消费者试用后的感受,很多人分享相宜本草的试用评论,很多人在当地进行购买,更有人通过电话咨询如何购买、如何加盟相宜本草。当然奖品的驱动也是很重要的原因之一,但是如果仅仅为了奖品而来,用户动机不纯,所言并非来自真实感受,其内容就很难有高质量的保证,所以利益驱动不能放在首位去推动。

(3)口碑的聚集和持续作用

在这次传播之后,可以预见相宜本草的口碑会在网络上快速增长,一方面是活动的带动,另外一方面是因为唯伊社区相宜本草的板块聚集了相宜本草的口碑,这样相宜本草的话题会不断积累,而不会像一般的活动,做完之后,话题就如碎片一样无法聚集,更谈不上如何传播出去了。也是因为此次活动,唯伊社区的相宜本草板块成为了国内民间讨论相宜本草最热的社区。

(4)传播过程中的执行

如果说仅仅在一个网站搞一个活动,再好的效果也仅限于网站本身。相宜本草的这个事情营销过程，在传播通路上是立体复合式的，通过网络社区的整合传播，还有线下高校人群的覆盖，以及短信平台的精准定位，都体现了营销过程中较高的执行力，所以整个营销过程能够实现较为广阔的传播。

相宜本草社区口碑传播事件可以说是一次比较成功的营销案例，但过程中依然有很多不足，唯伊网自身的规模与传播面积有很大的差距，自身的用户群体的口碑还没有达到足够放大的程度；意见领袖的作用没有那么明显，一方面是产品结构没有很好地来推动这件事，另外一方面有影响力的草根意见领袖的形成有很多因素，并非外力可以约束。

社区口碑营销尚方兴未艾，笔者相信未来会出现更多的网络新媒体，能够通过自身人群的特性，来实现精准的口碑传播。现在也有越来越多的品牌愿意尝试网络媒体营销，未来这个行业将会有更大的空间有待挖掘。

6.7　新闻事件营销

新闻营销是运用新闻为企业宣传的一种营销方式。新闻营销在营销活动中有效综合运用新闻报道传播手段，创造最佳传播效能。新闻营销通过新闻的形式和手法，多角度、多层面地诠释企业文化、品牌内涵、产品机理、利益承诺，传播行业资讯，引领消费时尚，指导购买决策。这种模式非常有利于引导市场消费，在较短时间内快速提升产品的知名度，塑造品牌的美誉度和公信力。

新闻营销的特点是：目的性强，传播性广，嵌入性深，炒作性大。

- 目的性。一次成功的新闻营销应该有其强烈的目的性，虽然有些新闻由头出现的很突然，但营销人员必须要知道通过这次新闻营销达到什么目的。有些企业认为偶尔上点新闻就是增加点企业形象。从营销的角度上讲，一次新闻营销的目的应该是配合广告增加销量。因此如何确定好新闻营销的目的，将决定新闻营销的主线。
- 传播性。传播性在某种程度上来说也是新闻性，新闻每天都有，那么抓住什么新闻来做营销呢？笔者认为只有热点性的新闻才能引起关注。一条有传播性的新闻是新闻营销的载体，那么如何找到新闻点并为企业所用就比较重要了。
- 嵌入性。找到新闻点后，最重要的问题就是怎么把公司和产品或者概念嵌入到新闻中，最好要嵌入得不露痕迹。才能达到借势传播的效果。
- 炒作性。新闻炒作用的最多的当属娱乐行业，各种八卦事件竞相成为网民饭后闲谈的热门话题，站在被炒作者的角度，无疑能迅速扩大其人物本身的知名度，提高其身价。

事件营销，国内有人直译为“事件营销”或者“活动营销”。事件营销是企业通过策划、组织和利用具有名人效应、新闻价值以及社会影响的人物或事件，引起媒体、社会团体和消费者的兴趣与关注，以求提高企业或产品的知名度、美誉度，树立良好的品牌形象，并最终促成产品或服务的销售目的的手段和方式。如图 6-13 所示。简单地说，事件营销就是通过把握新闻的规律，制造具有新闻价值的事件，并通过具体的操作，让这一新闻事件得以传播，从而达到广告的效果。

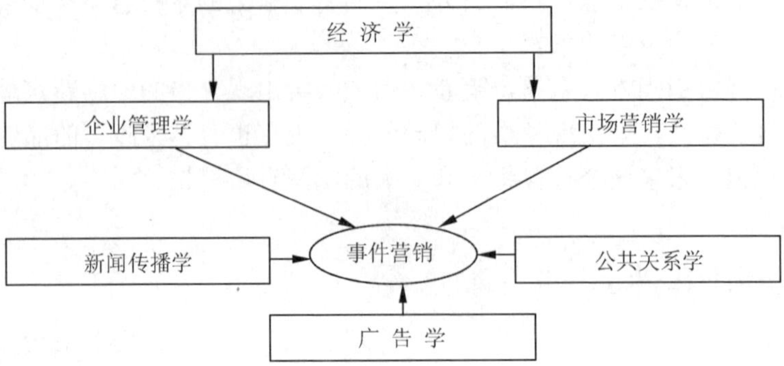

图 6-13　事件营销

事件营销是近年来国内外十分流行的一种公关传播与市场推广手段，集新闻效应、广告效应、公共关系、形象传播、客户关系于一体，并为新产品推介、品牌展示机会，建立品牌识别和品牌定位，形成一种快速提升品牌知名度与美誉度的营销手段。20 世纪 90 年代后期，互联网的飞速发展给事件营销带来了巨大契机，通过网络，一个事件或者一个话题可以更轻松地进行传播和引起关注，成功的事件营销案例开始大量出现。

事件营销在本质上就是让你的策划成为新闻。所以，事件营销的成功要素，就是要分析一件普通的事怎样可以成为新闻，并分析新闻从发生到被采访、被编辑、被出版的整个过程。然后，让策划能够顺利地完成这一过程。

一个事件从发生，一直到变成报纸上的一则新闻，它的内容是在不断“缩小”的。假如一个事件的数量是 100 的话，记者可能只会关心其中 80%的具有新闻性的东西，并对此进行采访。而报社的编辑会对这一稿件进行删改，可能只保留了记者文稿中 80%的内容。再到版面安排时，由于版面的限制，可能编辑删改的文章只能有 80%的部分见报。那么，最终见诸报端的内容将会是原来事件的一小部分了。

所以，一个成功的事件营销就必须注意到这些环节，并通过精心地策划，努力增强事件的新闻性，尽量减少被记者和编辑删减的内容。

做事件营销，要想好有亮点的话题，让大家得到双赢的局面，这样才可以得到人们持续的关注。其中，“唱反调”的事件营销就是一个不错的点子。

研究之后发现，但凡近年来成功的事件营销，都是以“争议话题”为由头唱反调，多芬的“真美运动”事件中，户外广告和网络媒体宣传的人物并不是如花似玉、貌美年轻的女人，而是一位96岁的英国奶奶艾琳·辛克莱尔。海报中，英国奶奶美丽的微笑着，上面写着“有皱纹真美”，蓄意的传达出“多芬”倡导的“希望女人更乐于接受自己的真实面孔，而不是重重化妆品包裹出来的幻象。”

这次事件营销超级成功，这样的活动在全世界各地上演，并且越演越烈，带来的效果就是多芬的全球销量迅速增长。

2005年，一个叫做“吃垮必胜客”的帖子在网络上疯传。因为必胜客的沙拉盘很小，但是却要几十元，操盘该帖子的“幕后黑手”在网络上表示对其高价不满，并提供多种盛法，打造盘中“沙拉的金字塔”。

看到此帖后，吃过的人感觉新奇有趣，没吃过的跃跃欲试。就这样，你来我往的网络上竟然掀起多种“沙拉的金字塔”的样式，其建筑技巧也在不断被创新。其结果可以想象，随着帖子点击率的急速飙升，这样一个唱反调的事件营销最终使必胜客的顾客流量迅速增长。这一事件营销的成功，关键就在于对消费者“不满”的心理把握得恰到好处。利用所有人的猎奇心理，完成了一次漂亮的事件营销。

如果说“吃垮必胜客”还不够狠的话，那么王老吉的事件营销可谓够绝。2008年中国汶川遭遇了前所未有的8.0级地震，5月18日在央视为四川汶川大地震举办的赈灾晚会上，王老吉公司向地震灾区捐款1亿元，此举让含着眼泪收看晚会的全中国电视观众赞叹不已。王老吉是一个民营企业，1亿的数额有可能是企业一年的利润，企业如此慷慨的行为让所有人为其叫好。

然而没多久，网络上就出现“让王老吉从中国的货架上消失!封杀它!”的帖子，在这样的风口浪尖，到底是谁敢“没良心”地说话。当仔细阅读后发现，该帖子是醉翁之意不在酒:“一个中国的民营企业，一下就捐款一个亿！平时支持的那些国外品牌现在都哪去了，不能再让王老吉出现在超市的货架上，见一罐买一罐，坚决买光王老吉的凉茶!”

就这样一个封杀帖，一时间出现在所有知名网站、社区、论坛和博客，一时间，王老吉在多个城市终端都出现了断货的情况，这就是事件营销的力量。上述几个事例有一个共同点就是每个事件都有一个争议的焦点，是不合乎常理的焦点，当把人们的目光都吸引过来的时候，再化腐朽为神奇、有理有据地将争议化解，变成一场事件营销的全民运动，高明之处值得很多企业借鉴。

6.8 社区论坛营销

随着中国社会经济与房地产业的蓬勃发展，目前城市中绝大多数人口已经按照自身居住的业态形成了一种社区化的生活方式，而“社区营销”恰恰是在这样的大环境与背景下所诞生的产物。由于传统分销渠道竞争的日益加剧，进行渠道创新往往成为一些企业出奇制胜的法宝。在城市中，星罗棋布的社区蕴藏着巨大无比的潜力。因此，“在社区中营销”已经逐渐被一些企业视为一种全新的分销方式，并被越来越多的企业所关注。社区营销有如下四个特点：

- 直接面对消费人群，目标人群集中，宣传比较直接，可信度高，更有利于口碑宣传；
- 氛围制造销售，投入少，见效快，利于资金迅速回笼；
- 可以作为普遍宣传手段使用，也可以针对特定目标，组织特殊人群进行重点宣传；
- 直接掌握消费者反馈信息，针对消费者需求及时对宣传战术和宣传方向进行调查与调整。

论坛营销就是“企业利用论坛这种网络交流的平台，通过文字、图片、视频等方式发布企业的产品和服务的信息，从而让目标客户更深刻地了解企业的产品和服务。最终达到宣传企业的品牌、加深市场认知度的网络营销活动”。

论坛营销如下几方面的特点：

- 利用论坛的超高人气，可以有效为企业提供营销传播服务。而由于论坛话题的开放性，几乎企业所有的营销诉求都可以通过论坛传播得到有效的实现。
- 专业的论坛帖子策划、撰写、发放、监测、汇报流程，在论坛空间提供高效传播。包括各种置顶帖、普通帖、连环帖、论战帖、多图帖、视频帖等。
- 论坛活动具有强大的聚众能力，利用论坛作为平台举办各类踩楼、灌水、帖图、视频等活动，调动网友与品牌之间的互动。
- 事件炒作通过炮制网民感兴趣的活动，将客户的品牌、产品、活动内容植入进传播内容，并保持持续的传播效应，引发新闻事件，完成传播的连锁反应。
- 运用搜索引擎内容编辑技术，不仅使内容能在论坛上有好的表现，在主流搜索引擎上也能够快速寻找到发布的帖子。
- 适用于商业企业的论坛营销分析，对长期网络投资项目组合应用，精确预估未来企业投资回报率以及资本价值。

论坛营销的技巧包括如下几个方面：

- 分析要传播的目标用户群体的习惯与活动范围；
- 精心策划符合网友喜好的论坛营销事件或活动；
- 积累论坛相关人脉资源，会对开展论坛营销提供很大支持；
- 做好统计分析，以了解论坛营销的成功与失败之处，加以改进。

早餐车。很多社区会有专门销售早点的流动早餐车，早餐车的车体其实是一个不错的媒体。在食杂零售店中，比较常见的宣传载体是墙壁海报、店招广告和太阳伞三种。我们重点推荐的是“堆箱广告”，所谓“堆箱广告”就是在食杂零售店门口将产品外包装箱整齐地堆砌，通常是“双排八个高”为一组，费用的支出很少，但宣传的效果十分不错。

DM 直邮。DM 直邮广告比较常见，几乎每个城市的邮政广告公司都有这项业务，单位成本仅 0.5 元左右，其效果却不可估量。因为其较高的到达率，配合促销信息传播尤为有效。纯净水桶贴也是一个不错的主意，一般的地市级城市的纯净水品牌不会超过 10 个，与纯净水厂联系（或与某个品牌的水站全面合作），在其纯净水桶上贴上不干胶广告，或是送水过程中直接投递。

留言栏。居民楼的楼道口通常都有一块黑板大小的留言栏，无论是张贴海报还是发布社区推广活动信息都是一个不错的媒介选择。

海报张贴选点。海报张贴是社区营销中的主要宣传方式之一。海报张贴的选点十分重要，除了社区的宣传栏（通常属于居委会或当地工商局管辖）、食杂零售店和居民楼留言栏外，还可以考虑在农贸市场出入口、小饭馆等处张贴。

社区指示。每个社区的入口处，标识社区平面图的指示牌也是社区营销中可以利用的媒介，可以与居委会或街道联系，将平面图统一制作，并将品牌信息安排在上面。

社区内悬挂布幔和条幅。如果地理条件容许，在社区入口处的墙体上悬挂布幔广告效果比较理想；过街横幅的宣传效果也有目共睹，如今很多城市已经不允许在交通主干道上悬挂横幅，但社区内主干道的横幅还是可以批下来。

凸点社区营销平台是国内最新出现的社区营销创新型平台，它以独立建筑物的形式出现在小区中，通过工作人员给社区居民提供水电煤气费、通讯费、信用卡还款、公交卡充值、交通罚单等费用的缴纳，同时还为小区居民提供报刊借阅/订购、测量血压、车轮打气、邮件代收代发等无偿服务，因此凸点社区营销平台在社区中发展了大量的居民会员，建立起了庞大的居民网络。凸点社区营销平台基于自身居民会员网络的基础上，同时为商家提供 LED 广告、电视广告、DM 广告、企业宣传册展示、优惠券派发、工作人员口碑营销、社区活动和产品订购等一系列营销组合服务，帮助商家有效地完成社区营销工作。凸点社区营销平台现在已经在北京、沈阳、青岛、郑州、宁波和广州 6 大城市数百个社区中建立了服务网点，并且每天还在增加当中，凸点社区营销平台可以帮助企业正规且快速地在短时间内进入大量社区中展开营销工作。

6.9 电子邮件营销

电子邮件营销简称EDM，即E-mail Direct Marketing的首字母缩写，是在用户事先许可的前提下，通过电子邮件的方式向目标用户传递价值信息的一种网络营销手段。电子邮件营销有三个基本因素：用户许可、电子邮件传递信息以及信息对用户有价值。三个因素缺少一个，都不能称之为有效的电子邮件营销。电子邮件营销是利用电子邮件与受众客户进行商业交流的一种直销方式，同时也广泛地应用于网络营销领域。电子邮件营销是网络营销手法中最古老的一种，可以说电子邮件营销比绝大部分网站推广和网络营销手法都要早。

电子邮件营销是一个广泛的定义，凡是给潜在客户或者是客户发送电子邮件都可以被看作是电子邮件营销。电子邮件营销这个术语通常涉及到以下几个方面：以加强与商人和现在客户的合作关系为目的发送邮件，从而鼓励客户忠实于自己或者重复交易；以获得新客户和使老客户立即重复购买为目的发送邮件；在发送给自己客户的邮件中添加其他公司或者本公司的广告。根据美国著名统计公司的统计，2012年美国在电子邮件营销领域花费约400亿美元。所以，电子邮件营销仍然有着很大的发展前景。下面以东风标致508为案例进行详细讲解。

1. 案例背景

由于车企多元化的竞争日趋激烈，以东风标致508新车上市为契机，通过“东风标致赏鉴会”与“东风标致试驾会”活动，增加新车曝光率来抢占市场份额，扩大其影响力。但是较其他中高级轿车而言，标致508的起步与知名度略显滞后，如何让受众更多地认识标致508，更加了解标致508的特性，使之成为首选车款是关键所在。

利用标致的品牌效应，精准辐射目标受众，结合汽车本身的各种优势，从信念、品质和安全性能等方面分别解析，通过“无封顶折扣竞拍”互动游戏，激励潜在用户注册并参与活动，持续关注，最终成功购买。

2. 投放目的

（1）传递标致508新车上市信息，通过了解新车特点优势，迅速提升品牌认知度。

（2）通过新车赏鉴会与试驾会，邀请受众亲身体验新车优势。

（3）通过“竞拍”互动游戏吸引受众注册并持续关注标致 508。

3．推广方式

电子邮件营销形式，精准辐射目标受众，通过矩形测阵，针对不同人群定向投放。

4．推广策略

（1）产品特征：标致 508 拥有前瞻性能和精致外形，彰显其横空出世的震慑效果，荣膺德国红点设计大奖；卓越品质和超级配备雄踞同级翘楚，并荣膺 C-NCAP 五星级安全认证，随程保障，随心尽享。

（2）营销亮点：通过“无封顶折扣竞拍”活动吸引受众注册，即采用竞拍方式，在 Minisite 凡多一名用户注册，则车价降一元，当时间敲定竞拍结束后，所有参与活动的用户均有可能成为最终价格的获利者，以竞拍价购买标致 508。

（3）宣传策略：分阶段宣传，从感性、理性的不同层面进行沟通，全方位表达标致 508 的绚丽光芒，通过试驾、赏鉴、送礼使用户亲身体验，通过互动游戏激励用户注册参与，扩大市场影响力，最终促成购买。

5．执行过程

通过矩形测阵，针对不同人群定向投放。

对向往突破、积极热情的试驾用户会采用 iPhone 等充满生活气息的奖品予以诱导。

对热爱生活，注重感情层面的用户，则采用极佳的视觉表现和一定的礼品进行吸引。

最后从理性层面升华此次互动，加上竞拍优惠，作为此次活动的完结，形成一个完美的收官，促使受众对此次互动产生良性循环。

6．创意说明

（1）我是旗舰，谁为旗手的创意

- 整体思路：这是生活在城市里的人群渴望但却无法得到的驾驶契机。真实的驾驭感受便是试驾页面所要表达的真谛。
- 设计构思：给予全新标致 508 无限天地的自由精神，十分切合主题的图片，让用户充分感受到一种舍我其谁的冲击力。
- 文字表现：主标题振奋人心，言语简单明了，重点突出主题和奖励。

专题设计如图 6-14 所示。

图 6-14 东风标志 508

（2）再超越，东风标致 508 2.0L 越级上市

- 整体思路：柔和且具有时代感的标致 508 外形，是城市的一抹魅影，它属于城市，但却不受城市喧嚣的困扰，独自享受安宁，赏析属于自己的那份魅力。

- 设计构思：将标致 508 与城市背景相结合，塑造一款极具品位的城市风景，让用户欲罢不能。
- 文字表现：首先表现标致 508 卓越的性能，具体阐述该款车优异之处，其次简明扼要地告知试驾奖品，引起用户兴趣。

专题设计如图 6-15 所示。

图 6-15　东风标志 508

（3）荣膺 C-NCAP 五星级安全认证

- 整体思路：敦实而稳重的画面，给予我们无限安全充分可靠的感觉，来自法国，但更是欧洲打造，硬朗的内在不容置疑，卓越品质和超级配备雄踞同级翘楚。
- 设计构思：绚丽的闪光灯，诠释一次最权威的展现，标致 508 的光芒在此刻御世而至。

专题设计如图 6-16 所示。

图 6-16　东风标志 508

- 文字表现：简明的主题，配合具体详细的优势描述。

（4）无封顶折扣竞拍，全民奋力拉低价格

- 整体思路：采用竞拍方式，多一名注册即多一元钱折扣，进一步吸纳已经被吸引的用户。
- 设计构思：突出竞拍和竞争的概念，用数据牌滚动概念表现活动受众度高，并体现活动的真实有效性。
- 文字表现：标题直观且具有煽动性，活动说明简明扼要，主题明确。

专题设计如图 6-17 所示。

- 创意特色：分别以信念、感性、理性三种方式设计 EDM 主题：简单言语突出标致 508 活动在每一个环节的最想表达的目的：在阐述特性时，沉静不浮躁，以真诚的手法描绘标致 508 的闪光点；“无封顶竞拍”，第一时间拉住受众蠢蠢欲动的心。

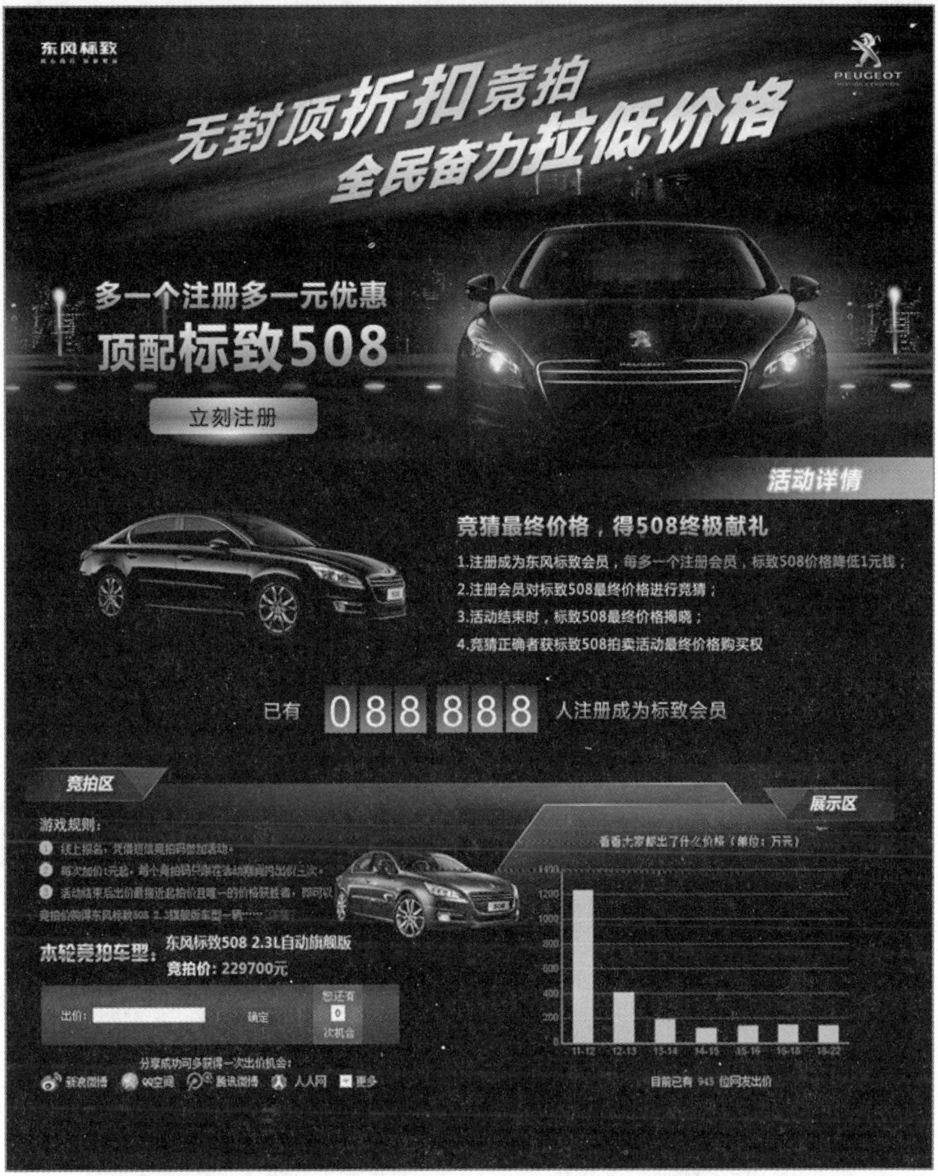

图 6-17　东风标志 508

- 效果评估：在活动期间内，顺利向目标受众传递标致 508 上市信息及产品各项优势，促使中高级车的潜在用户关注标致 508 并作为首选座驾；通过竞拍互动活动，成功吸引用户持续关注，带来超过 12000 新注册会员，其中有 10%的用户参与试驾，最终产生 97 台的销售量。

专题设计如图 6-18～图 6-21 所示。

图 6-18　东风标志 508

图 6-19　东风标志 508

图 6-20　东风标志 508

图 6-21　东风标志 508

第 7 章　内 容 策 略

用户体验、信息架构、内容管理系统、视觉设计、交互设计、用户调查、元计算以及其他一些帮助我们找到用户和消费内容的原则等，都是我们经常听到的东西，大家很少谈论内容，总觉得只要网站做好了，内容自然就会产生，更有很多人觉得内容只是新闻门户网站才会思考要做的事情。

以前说的最多的应该就是“内容之王”，随着 Web 2.0 和社会化网络的流行，人人都是内容的生产者和消费者。其实内容是一个网站的实质所在，不管一般的新闻门户网站，还是现在比较流行的 SNS 社区，内容为王的本质没变，只是内容的形式变得多样了，内容的生产、消费和传播方式变得多元化了，不同的网站有不同的内容策略。

7.1　内容策略概述

内容策略是关于有用的、可用的内容的创造、消费和管理的一系列计划。内容策略不仅仅帮助我们知道哪些内容是需要的，还让我们知道为什么我们会需要这些内容。

大家去新浪看新闻，新闻是“内容”；去淘宝买东西，东西是“内容”；去豆瓣看书评，书评是“内容”；去农场玩开心农场，那么开心农场也是“内容”。这些都是实在的内容，也有一些看不见的内容，比如说：人际关系、SNS 等，用户是通过“看不见的内容”找到“有形的内容”。

现在这个 SNS 流行的年代，网站还需要内容策略吗？答案是肯定的，原因有如下几点：

（1）内容相关度

网站内容管理混乱。一是网站和内容相关度不高，很多网站为了追求流量会放一些或者引导用户发一些和网站本身不相关的东西；二是网站内容碎片化，很多用户产生内容的网站，小众长尾现象比较明显，这导致用户搜索信息的成本大大增加。

（2）内容碎片化

现在许多网站的用户理论上说都是网站内容的消费者，也同时是一个贡献者，如果没有一个科学的可行的内容策略，当内容大量而无序的时候，就是一文不值的垃圾，比如可以看到很多论坛中满屏的广告贴。

（3）每个人都是网站的出版者

不管网站是什么行业、什么类型的，我们都要记住网站的本质是让用户有所行动，我们去一个网站都是带着目的和问题去的，比如去网易看新闻、去豆瓣看有没有好看的书、去 mtime 看看最近的电影，而这些问题的解决，靠的就是让所有的用户行动起来，这也是网站内容的触发点。

（4）让用户行动起来

在网站里，我们需要给用户提供有用的可用内容，为用户解决每一个问题才是关键，而不只是简单地关注如何找到内容，这也就是我们平时经常说到的用户体验。

7.2　提升流量的网站内容策略

提升流量（PV）的关键是什么呢？很简单，让用户大量点击网站的页面，阅读网站的内容。浏览的页面多了，流量自然就上去了。那如何才能增加用户的点击行为呢？

1．根据用户喜好，增加相应的文章数量

这里说的文章，是指用户喜欢的内容。

2．增强相关文章之间的关联性

比如最终文章页内的推荐文章、正文内的文字链接、关键字链接、文章尾部的相关新闻、推荐阅读、图片链接等。

3．增加页面数量、操作步骤

比如把一步能完成的操作改成两步；一页能展示完的内容改成两页；增加文章分页数、在下载页面增跳转页等。

4．娱乐化内容

对于网友来说，上网娱乐才是终极目标，所以想增加网站粘性和流量，适当的娱乐内容是必不可少的。

5．其他方法

比如设置一些自动化的功能，像很多图片站中常使用的自动翻页功能等。

7.3 提升网站 IP 的内容策略

提升网站 IP 最重要的因素之一就是优质的内容，下面重点讲述与提升 IP 有关的内容策略。

- SEO 是永远的主旋律。
- 足够多的内容量。内容页面多，关键词自然就多，被搜索到的机率就更大。
- 特色栏目和内容。网站 IP 稳步增长的关键是新用户的转换率，如果用户沉淀不下来，将很难有大的增长。即使有些方法可以在短时间内获取大量 IP，但是时间一长或是推广一停止，IP 马上就会下降。所以特色内容和栏目的建设至关重要，这些才是留住用户的关键。而往往是特色的东西，才更容易在用户中产生口碑效应。
- 流量联盟。流量联盟是一些商业网站经常用的手法，效果很好，但是比较耗费时间和人力。
- 非常规方法。比如恶意代码等。

7.4 提升排名的内容策略

先来了解一下 Alexa 排名的原理，Alexa 排名是根据 Alexa 工具条用户的访问情况而排定名次的。Alexa 排名高，不代表网站真实流量高，Alexa 排名的高低与网站流量的多少不一定成正比。比如某网站每天只有 100 个访问，但如果这 100 人全安装了 Alexa 插件，那排名至少在 5 万以内。

也就是说，想提高 Alexa 排名，就要想办法提高访客中 Alexa 工具条用户比例。那什么样的人群喜欢装 Alexa 工具条呢？如何吸引他们访问网站呢？

（1）国外人群。

（2）个人站长。对于个人站长，如何利用网站赚钱是他们最喜欢的内容，其次就是与网站建设、运营、推广、SEO 等有关的内容。

（3）行业人群。主要是指互联网从业人员，这部分人群喜好的内容就比较多了，主要还是集中在业务交流、行业资讯方面。

如果网站实在与以上三方面人群无缘，可以使用如下的保守的解决方案：

（1）网站内部人员全部安装 Alexa 工具条。

（2）增加相关的站长工具，比如 Alexa 排名查询。

（3）在一些站长类媒体发表经验分享类文章，留下网址。

7.5　提升网络品牌的内容策略

品牌的建立是最不容易的，因为流量可以造假、IP 可以造假、排名可以造假，唯独品牌很难造假，因为品牌需要得到用户甚至是行业的认可才行。基本上品牌的建立都是靠真功夫。建立品牌的思路有如下几种：

- 高端内容。包括针对行业的高端评论、独家的权威数据等。这里说的内容都是原创的、而非转载的。
- 高端人群。包括高端人群访谈、建立专家专栏等。主要思想就是把业内的高端人群聚集到自己的网站中来，让他们在这里发表观点和想法。
- 帮助用户。如果做不了高端，也可以走平民路线。帮助用户解决问题，获得大量底层用户的支持，也可以建立起品牌。但是走这条路，需要有足够的耐心才行。重点强调一点，不要做造成负面影响的品牌。

7.6　提升用户注册量的内容策略

想增加用户注册量，首先要弄清楚用户在什么情况下才会注册才是重中之重，总结有以下几点：

- 资源：对于稀缺且难找的资源，大部分人都禁不住诱惑。
- 归属感：如果一个论坛有良好的氛围、好玩，能让用户找到情感上的归属感，那也会促使其注册。
- 共鸣：论坛内的用户观点很独到或是很尖锐，能够引起用户共鸣。那新用户很可能就会为了拍几板砖而注册。
- 名人效应：名人的魅力是无限的，所以每个论坛都应该吸引名人到本平台注册。

如果想提升论坛的注册量，那就围绕以上四点对网站及内容进行优化调整。一个最简单的方法：找一些业内的热门资源，比如像客名录、媒体资源，然后设置成回复才可下载，或支付论坛金币进行下载，效果相当好。

网站的内容范围很广，包括网站主题、整体实用性、文件关联性、内容切合度、是否有不必要的档案等等。

所有的网站必然都有一个明确主题，而网站的整体内容都会绕着这个主题来发展。没有主题的网站很难拥有固定的常客，就像是大杂汇，内容再多也都是杂而不精。一般的浏览者，查询资料者居多，当然也是希望查询到精确且多量的资料。而大杂汇的网站，因为质不精，对于大多数的浏览者来说，只是没有用的垃圾堆。想来创建网站者必然不希望自己的网页被看作是垃圾堆，所以，就该在一开始直到以后的更新，都有个明确的主题。

网站的整体实用性，包含了资料的实用性及参考价值，若网站有明确的主题，应该尽量避免不相关的其他主题出现。若出现了与主题不符的其他资料，就像是一片花丛中出现了一坨粪般的令人厌恶，也没有了网站的整体风格。而许多的个人网站就像是大杂汇，有教学、祈愿、养宠物、文章搜集等等一些毫无关联性的资料。若希望自己的网站登上大雅之堂，就应确立主题，并对该主题整理有用且实用的资料。

文件的关联性也是内容的重要指针，在一个大主题下，往往能分出很多相关联的小主题。此时就应该对其详加分类统合，让浏览者明确地知道这些小主题相互之间的关联性。而不是东一堆、西一堆的文件。没有统合的文件，就算与主题有部分上的关联性，在一般的浏览者眼中，也都会成为没用的垃圾，这样实在是非常可惜。

综合来说，一个网站的内容，当然越多越好，只是在资料多的同时，也要注意到资料是否切合主题、是否对网站有用、归纳的是否妥当明了、有没有不必要的档案，这样网页的内容才能真正渐渐迈向量多质精之路，也才能创造出属于自己主题的风格。

7.7 内容营销的经典案例

7.7.1 如何运用信息图进行内容营销

信息图，是一种通过图表形式准确表达数据信息的方式。其最初概念模型在1958年被提出，随后得以持续发展。而随着数字媒体的兴起、作图软件功能的强大和社会化媒体技术的发展，信息图也成为网络上被广泛使用的内容形式。

美国IT网站Computer world上发表署名麦克·艾尔甘（Mike Elgan）的文章称，随着社交网络的逐渐进化，不受地域和语言限制的图片逐渐取代了繁琐而微妙的文字，成为了传词达意的主要媒介。视觉化正成为互联网发展的一种趋势。信息图正好契合这种趋势，这种契合带来的是与信息图相关的网络应用与服务的丰富，比如，信息图制作、分享相关网络应用，信息图展示平台和展现形式，信息图营销代理机构等等。

一方面，信息图制作的相关软件或服务变得智能，用户只要懂基本的软件作图技巧和数理统计知识就能制作出漂亮的信息图，目前国外还出现了制作信息图

Web 应用，用户可以直接在网页端制作信息图。另一方面，由于社会化媒体分享机制的强大，信息图能够通过博客、微博、论坛、类 Pinterest 网站等被广泛传播，这种传播同时也促进了信息图的发展。

根据调查显示，最近两年谷歌上信息图的搜索量增加了 800%，在新浪微博上搜索信息图，其数量也达到 70 余万。在信息图被广泛使用的同时，其传播能力带来的营销能力也成为热点讨论的话题。下面我们来看一个案例：最近，新浪微博推出了微博粉丝头条的广告服务，其官方账号@微博广告发布了三条相关的微博，其中最后一次发布内容为信息图，笔者利用独到科技分析了三条微博的传播情况，或许能够反映出信息图相比于文字较强的传播能力。如图 7-1 所示，2012 年 9 月 3 日，@微博广告发布了关于微博粉丝头条产品的第一条信息，该条微博转发数达到 908，评论数为 283。

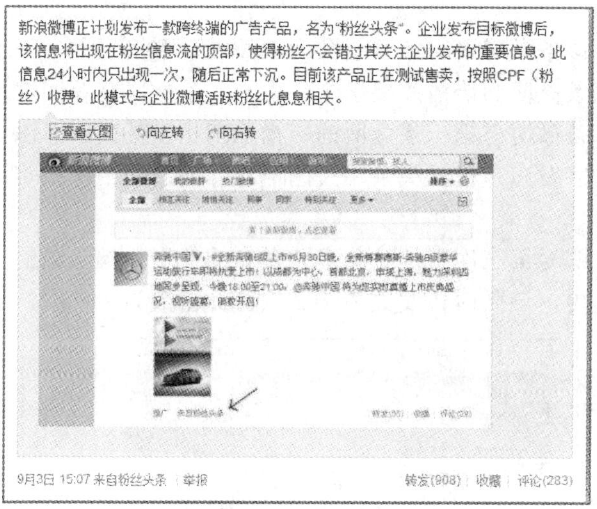

图 7-1　新浪微博之信息图制作

该条微博分析的相关数据如图 7-2 所示。

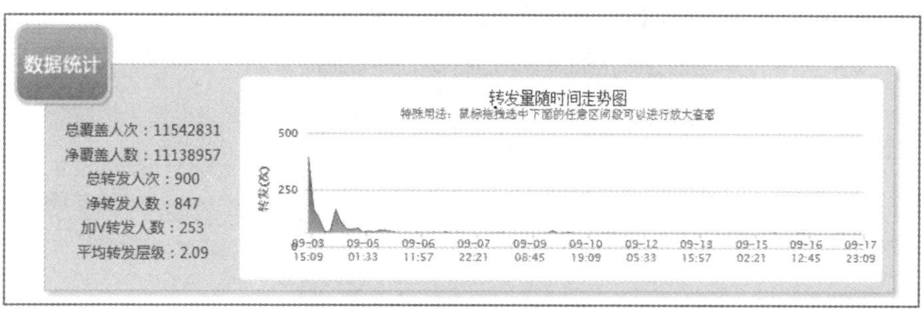

图 7-2　新浪微博之结果分析 1

平均转发层数为 2.09 层，净覆盖人数达到千万级别。

翌日，@微博广告再次发布了关于粉丝头条服务的详细解释文字，由于第一条微博的影响，该条微博转发数仅 78，评论数为 42，数据如图 7-3 所示。

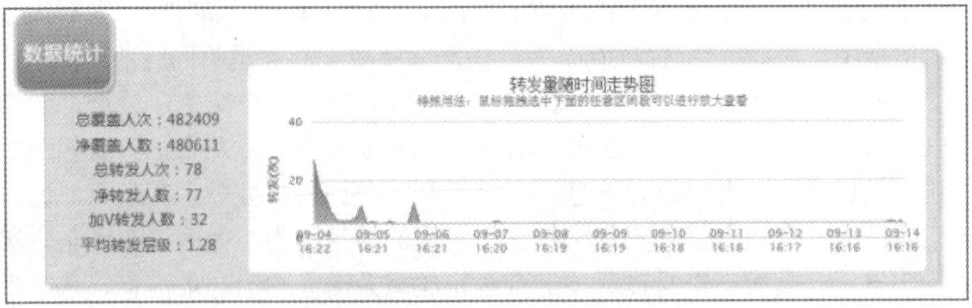

图 7-3　新浪微博之结果分析 2

分析显示：该条微博平均转发层数为 1.28 层，覆盖人数 48 万。

根据以上两条微博的传播效果来看，由于两条微博在新闻性质和具体内容上趋同，因而第二条微博与第一条微博的传播范围相差甚巨。可以合理预测的是，如果再次使用文字发布与粉丝头条相关的信息，其传播范围很难比第二次有质与量的突破。

再来看看该账号第三次用信息图形式发布的关于粉丝头条的微博，在发布后接近十天的时间内，该微博转发数为 402 次，评论数为 110 次，如图 7-4 所示。

图 7-4　新浪微博图解

分析发现，该微博平均转发层数为 1.96 层，净覆盖人数接近 500 万数据如图 7-5 所示。

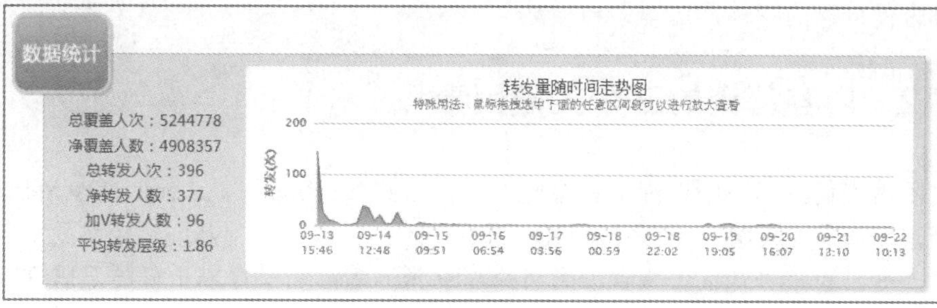

图 7-5　新浪微博之结果分析 3

不难发现，在使用了几乎完全的内容的情况下，第三次微博的综合数据[①]完胜第二次微博，综合数据约为第一次的一半，考虑到信息首次发布的优势，在相比于第二次微博的数据，信息图传播能力应该得到承认。

通过上述案例中的纵向对比，我们不难得出一个相对严谨的结论：信息图拥有优秀的营销能力。那么，我们为什么要关注信息图的营销潜力呢？

（1）信息图是符合受众信息获取方式的展现形式

一些科学研究结果显示，大脑传输的信息 90%是图像，一半的大脑功能用于处理图像。而且 65%的人是视觉学习者，大脑对图像的处理更直接，而对文字或解说音频的处理需要更复杂的过程。因此，信息图能够更容易地被受众理解和记忆。

（2）信息图符合互联网发展趋势，更容易被分享传播

Pinterest 超越雅虎成为网上的第四大流量推动力、Facebook 斥巨资收购 Instagram、Facebook 单独针对图片开发移动应用、谷歌在网站中整合图片编辑工具、苹果有意收购 TheFancy，这些都说明视觉化正成为互联网发展的一种趋势。信息图正好契合这种趋势，这种契合带来了与信息图相关的网络应用与服务的丰富，比如信息图制作、分享相关网络应用、信息图展示平台和展现形式、信息图营销代理机构等等。

（3）信息图营销是一种相对经济的营销方式

信息图营销的经济划算应该归功于两个方面，第一是制图软件和应用的智能，用户使用 AI 或 PS 制作信息图，并不需要高深的作图技巧，基本上具有中等水平数字素养的用户都能够驾驭那些基本的功能。值得一提的是 AI 包含的数据展示模块，更是让信息图制作变成傻瓜式操作。除了常用的一些桌面软件之外，

---

① 注：微博转评数据取于 2012 年 9 月 22 日晚 10:30 至 10:39。

目前也出现了一些基于 Web 的制图应用，如 visual.ly 等，用户只需点几下鼠标就可以制作属于自己的信息图。让信息图营销变得相对经济的第二个因素是社会化媒体方便分享的特性，这里不再赘述。

7.7.2 内容营销的三个关键因素

随着人们持续不断地涌向社会化媒体，比如 Facebook、Pinterest、Twitter（以及新浪微博、人人网、开心网和 QQ 空间），人们获取和使用新闻、信息的机制也随之改变。对于专业人士来说，言外之意非常清晰：为了在网上保持品牌和信息的曝光度，他们必须灵活互动，结合实时的信息情报，使用它们来快速调整自己的沟通策略，以便及时抓住可能出现的机会，从而建立品牌的联系。如图 7-6 所示，内容营销关系图实际上需要覆盖多个社交平台。

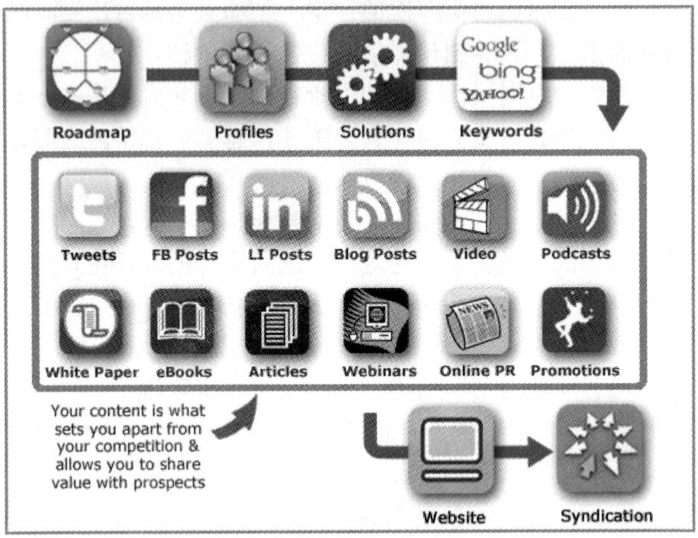

图 7-6 内容营销关系图

要想在搜索引擎的结果页面排到最前面的位置，以及产生对此有帮助的、正面积极的网上对话，需要注意两点：优秀的内容和为品牌建立良好的社交版图。这里尤其要注意搜索引擎，因为他们如今分配权重的算法极其复杂、不停地变化，除了外链数量、内容相关性等传统因素外，还越来越看重以自然语言撰写、在社会化媒体上的反响等细节。这种新的环境对于想在一片嘈杂中脱颖而出、确立自己的声音的营销专业人士来说是真正的挑战。我们可以发现成功的沟通方式的三个关键因素，并把它们作为在搜索引擎中取得不错的排名、并在社会化媒体上引发关注的指导方针。这些关键因素是：首先要了解听众；其次是在社交网络上产生兴趣；最后培养信息可信度。

乍一看来，这三个因素非常简单，然而实际上，要在线上群组里建立起持久的关注，除此之外别无捷径。为了更好地理解这三个因素，下面进一步讨论支撑每个关键因素的战术。

1．了解你的受众

多年来，我们一直听到社会化媒体大腕们谈论“聆听的价值”。他们是对的，这有几个原因。首先，也是最重要的，是受众在网上决定对话的进程。企业在计划沟通策略、开始准备相关内容时，把受众的兴趣放在心里是极其关键的。从受众的角度来沟通至关重要，这可以给市场一个强烈的信号：该品牌善于倾听和回应。此外，营销人员也将因此有更大的机会创造出富有“粘性”的内容。要想更好地了解你的受众，可以使用社会化媒体监测工具来掌握网上对话的动向；但是别忘了关注一些特定的群组和对话，比如说在 Twitter 上围绕某个标签而产生的对话，或者参与特定论坛、讨论小组里的互动；对销售和客服团队做个调查，找到顾客关键的顾虑、需求以及一遍又一遍重复产生的老问题。

2．在社会化媒体上产生兴趣

社交版图指的是我们在社会化媒体上建立的个人网络，包括朋友、亲人、同事。毫无意外，品牌营销也需要一个“社交版图”。要想理解为什么，我们需要退一步想，在网上内容是如何被分享的、以及人们作出购买决策时，是如何使用这些信息的。许多研究发现，人们在购买之前，搜索产品和服务时，不管是 B2B 产品还是 B2C 产品，都会向他们的社交版图求助。

从品牌的角度来说，这是好事，但是需要注意的是，为了建设品牌的社交版图，需要让人们有理由在社会化媒体上粉你、推荐你。你必须抓住并保持他们的注意。

不花些时间让品牌和市场建立起联系，社交推广活动可能会是浪费时间、精力和资源。一个企业可以成天发送信息，但是如果没有人关注、没人推荐、分享或在 Twitter 或微博上转发，那么企业投资的回报会很小。花时间在目标受众的社会化媒体生活中建立起联系，为企业的品牌建设持久地在线曝光迈出第一步。

3．培养可信度

这些手段里有另一个关键的组成部分：可信度。品牌发布的内容必须可信，才能得到受众以及这一领域内的记者和博客的信赖。

创造可信的内容，很大程度上取决于前面分析的第一块基石：聆听。如果企业注意聆听受众们谈论的内容，并且着眼于创造对他们有用、解决他们的问题或扩展他们的对话的内容，那么计划会奏效，人们会重视企业发布的内容。从客户的角度出发来进行沟通（如解决他们的问题、让他们的生活更容易），而不是从品牌的角度（如只关心把东西卖出去），并保持透明度。当受众开始与企业互动、让发布的内容完成从自有媒体到免费媒体的飞跃时，企业的努力终得所偿。

搜索引擎会注意到在社会化媒体上被分享的内容，并把这种分享解读为互相联系的人们之间的推荐（百度等中文搜索引擎也开始抓取来自新浪微博等社交网络的实时内容）。尤其是Google，通过其新的“搜索+你的世界（Search Plus Your World）”功能，把社交版图内大家分享的内容放到搜索结果里。有鉴于此，与那些有广泛人脉的意见领袖的互动变得更为重要。

让有公信力的第三方编写你的内容，比如说新闻媒体和博客，这永远是一个重要的公关目标。在今天的数字环境里，这些对企业内容的报道和提及，和链接到公司网站的外链一样重要。一个有公信力的网站上指向企业发布的内容，比如新闻稿件、博客文章、白皮书、登录页面或产品页面的反向链接是非常有价值的，它们会告诉搜索引擎并给企业网站带来有价值的流量。

对于沟通专业人士来说这意味着什么？简单来说，发布人们乐于在社交网络里分享、博客乐于提及、媒体愿意报道的内容，是一个终极目标，它将带来可信度，而这是保持在线曝光的基石。

其实这三个基石并不是平行的，而是互相联系。比如说，通过在社会化媒体的倾听，可以发现有影响力的品牌粉丝，然后通过与他们建立的联系来建设品牌的社交版图、放大信息。在网上受众群体中建立起公信力，他们会通过链回你的博客文章、分享你的新闻内容、转发你的信息等方式来显示他们的认同，这些信号可以证明你的权威性和可靠性，而搜索引擎会注意到并给予你更好的排名。

第 8 章　精准营销策略

据统计，在我国一个中等的普通城市，人们从睁开眼睛到闭眼睡觉，每天要面临 1500 条以上的广告轰炸，更别提是北京、上海这样的繁华都市了。然而，广告多了效果就会好吗？

实际上并非如此，只有那些出色的广告才能脱颖而出。观察发现，这些优秀的广告往往能够黏住某一部分消费群体，恰如其分地和他们的兴趣、审美观念、消费诉求产生共鸣。这就是本章讲述的话题——广告的一对一精准营销。

8.1　精准营销概述

精准营销（Precision marketing）就是在精准定位的基础上，依托现代信息技术手段建立个性化的顾客沟通服务体系，实现企业可度量的低成本扩张之路。就是公司需要更精准、可衡量和高投资回报的营销沟通，需要更注重结果和行动的营销传播计划，还有越来越注重对直接销售沟通的投资。

传统“跑马圈地”式的粗放型营销方式已经走到尽头，“精耕细作”式的精准营销才是企业发展的大趋势。新营销革命已经来临，企业必须寻找到一套适合自己的营销组合拳。对企业而言，营销不难。难的是营销得又精又准。以前，企业的习惯做法是机关枪扫射，海陆空全覆盖。要支付很高的成本；现在，应该改为“点射”，直接命中目标。这就是精准营销。

8.2　精准营销的个性化体系

精准营销的个性化体系包括如下几个方面。

1. 精准的市场定位

市场的区分和定位是现代营销活动中关键的一环。只有对市场进行准确区分，才能保证有效的市场、产品和品牌定位。通过对消费者的消费行为的精准衡量和分析，并建立相应的数据体系，通过数据分析进行客户优选，并通过市场测试验证来区分所做定位是否准确有效。在精准营销的实践中借助自己开发的市场定位技术营销测试系统很好地实现对产品的精准定位。市场定位技术系统采用复合的数字理论模型，在模拟的真实市场环境中得到真实实验数据。数据模型是以求证营销为蓝本设计的，在小的真实市场环境下模拟大规模销售。模拟的市场环境包括：货架实验、网络实验、用户走访 DM 模拟等。对一个大规模上市的产品投入很少的测试费用就可以知道上千万投入的效果。这就是精准定位的魅力。

2．与客户建立个性化传播沟通体系

从精准营销的字面上大家就可以看到这种方法采用的不是大众传播，要求的是精准。这种传播大概有以下几种形式：DM、EDM、直返式广告、电话、短信、网络推广等。这些形式并不新鲜。DM 就是邮件，EDM 就是网络邮件。直返式广告是对传统大众广告的改良。一般的传统广告主要是讲自己的产品怎么好，鼓动大家去什么地方购买。有的也给些打折让利什么的优惠。这需要很大的篇幅去做，需要的广告费当然也不少。而直返式广告主要是宣传一个活动让感兴趣的人参与。直返式广告的设计核心是活动诱因设计，原则是让我们精准定位的人群对广告感兴趣，设计这部分人群感兴趣的活动、感兴趣的东西达到让他们参与的目的，实现我们下一步一对一的沟通。活动诱因指让特定的客户感兴趣的东西，它更多涉及到消费心理研究、购买行为研究。

3．适合一对一分销的集成销售组织

精准营销的销售组织包括两个核心组成部分：精准营销颠覆了传统的框架式营销组织架构和渠道限制，它必须有一个全面可靠的物流配送及结算系统，以及一个顾客个性沟通主渠道呼叫中心。便捷快速的物流配送体系和可靠的结算体系是制约精准营销的两个主要因素，在精准营销的实践中借助国家邮政网络来实现货物配送及货款结算。传统营销关心的是市场份额，而精准营销关心的是客户价值和增值。精准营销的运营核心是 CRM。呼叫中心是通过网络技术和电话建立起来的实现和顾客一对一沟通的平台，它的主要职能是处理客户定单、解答客户问题、通过客户关怀来维系客户关系。精准营销摆脱了传统营销体系对渠道及营销层级框架组织的过分依赖，实现一对一的分销。

4．提供个性化产品

与精准的定位和沟通相适应，只有针对不同的消费者、不同的消费需求，设计、制造、提供个性化的产品和服务，才能精准地满足市场需求。个性化的产品和服务在某种程度上就是定制。以戴尔为例：计算机本身标准化很高，要全方位地满足客户对计算机性能、外观、功能和价格等各方面的综合需求，相对比较容

易。通过综合运用先进的供应链管理、流程控制、呼叫中心、电子商务等多种手段，戴尔能够实现按需生产，即大规模定制。而对于其他标准化程度不高、客户需求更加复杂，既要实现大规模生产，实现成本最优，又要适应日益差异化的客户需求，就必须有选择地满足能够实现规模和差异化均衡的客户需求。通过精准定位、精准沟通找到并“唤醒”大量的、差异化的需求，通过个性化设计、制造或提供产品、服务，才能最大程度满足有效需求，获得理想的经济效益。精准的、个性化的产品和服务体系依托的是现代化的生产和流程管理，包括供应链管理、ERP、BPR 等。如 BMW（宝马）已经实现了按照客户订单来完成整车配置并及时送达的精准生产模式。

5. 客户增值服务体系

精准营销最后一环就是售后客户保留和增值服务。对于任何一个企业来说，完美的质量和服务只有在售后阶段才能实现。同时，营销界一般认为，忠诚顾客带来的利润远远高于新顾客。只有通过精准的顾客服务体系，才能留住老顾客，吸引新顾客，达到顾客的链式反应。

8.3　如何进行精准营销

首先要了解企业的目标是什么。企业的目标就是赚钱，或许还有社会责任。企业使用网络营销目标也是赚钱，或者说找到客户把产品或服务卖出去，这个似乎太容易回答了。真的这么简单么？显然不是，很多企业在实际操作时先是一窝蜂做 SEO，接着发现网站策划很重要就丢了 SEO，做好了网站没有订单，就又投入到精准化丢了策划，最后发现又要加强 SEO 了。是不是还有其他工作要做呢？每个企业都要明白自己在做什么才行。

其次要找到自己的客户在哪里。没有哪家企业会去做所有的产品/服务，甚至一类的产品/服务的市场也不可能全做，那么谁是目标客户呢？网络营销首先要进行市场细分，先找到目标客户，分析其分布特征，信息来源和购买倾向，然后针对性考虑推广营销方式。

接下来要考虑用什么办法能吸引客户。现在可用的网络推广方式太多了，并且每一种都可以达到一定的效果，但如果企业全面投入其中，除非公司极具实力且运气极好，又或者只是推广一下企业形象，否则得不偿失。推广的方式选择是要吸引目标客户，所以推广方式一定要精选一两种方式，集中精力、人力和财力重点突击，只有等到现有的方式达到预期效果并得以保持后，才考虑适当加入其他的新方式。

最后要考虑怎样让客户选择自己。企业形象打出去了，产品/服务信息已经传递给目标客户并且从点击量上得以证明了，接下来，如何让客户感觉非你不可。告诉客户这里的产品/服务最好、价格最实惠、售后服务最好、公司信誉良好，甚至可以告诉客户，从哪里可以得到证明，例如自己的重点客户，一句话“舍我其谁”，让客户下定决心选择企业的产品/服务。让客户准备购买企业的产品/服务了，但这不是最终目的，还需要确保购买率、回头率和推荐率。在这个竞争激烈的市场，必须比客户想的再多那么一点点，才能做到真正的精益求精，而不是关上门自我感觉良好。通过网络营销，及时迅速地收集客户的想法变化和意见建议，并根据相关信息提供更多更好的产品和服务，形成公司的品牌效应，才能将网络营销的效果长期保持并不断提高。

8.4 精准营销的核心思想

精准的含义是精确、精密、可衡量的，比较恰当地体现了精准营销的深层次寓意及核心思想。

精准营销就是通过可量化的、精确的市场定位技术突破传统营销定位只能定性的局限。

精准营销借助先进的数据库技术、网络通讯技术及现代高度分散物流等手段保障和顾客的长期个性化沟通，使营销达到可度量、可调控等精准要求。摆脱了传统广告沟通的高成本束缚，使企业低成本快速增长成为可能。

精准营销的系统手段保持了企业和客户的密切互动沟通，从而不断满足客户的个性需求，建立稳定的企业忠实顾客群，实现客户链式反应增殖，从而满足企业长期稳定高速发展的需求。

精准营销借助现代高效分散物流使企业摆脱繁杂的中间渠道环节及对传统营销模块式营销组织机构的依赖，实现了个性关怀，极大地降低营销成本。

8.5 精准营销的理论依据

精准营销由四个主要理论构成。

1．4C 理论

4C 理论是由美国营销专家劳特朋教授在 1990 年提出的，它是指以消费者需求为导向，重新设定市场营销组合的四个基本要素：即消费者（Consumer）、成本（Cost）、便利（Convenience）和沟通（Communication）。

因此，4C 理论的核心是强调购买一方在市场营销活动中的主动性与积极参与，强调顾客购买的便利性。精准营销为买卖双方创造了得以即时交流的小环境，符合消费者导向、成本低廉、购买的便利以及充分沟通的 4C 要求，是 4C 理论的实际应用。

精准营销真正贯彻了消费者导向的基本原则。4C 理论的核心思想，便是企业的全部行为都要以消费者需求和欲望为基本导向。精准营销作为这一大背景下的产物，强调的仍然是比竞争对手更及时、更有效地了解并传递目标市场上所期待的满足。因此，企业要迅速而准确地掌握市场需求，就必须离消费者越近越好。这是由于，一方面，信息经过多个环节的传播、过滤，必然带来自然失真，这是由知觉的选择性注意、选择性理解、选择性记忆、选择性反馈和选择性接受所决定的；另一方面，由于各环节主体利益的不同，他们往往出于自身利益的需要而过分夸大或缩小信息，从而带来信息的人为失真。精准营销绕过复杂的中间环节，直接面对消费者，通过各种现代化信息传播工具与消费者进行直接沟通，从而避免了信息的失真，可以比较准确地了解和掌握消费者的需求和欲望。

精准营销降低了消费者的满足成本。精准营销是渠道最短的一种营销方式，由于减少了流转环节，节省了昂贵的店铺租金，使营销成本大为降低，又由于其完善的订货、配送服务系统，使购买的其他成本也相应减少，因而降低了满足成本。

精准营销方便顾客购买。精准营销商经常向顾客提供大量的商品和服务信息，顾客不出家门就能购得所需物品，减少了顾客购物的麻烦，增进了购物的便利性。

精准营销实现了与顾客的双向互动沟通。这是精准营销与传统营销最明显的区别之一。

2. 让客价值

世界市场学权威、美国西北大学教授菲利普·科特勒在其 1994 年出版的《市场营销管理——分析、规划、执行和控制》一书中，提出了“让客价值”的新概念。这一概念的提出，是对市场营销理论的又一发展。“让客价值”是指顾客总价值与顾客总成本之间的差额。其中顾客总价值是指顾客购买某一产品或服务所期望获得的一组利益，包括产品价值、服务价值和形象价值等。顾客总成本是指顾客为购买某一产品或服务所支付的货币及所耗费的时间、精力等，包括货币成本、时间成本及精力成本等。

由于顾客在购买时，总希望把有关成本降至最低，同时又希望从中获得更多的实际利益，因此，总是倾向于选择“让客价值”最大的方式。企业为在竞争中战胜对手，吸引更多的潜在顾客，就必须向顾客提供比竞争对手更多的“让客价值”。

首先，精准营销提高了顾客总价值。精准营销实现了“一对一”的营销，在这种观念指导下，其产品设计充分考虑了消费者需求的个性特征，增强了产品价值的适应性，从而为顾客创造了更大的产品价值。在提供优质产品的同时，精准营销更注重服务价值的创造，努力向消费者提供周密完善的销售服务，方便顾客购买。另外，精准营销通过一系列的营销活动，努力提升自身形象，培养消费者对企业的偏好与忠诚。

其次，精准营销降低了顾客总成本。消费者购买商品，不仅要考虑商品的价格，而且必须知道有关商品的确切信息，并对商品各方面进行比较，还必须考虑购物环境是否方便等。

所以，工商企业为了扩大商品销售，提高自身竞争力，既要考虑商品价格的制定能否被消费者接受，更要考虑消费者在价格以外的时间与精力的支出。这些支出我们在这里称之为交易费用。它的大小，直接制约交易达成的可能性，从而影响着企业营销效果。因此，降低交易费用也便成为营销方式变革的关键动因。精准营销方式，一方面既缩短了营销渠道，又不占用繁华的商业地段，也不需要庞大的零售商业职工队伍，因而降低了商品的销售成本价格，也就降低了顾客购买的货币成本；另一方面，精准营销通过直接媒体和直接手段及时向消费者传递商品信息，降低了消费者搜索信息的时间成本与精力成本。另外，在家购物，既节省了时间，又免去了外出购物的种种麻烦，也使这两项成本进一步降低，因而减少了交易费用，扩大了商品销售，成为众多企业乐意采用的营销方式。

3. 一对一直接沟通理论

两点之间最短的距离是直线，所以精准营销在和客户的沟通联系上采取了最短的直线距离。精准营销的线性模式：沟通是直线的、双方向的互动交流过程。它包括三个重要的概念：

（1）既然是历程就有时间性，也就是在一段时间内进行。

（2）沟通必须是有意义的。

（3）如图 8-1 所示，沟通同时是互动交流的，沟通的主要元素包括情境、参与者、信息、管道、干扰和回馈都存在。

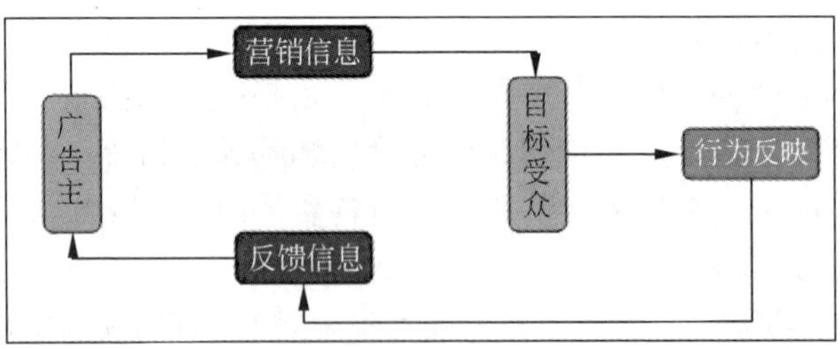

图 8-1 沟通主要元素

精准营销的直接沟通，使沟通的距离达到了最短，强化了沟通的效果。

4．顾客链式反应原理

精准营销关心客户细分和客户价值：精准营销的 CRM 体系强调企业对与客户之间的“关系”的管理，而不是客户基础信息的管理。关心客户“关系”存在的生命周期，客户生命周期包括了客户理解、客户分类、客户定制、客户交流、客户获取、客户保留等几个阶段。管理大师彼得·德鲁克说：“企业的最终目的，在于创造客户并留住他们”。一个完善的 CRM 应该将企业作用于客户的活动贯穿于客户的整个生命周期。

而以前的大多数营销理论和实践，往往集中在如何吸引新的客户，而不是客户保留方面，强调创造交易而不是关系。当前，企业争夺客户资源的竞争加剧，而客户总体资源并没有明显增长。在这种情况下，实现客户保留无疑是目前企业最关心、最努力要实现的工作。

精准营销关心客户忠诚度，客户理论的重点在于客户保留。客户保留最有效的方式是提高客户对企业的忠诚度。商业环境下的客户忠诚可被定义为客户行为的持续性。客户忠诚是客户对企业的感知（Perception）、态度（Attitude）和行为（Behavior）。它们驱使客户与企业保持长久（Long-term）的合作关系而不流失到其他竞争者那里，即使企业出现短暂的价格上或和服务上的过失。客户忠诚来源于企业满足并超越客户期望（Expectation）的能力，这种能力使客户对企业产生持续的客户满意。所以，理解并有效捕获到客户期望是实现客户忠诚的根本。

精准营销还要着重于客户增殖和裂变。物理学关于链式反应是这样解释的：铀核裂变时，同时放出 2～3 个中子，如果这些中子再引起其他铀核裂变，就可以使裂变反应不断地进行下去，这种反应叫做链式反应。我们把物理学的链式反应引入对精准营销的研究，精准营销客户保留价值更重要的是客户增殖管理，传销是一种典型的链式反应过程。她通过“一传十，十传百”形成爆炸发展。而精准营销形成链式反应的条件是对客户关系的维护达到形成链式反应的临界点。这种不断进行的裂变反应使企业低成本扩张成为可能。

多米诺骨牌是一种非常古老的游戏。人们按照自己的意愿将骨牌码成千奇百怪的图形，调整好骨牌间的位置，然后只需轻轻弹动手指，推倒第一张牌，后面的骨牌便会一个接一个地倒下去，并且推动他的“邻居”。

精准营销的思想和体系使顾客增殖这种“链式反应”会不断地进行下去，并且规模越来越大，反应越来越剧烈。

8.6　精准营销经典案例

在精准营销领域，涌现了诸多成功的优秀案例。其中怎样撰写一篇好的广告文案是案例中重点介绍的内容。

构思一篇精彩的广告文案是许多从事广告行业的朋友梦寐以求的事，但不少人都认为好的广告文案“可遇不可求”，将创意神秘化。实际写好一篇文案并非有想象得那般高深莫测，仍然有很多可循。

首先要先消化产品与市场调研的资料，然后用 20～30 个字的文字将产品描述下来，这些文字要包括产品的特点、功能、目标消费群、精神享受四个方面的内容。

紧接着要自问：应该向消费者承诺什么。这一点很重要，若没有承诺，没有任何人会买你的东西，承诺越具体越好。“让你美丽”的承诺不如“消除你脸上的色斑”及“让皮肤变得洁白、有光泽”来的有力，“为你省钱”不如“让你省下 10 元钱”来得有力。不要写下连自己都不能相信的承诺，另外，承诺靠什么保证在文案中要考虑清楚。

有了这两点，就可以确定一个核心创意，也叫大点子、大创意（big idea）。这个核心创意一是很单纯，二是可延伸成系列广告的能力很强，三是很有原创性，可以震醒许多漠不关心、漠然视之的消费者。

每一则广告最重要的是标题，标题写得好，广告就有了九成胜算，标题的创意要把握三个基本点。

（1）故事性：标题具有吸引人的故事性会吸引人认真读内文。

以下标题都相当有故事性：《“舒味思”的人来到了本地……》（奥格威为舒味思饮料作的广告），《一个美丽的女人背后两个男人》（采纳为吾老七口服液所作的广告），《为什么要炒我的鱿鱼？》（采纳为宽飞仿生被所作的广告），《一封寄给战“痘”者的特快专递》（采纳为益生堂三蛇胆所作的广告），《这家公司突然宣布倒闭》（采纳为奥林蒸馏水所创意的“渴望成功篇”）。

（2）新奇性

一个可以引发人们好奇心的广告会吸引很多人来阅读。广告标题一定要有新奇性，例如益生堂三蛇胆创意的《益生堂三蛇胆为何专作“表面文章”？》、《上火啦》、《战“痘”的青春》，佳百娜红葡萄酒创意的《今晚，你准备“亲吻”佳百娜吗？》、《佳百娜五岁了，尚未开封》、《咦，怎么少了一个人？噢，他被佳百娜“迷”住了》，一致全家福创意的《今天请倒过来看广告——一致全家福到了!》。采纳自己的形象广告《老虎能飞起来吗》、《一个老总为何需要两个脑袋？》等广告都比较符合新奇性的特点。

（3）新闻性

大家都爱看新闻，标题写得像新闻会很受人瞩目。比如吾老七口服液的《这三个寻常女人引起全城女性关注》、《曝光面子“丑闻”》，金汤减肥冲剂的《深圳女人可以“瘦下来”吗？》等广告都取得了很好的效果。

为写好一则广告，在动手写正文之前，请务必写十五个以上的标题，然后从中选出一个满意的。

以上谈了标题创意的三个特点，下面主要谈谈创意的一些方法。

（1）拟人化。当把产品拟人化之后，一般都会有好的创意。

（2）逆向思维。别人总是说自己是老大，如果你承认自己老二，就不同凡响，别人说“红”，你说“黑”就往往出人意料。在许多广告中运用逆向思维，房地产都喜欢说自己在“黄金地段”，一个房地产做广告说它在“白银地段”，诉求它“升值有潜力”，另一个房地产广告创意的《我喜欢挑剔的买房人》等等。

（3）情景想象。许多广告要借助生活中熟悉的场景想象。例如一致全家创意的《归心似箭》篇、《刮目相看》篇，益生堂创意的《你准备送我什么》、《年轻人火气不要太大》、《这一回，别烤“糊”了》，天健花园创意的《这里看来需要开一家宠物店》都是根据返乡、回家、男女谈恋爱时的对话、办公室一幕、高考一幕、公园一幕等情景展开的创意，非常富有人情味。

（4）借助热点话题、新闻。在《水浒传》最火爆的时候，古方三蛇胆创意出《孙二娘篇》、《对付上火、长痘怎能心太软？》，“心太软”是特别流行的歌，两个最红的流行物拼在古方三蛇胆的广告中，广告效果自然非同凡响。

（5）利用比喻、象征、联想等手法。将某一特点与某一物象或其他事物相比或产生联想，往往会出现比较惊人的效果。比如把“哇哇乱叫的汽车电子防盗锁”比喻为“猫”，广告标题就是《猫能救你的车吗？》；佳百娜红酒的广告标题《来自烟台的“美妙女郎”——佳百娜》；天健花园用名著、名画来比喻建筑力作，弥足珍贵；洗面奶除痘被比喻成“用碾子磨面又慢又烦”等等。联想对创意出好文案也很有帮助，如上海三菱，电话是 30303030，让人一下就想到三菱。

（6）运用感叹语气来创意，比如用“果然”、“可恶”、“亲爱的”等均很吸引人。

（7）运用版面创意，比如益生堂三蛇胆、天健花园创意竖版广告相当特别。

一篇好的文案内容，最主要的是讲事实，而不是装腔作势；赋予亲切感，注入真实的感情。讲事实，最经典的就是奥格威创意的《当劳斯莱斯行驶速度达到每小时 60 公里时，车内最大的噪音来自电子仪表》，文案列举了大量的事实，异常令人兴奋。广告内文一定忌讳空洞的说教，要告诉消费者一些非常实在、具体的数字。

赋予文案亲切感，是指一定要以朋友说的口气去写文章，娓娓道来，字里行间透露出你的真诚、可亲近，把这种气质带入产品中，消费者很可能会因为这一点而去购买产品。用真实的情感去写，感动自己的文字一定也会打动其他人。

好的广告文案直接向目标人群打招呼。你的目标消费群是女性，最好在文案中出现女人、姐妹等字眼，如果是孩子的妈妈，那就要出现“妈妈”，如果是男士，就出现“男人”这一字眼。

好的广告文案不一定就是短文案。许多人错误地认为没有人会去读长文案，而事实上，一个写得引人入胜的长文案也会吸引很多的读者，益生堂三蛇胆写的一篇广告文案《益生堂打破神话》，全文共计5000字，就收到了上万封消费者的咨询来信。如果一个产品用短文案能表达清楚，那就短，如果用长文案写得会更生动有力，促销力更强那就用长文案。

广告文案中如果安排抽奖、赠品、赠券等会更具有吸引力，在叙述这些赠品或抽奖时要给人耳目一新的感受。

如果广告文案能够与某一事件、活动结合起来写会更加生动。西藏产品藏王宝所作的广告《藏族朋友向无锡人“送宝”来了!》，同时结合在广场的赠送活动，效果就不同凡响。

要写好一篇文案，脑子里必须有足够的画面和参考资料。笔者建议准备一个本子，记录下非常好的创意，当自己思路枯竭时，打开这些“百宝箱”看看。比如笔者会经常花业余时间去剪报，剪下一个好的广告以及非常棒的新闻标题做备选。写文章时顺便连插图一起想，这样你就可以和设计师进行良性沟通了。

切忌用很生僻的字。建议把读广告的人看成初中文化的人比较好，不要绕弯，不要被自己的创意所感动而不肯放弃，你要想想如果对面坐着一个初中文化的人，你可以和他“之乎者也”吗？

以下字眼可以常用无妨：免费、亲爱的、尊敬的、省钱的、惊人的、公布、曝光、新闻、崭新的、快乐的、舒服的、感动的、秘密、真相、底细、某年某月某日、今天、明天、后天等等。还有多用问句、多用动词、多用感叹句，语言要有起伏、韵律、文风要流畅，少用“因为、所以、不仅、而且”等虚词。

如果产品有一些数据非常有用，就用这些数据作标题。例如《一个名字，十二年心血》(康达尔形象广告)。

还要学会新闻编辑的本领。学会剪辑，能从大堆文字里剪辑出最精炼的几句。会编排，平面广告最讲究阅读率，好的编辑和版面编排就格外引人注意。能安排到合适的版面中去，从而与众不同。

证言广告是有效的广告方式之一，但一定要写真实，语言十分贴切才令人信服。

坚持一个广告中就集中说一点。简单、单纯的承诺，说的点过多，容易让消费者遗忘甚至搞不清楚。

第 9 章 社会化关系传播策略

社会化的互联网生活已经在一小批互联网极客中成熟发展起来，尤其是每天泡在 Twitter 上的“推客”们，每天孜孜不倦地推送各种新奇好玩的想法，网站、新闻、音乐、视频的链接，这些“推特”（Tweet）消息被一级一级过滤转发（RT，ReTweet），迅速传遍了全球。一个最好的案例就是 2009 年 3 月 25 日上线的陌生人聊天网站，在 Twitter 老用户 Veronica 的 Tweet 下，如坐上了火箭，20 天就达到 15 万的日独立访问 IP。

国内的微博发展势头也如日中天，典型的代表是腾讯微博和新浪微博，这两个中国最活跃的微博平台上共聚集了超过 5 亿网民，每天上演着各种有趣的网络故事。

社会化关系传播策略又称社会化媒体（Social Media），也称为社交媒体、社会性媒体，是指允许人们撰写、分享、评价、讨论、相互沟通的网站和技术。所谓社会化媒体应该是大批网民自发贡献、提取、创造新闻咨询，然后传播的过程，如图 9-1 所示。

图 9-1 社会化媒体

9.1 社会化媒体概述

社会化媒体是一种社会化的、互动的、有计划的散布信息的网络媒体平台，它易于参与并使得传播中的信息不断被加工。

社会化媒体以互联网技术为基础，将以往媒体与受众间信息的一对多对话模式转变为在用户间多对多的沟通模式。它支持的知识和信息的民主化，使在此媒体平台上的用户群体从内容的消费者转变成内容的制作人。

社会化媒体是人们彼此之间用来分享意见、见解、经验和观点的工具和平台，现阶段主要包括博客、论坛、播客等等。近年来，社会化媒体在互联网的沃土上蓬勃发展，爆发出令人眩目的能量。其传播的信息已成为人们浏览互联网的重要内容，不仅制造了人们社交生活中争相讨论的一个又一个的热门话题，更进而吸引传统媒体正向跟进。

所谓社会化媒体应该是大批网民自发贡献，提取、创造新闻、咨询，然后传播的过程。有两点需要强调，一个是人数众多，一个是自发的传播。如果缺乏这两点因素的任何一点就不会构成社会化媒体的范畴。社会化媒体的产生依赖的是Web 2.0的发展，如果网络不赋予网民更多的主动权，社会化媒体就失去了群众基础和技术支持，失去了根基。如果没有技术支撑那么多的互动模式，那么多互动的产品，网民的需求只能被压制无法释放。如果没有意识到网民对于互动的、表达自我的强烈愿望也不会催生这么多眼花缭乱的技术。社会化媒体正是基于群众基础和技术支持才得以发展。

9.2 社会化媒体的理解

首先讲一下社会化媒体的鼻祖Twitter。

可能很多人并不理解Twitter存在的理由，更不理解Google和Facebook为什么都要收购Twitter，最不可理解的是Twitter创始人Evan Williams和Biz Stone拒绝了Google和Facebook的开价（Facebook开价5亿美金，Twitter两位创始人5年前曾将Blogger网络卖给谷歌）只有Twitter上的深度用户才能真正理解Twitter对他们的生活、工作带来的影响，这些人才是社会化媒体最早、最资深的一批实践者，他们中关注者数目超过1000的“推客”基本上都有自己的博客，这部分人不在少数。真正在使用Twitter的推客（而非测试玩家）都知道，Twitter上传播的消息主要是推客自己在网上看到的新奇事物或者自己写的博客的标题和链接，当然也包括少量的个人突发奇想短语。但是细心的用户一定会发现，在Twitter流行之初，超过1000个关注者的推客一定是有“料”的，如果一个人仅仅是不停地在Twitter上发发牢骚，骂骂邻居，或者记记流水帐，那么根本没有人愿意关注他。

很多Twitter的深度用户同时也关注了很多其他推客，少则上百，多则成千（一点都不稀奇）。

推客们总能在第一时间看到很多最新的报道，从互联网新奇网站上线到苏珊大妈一唱成名，再到市政府着火，但是代价也很大，因为推客成瘾，需要投入大把的时间来“经营”，很多推客自己也会禁不住抱怨“Twitter 占据了我们太多时间”，然后呢，继续玩 Twitter，我们对 Twitter 是既爱又恨，像我们这样的生活在社会化媒体之中的人，除了 Twitter，另外普遍都会用的就是 Facebook、Linkedin、Wealink、Blog、Flickr、iPai，深受社会化网站和媒体的影响，对其有着切身的体会。

上面提到的这些服务都可以笼统地归类为“社交网络（SNS）”。社交网络对个人而言，是一项“服务”，一项用以跟老朋友互通有无、保持联系、拉近距离的网络服务；一项拓展关系网、结交志同道合的朋友的“服务”，这些服务带领我们进入了数字化的“泛社交时代”。从另一个角度来看，“社交网络（SNS）”也可以是一种媒体，因为在这个网络平台上，无数的信息被网络中的节点（人）过滤并传播着，有价值的消息会被迅速传遍全球，无价值的信息则会被人们遗忘或者只能得到小范围传播。

相对于 SNS 来说，社会化媒体是个更为广泛的概念，而社会化媒体是基于 SNS、Blog、Mini-Blog、BBS、IM、E-mail 等一系列基于互联网的信息传播工具（技术），并且由无数个节点（人）根据自己的专业、喜好、价值观等过滤加工后进行传播的。所以 SNS 相对更为狭义，只是社会化媒体中的一个新兴崛起的传播平台。

目前国内能被大家认同的社会化媒体平台有哪些呢？

这些平台是以新浪微博、腾讯微博为代表的、在中国用户覆盖度非常高的平台，这些平台目前已经发展成熟，也产生了非常多的相关产业，从企业的营销效果来看，这两个平台的营销价值最大。

因此要理解社会化媒体，就要先从这些平台的使用开始着手，并对其用户的行为特点进行数据分析。在中国的社会化媒体平台上，用户大多都讨论明星八卦、吃喝玩乐、社会政治新闻等，所以与之话题相关的企业做此类营销效果就很容易发挥出来。

另外，除了微博外，博客、视频等平台的社会化整合也逐渐被行业人士称之为社会化媒体营销。

9.3　企业如何生产内容

如何在社会化媒体上打造内容？这是企业冥思苦想的。首先需说明的是，不同的社会化媒体，根据其特性和主要到达的目标受众，所需的内容风格是不同的。比如企业微博的内容和企业在人人网发布的内容是有区别的，不能机械地复制粘贴。下文重点谈的是基本思路。如果基本思路走偏了，那么，不管在任何社会化媒体上打造内容，都是白费力，甚至费力不讨好。

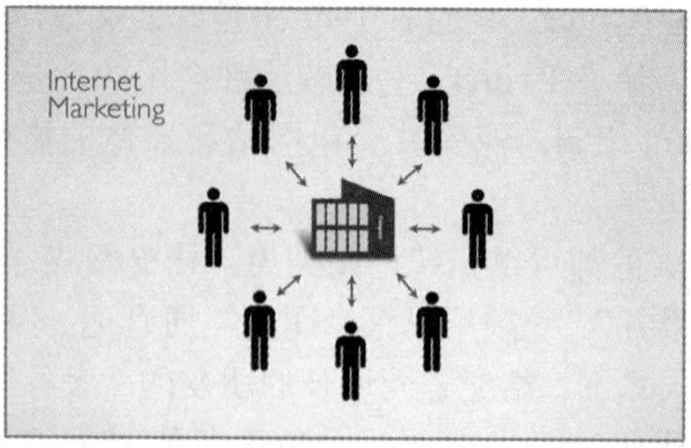

图 9-2 企业打造内容的基本思路

一些企业在社会化媒体上打造内容的思维停留在“写段子”、“拼凑”等低级阶段，它们会请很初级的“内容撰写员”，跟风写点粗制的内容。比如看到一些很火的微博流行写什么，用什么微博体，就赶紧模仿，不伦不类；比如从“全球冷笑话”等热门微博摘抄转载率高的段子。它们不明白的是：这条段子转载率高，人们记得的只是段子带来的娱乐，至于这条段子和企业有什么关系，谁也不明了。

所以，企业须明白一基本道理：是谁创造企业的社会化媒体内容？不是企业请的那几个社会化媒体经理或内容撰写员，是企业的目标受众！一定要明白内容是“从群众中来，到群众中去”。如果这个基本道理不明白，那么展现的内容就会偏离正轨。如果总是单向思维，社会化媒体的内容是由负责社会化媒体的员工写的，就会陷入单向发布信息的误区，那么，社会化媒体存在的价值也不存在了。

那么，那些负责社会化媒体的员工不用大多数时间都埋头苦写内容，那做什么呢？他们的角色含金量体现在“抛砖引玉”和“穿针引线”上，他们要有企业社会化媒体架构的整体大局观，他们如同一座桥梁，连接企业与目标受众。他们清楚地明白企业的品牌价值观；企业希望通过社会化媒体达到什么效果；企业的社会化媒体战略；另一方面，他们思维活跃，有创造性，能策划好的线上活动，调动目标受众的活跃度，激励目标受众为企业的社会化媒体平台贡献内容。至于一些企业招聘的社会化媒体初级岗位，建议他们更多是搜集竞争对手的社会化媒体情报，做一些最基本的社会化媒体执行、维护工作，比如搜集粉丝的反馈等。

顺着此思路，我们看看如何调动粉丝创造内容。

企业的社会化媒体是某种理念或价值观的“聚合平台”。企业的品牌形象、要传达的精神力量以及企业文化，是其社会化媒体的核心凝聚力。不要试图通过物质手段，比如中大奖来聚拢受众，物质手段只能是锦上添花，辅助激励。

图 9-3　社会化媒体架构大局

社会化媒体的内容不是每个受众贡献的内容的简单累加，而是受众互动激发的内容。Clayshirky 在《未来是湿的》一书中写道：很多社会化媒体的大多数内容是由少数人创造的，这就好比一家杂货店，80%的收入是由 20%的库存创造的。但是，那些提供了少部分内容的大多数人，也应看成整体受众的一部分。所以，比如说微博，松散的粉丝数量是没有意义的，企业要找到积极贡献内容的活跃粉丝群体，和他们积极沟通，激励他们，他们会自觉维护企业的社会化媒体的内容。在企业出现危机时，也会站出来守护内容。而且，他们会带动更多的粉丝加入其中。

有效开展线上活动，或线上与线下结合的活动。这些活动开展的频率，视企业特性及想要达到的效果而定。需指出的是：不要一提到线上活动，就想到微博的“转发送什么”。好的线上活动绝对需要精妙的创意。

总之，企业在社会化媒体上打造内容的基本思路就是：受众是读者也是作者。

9.4　社媒的经典案例

社会化客服的重要性已不言而喻，企业的品牌形象直接与其客服质量的好坏挂钩，“顾客是上帝”这句话在社会化媒体统领下的世界变得如此真实。绝大多数企业已经意识到社会化媒体对于客服的重要影响，但究竟如何运作才能取得成功呢？本节会通过“中国好声音”的社会化营销案例来为读者提供一些有价值的参考。

在2012年暑期，毫无疑问，被人们谈论最多的不是“舌尖上的中国”，而是“中国好声音”，毫无疑问该节目是2012年夏天最火的电视节目之一。

从一开始的2%，到后来的5%，“中国好声音”的收视率堪称中国荧屏的一个奇迹。但奇迹的背后，引人深思的是，这些选手并没有引起像当年“超女”那样成为街头热议的话题，但在微博上，这种热议“声音”却很多。因此可以说“中国好声音”通过微博营销实现了自身利益的最大化，堪称微博营销的范本。

我们可以通过下面的一些例子来说明“中国好声音”的一些值得借鉴的地方。

1．明星微博的裂变效应

相比传统营销，微博营销最大的特点在于裂变式的反应，而微博名人，可以说是营销的重中之重。如果说微博营销可以引起爆炸般的反应，那微博名人就是点燃这个火药桶的引线，所以微博营销的第一条，就是要发挥这些“大V”们的影响力。

一个明星的一条微博，能影响的不仅仅是自己的粉丝。越大牌的明星，他的粉丝可能也是很多明星。所以明星的一条转发，可能会引起更多明星的转发。这样一条再普通不过的微博，其影响力可能是呈裂变式的反应。就像原子弹一样，只要一个人点燃引线，后期便一发不可收拾。”

虽然微博上的这种传播力是裂变式，但要考虑到，受众接受信息也不是完全的接受。每个人在微博上总会关注很多人，并不会仅仅是明星一个人，所以明星转发的微博，传递到受众处肯定会打一定的折扣，只是目前还没有比较科学的公式来计算明星转发微博的影响力。

明星微博如此重要，从“中国好声音”就可以发现很多直接的例子。“中国好声音”启动之初，微博女王姚晨就转发了微博，评论道：“ “中国好声音”提炼了生命中那些最有价值的东西——积极、乐观、真挚、勇敢。”姚晨在当时的粉丝数就有2389万，按照专家的说法，虽然不能具体估算出“大V”姚晨这条微博对中国好声音的口碑影响有多大，但可以看到的是，在她之后，很多“大V”也转发了支持“中国好声音”的微博。

在2012年7月18日，李玟也转发了微博支持“中国好声音”：“刚看到她（徐海星）唱我的歌《自己》。这是我唱过的其中一首最难唱的歌！她很棒！当我听到她爸的故事，我也哭了，我爸（很多年前）也过世了。我很喜欢这女孩。很想未来跟她合作，做她的导师，让她成为最好的歌手。”

微博关注评论中国好声音的名人还有一大堆：冯小刚、陈建州、张靓颖、李湘、王珞丹，还有央视的名嘴张灵泉，这些名人在微博上的的粉丝数加起来超过3亿人次，虽然不能简单地说可以直接影响到3亿观众，但即使打个对折，加上这些明星互相转发的辐射效应，他们确实为“中国好声音”做了最好的广告。

2．大量有争议的微博话题

虽然微博营销有其裂变效应，但也会受到受众注意的影响，所以微博营销的另一个重要秘诀就是一定要塑造话题。微博营销的核心，就是事件营销和话题营销。

平面媒体的宣传，就是把一件事告诉大家，然后这件事再引起讨论，这件事和媒体本身就已经没有关系了，但微博不一样。营销的一方可以清楚地看到受众的反馈，然后与其沟通进行二次交流，甚至微博上还可以有视频，播放一些片段，做一些预告片，进一步吸引观众来观看。就像演唱会的暖场。更重要的是，这种观众的反应可以直观地看到，转发数和评论数就是最好的证据。这样营销方可以更方便地寻找受众的兴奋点，这都是其他媒体所无法实现的营销效果。

因此，事件营销必须抓住一个本质，这个本质的关键就是一个话题，要有悬念和冲突，这样才能让观众不自觉地被吸引，并且主动来讨论，这样才能让一个事件像滚雪球一样越滚越大。

对照中国好声音在微博上传出的各种声音可以发现，几乎每轮节目播出，微博上都立即会出现一些争议性的内容。

比如节目播出之初，选手的身份先引起了很大的质疑，徐海星讲述父亲的故事，却引发很多网友指责其是借悲惨故事来宣传自己。关于徐海星是否借父亲炒作的全部讨论超过 82 万条，而在过去的一周，参与讨论的网友也有 48 万。

在徐海星之后，又突然爆出了李代沫和曲婉婷的“版权纠纷”，环球唱片和曲婉婷在微博上的指责虽然让中国好声音受到不尊重版权的质疑，但不可否认的是，这样的攻击反而让更多人注意到“中国好声音”这档节目。

另外，新浪微博上，针对李代沫的话题就有好几个，从一开始是支持曲婉婷还是李代沫，就引发很多网友讨论，甚至有粉丝攻击曲婉婷，认为其因李代沫唱火这首歌后眼红指责对方。在李代沫被淘汰后，这种话题的讨论依旧没有终结。“中国好声音”淘汰赛中，李代沫被徐海星淘汰，就又有网友质疑李代沫“放水”。这些都是绵绵不断的话题，让观众时刻关注到“中国好声音”。讨论完选手的去留，微博上又“剧透”出中国好声音的晋级名单，立刻又引发了诸多网友的关注。

3．发微博的时间有讲究

除了有明星“帮忙”，有话题吸引关注度，微博的事件营销其实还有很多细节要注意，比如发微博的时间很讲究。有数据统计，网友上微博的时间大部分是在早晨、傍晚和深夜，所以如果是要发一些微博来影响受众，肯定是在这个时间最好，这样更容易被受众注意到。

受众接收到信息，然后做出判断，再到付诸行动，一般需要一段时间，这个时间因每个人的能力而不同，一般来说是提前 10 小时至 2 小时为宜，超过一天，其影响力就大打折扣。

微博事件营销的一个重点是要专一，微博事件营销可能不会马上使受众做出行动上的反应，比如看了微博就去看电视，但可以帮助节目口碑的建立，这是一个长期的过程，所以微博的营销要注重一个持续的发酵，事件和话题一定要有延续性，一个是可以持续的话题，另一个是微博事件关注的重点不能频繁的转移，这样观众的注意力就会被分散。

第 10 章　病毒式营销策略

对互联网的营销手段来说，病毒式营销简直就是一朵奇葩，被大多数互联网公司所看好，从已有的数据统计来看，失败的居多，成功的案例也不在少数，无数个经典的案例：可口可乐、王老吉、必胜客等知名品牌无不是多次使用了病毒式营销的方法，在更广泛的人群中提升了品牌形象。

尤其在国内，每个行业的新型企业也好，行业领先的企业也罢，都在不停地策划和进行着病毒营销，以达到最大化的推广效果。

10.1　病毒式营销概述

病毒式营销是指一种营销方法，它通过类似病理方面和计算机方面的病毒的传播方式，即自我复制的病毒式的传播过程，利用已有的社交网络去提升品牌知名度或者达到其他营销目的。病毒式营销是由信息源开始，再依靠用户自发的口碑宣传，达到一种快速滚雪球式的传播效果。它描述的是一种信息传递战略，经济学上称之为病毒式营销，因为这种战略像病毒一样，利用快速复制的方式将信息传向数以千计、数以百万计的受众。

最好的营销就是全民营销，病毒式营销就是通过提供有价值的产品或服务，“让大家告诉大家”，通过用户口口相传，实现“营销杠杆”的作用。病毒式营销会将用户成为在线生意的传话筒，使在线业务量呈指数式爆炸增长。

产生病毒式营销需要具备诸多的必要条件，美国著名的电子商务顾问 RalphF Wilson 博士将一个有效的病毒性营销战略归纳为六项基本要素，如图 10-1 所示。一个病毒性营销战略不一定要包含所有要素，但是，包含的要素越多，营销效果可能会越好。六个基本要素如下。

（1）提供有价值的产品或服务

什么是有价值的产品或服务？笔者认为，能被称之为有价值的产品的最基本的特点是必须满足用户的需求，在满足了基本的需求的基础上，产品或者服务超出了用户的心理预期，便会开始触发口碑效应。

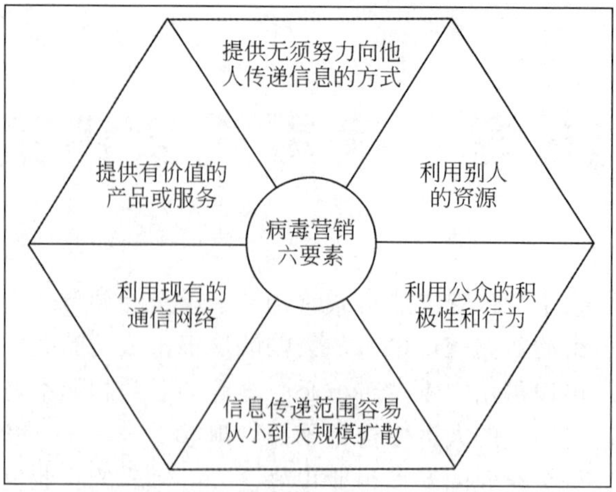

图 10-1 病毒式营销六要素

必胜客是全球最大的比萨专卖连锁企业之一，它的标识特点是把屋顶作为餐厅外观显著标志。在遍布世界各地一百多个国家，每天接待超过 400 万顾客，烤制 170 多万个比萨饼。必胜客开始策划“吃垮必胜客”病毒营销的基础，就是该产品品牌本身已经得到了用户的认可，才会容易产生消费者的共鸣，快速的传播开来。

（2）提供无须费力就可以向他人传递信息的方式

对于传播信息的方式，要求越简单越好。hotmail.com 是世界上最大的免费电子邮件服务提供商之一。在创建之后的 1 年半时间里，就吸引了 1200 万注册用户，而且还在以每天超过 15 万新用户的速度发展。令人不可思议的是，在网站创建的 12 个月内，hotmail 只花费了很少的营销费用，还不到其直接竞争者的 3%。hotmail 之所以呈现爆炸式的发展，就是因为利用了“病毒式营销”的巨大效力。其原理和操作方法很简单，就是总是在邮件的结尾处附上一句“现在就获取您的 hotmail 免费信箱”的链接。

（3）信息传递范围很容易从小范围向大规模扩散

只要该信息引起了用户的共鸣，便容易产生积极的传播效果，病毒式营销最明显的特点便是滚雪球效应，一传十，十传百，传播速度异常惊人。

（4）利用公共的积极性和行为

聪明的病毒营销计划会充分利用公众的积极性，让营销信息像病毒一样传播和扩散，营销信息被快速复制传向数以万计、数以百万计的受众。

（5）充分利用现有的人脉网络

社会科学家告诉我们，每个人都生活在一个 8～12 人的亲密的网络中，网络可以是朋友、家人和同事，根据在社会中的位置，一个广泛的网络可能包括几十个、数百或数千人。例如，服务员在一周内可能会接触到上百甚至上千的客户。在互联网上，还有诸多的网络，比如一般的知名明星就有上百万人的粉丝网络，这远比一般的人脉网络要强得多。

（6）利用别人的资源

最有创意的病毒式营销计划利用别人的资源达到自己目的，这样的好处是可以充分利用网络的各种资源，达到信息传播的最大化。

病毒式营销必然含有两个重要的功能：

（1）人们在获得利益时不知不觉地、不断缠绕式地宣传了商家的在线生意，信息传播者往往是信息受益者。

（2）商家生意信息的传播是通过第三者而非商家自己“传染”给他人，而通常人们更愿意相信他人介绍而非商家自己。

我们经常看到的免费邮箱、免费空间、免费域名、QQ 网上及时交流软件等，都采取了病毒式营销方式。比尔•盖茨撇开小利，其操作系统病毒式地占领了中国操作系统市场，而占领市场份额比当前的获利要重要得多。

10.2　病毒式营销特点

病毒式营销是通过利用公众的积极性和人际网络，让营销信息像病毒一样传播和扩散，营销信息被快速复制传向数以万计、数以百万计的受众。它存在一些区别于其他营销方式的特点。

1. 有吸引力的病源体

天下没有免费的午餐，任何信息的传播都要为渠道的使用付费。之所以说病毒式营销是无成本的，主要指它利用了目标消费者的参与热情，但渠道使用的推广成本是依然存在的，只不过目标消费者受商家的信息刺激自愿参与到后续的传播过程中，原本应由商家承担的广告成本转嫁到了目标消费者身上，因此对于商家而言，病毒式营销是无成本的。

目标消费者并不能从“为商家打工”中获利，那他们为什么会自愿提供传播渠道呢？原因在于第一传播者传递给目标群的信息不是赤裸裸的广告信息，而是经过加工的、具有很大吸引力的产品和品牌信息，而正是这一披在广告信息外面的漂亮外衣，突破了消费者戒备心理的“防火墙”，促使其完成从纯粹受众到积极传播者的变化。

网络上盛极一时的“流氓兔”证明了“信息伪装”在病毒式营销中的重要性。韩国动画新秀金在仁为儿童教育节目设计了一个新的卡通兔，这只兔子相貌猥琐、行为龌龊、思想简单、诡计多端、爱耍流氓、只占便宜不吃亏，然而正是这个充满缺点、活该被欺负的弱者成了反偶像明星，它挑战已有的价值观念，反映了大众渴望摆脱现实、逃脱制度限制所付出的努力与遭受的挫折。流氓兔的 Flash 出现在各 BBS 论坛、Flash 站点和门户网站，私下里网民们还通过聊天工具、电子邮件进行传播。如今这个网络虚拟明星衍生出的商品已经达到 1000 多种，成了病毒式营销的经典案例。

2. 几何倍数的传播速度

如图 10-2 所示，大众媒体发布广告的营销方式是“一点对多点”的辐射状传播，实际上无法确定广告信息是否真正到达了目标受众。病毒式营销是自发的、扩张性的信息推广，它并非均衡地、同时地、无分别地传给社会上每一个人，而是通过类似于人际传播和群体传播的渠道，产品和品牌信息被消费者传递给那些与他们有着某种联系的个体。例如，目标受众读到一则有趣的 Flash，他的第一反应或许就是将这则 Flash 转发给好友、同事，无数个参与的“转发大军”就构成了成几何倍数传播的主力。

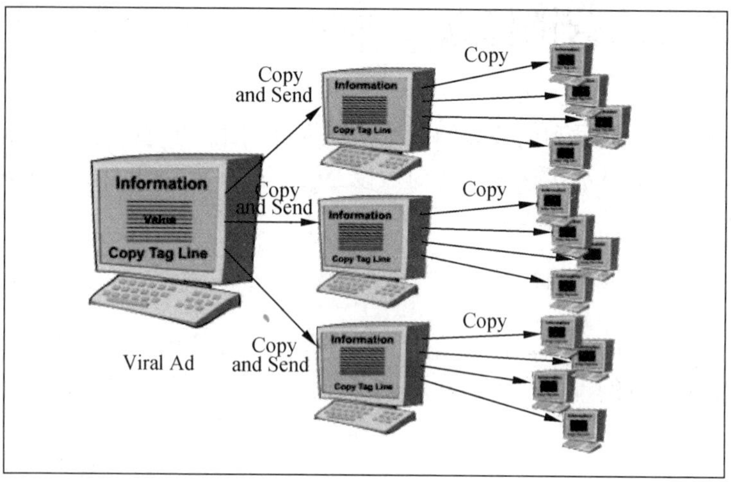

图 10-2 病毒式传播路径

3. 高效率的接收

大众媒体投放广告有一些难以克服的缺陷，如信息干扰强烈、接收环境复杂、受众戒备抵触心理严重。以电视广告为例，同一时段的电视有各种各样的广告同时投放，其中不乏同类产品“撞车”现象，大大减少了受众的接受效率。

而对于那些可爱的“病毒”，是受众从熟悉的人那里获得或是主动搜索而来的，在接受过程中自然会有积极的心态；接收渠道也比较私人化，如手机短信、电子邮件、封闭论坛等等（存在几个人同时阅读的情况，这样反而扩大了传播效果）。以上几方面的优势，使得病毒式营销尽可能地克服了信息传播中的噪音影响，增强了传播的效果。

4．更新速度快

网络产品有自己独特的生命周期，一般都是来的快去的也快，病毒式营销的传播过程通常是呈 S 形曲线，即在开始时很慢，当其扩大至受众的一半时速度加快，而接近最大饱和点时又慢下来。针对病毒式营销传播力的衰减，一定要在受众对信息产生免疫力之前，将传播力转化为购买力，方可达到最佳的销售效果。

以上的四个特点，可以从 Hotmail 的病毒式营销来进行说明。

hotmail.com 是世界上最大的免费电子邮件服务提供商之一。在 1996 年底，用户数是 50 万，一年后，用户数达到 1200 万。它采用的营销方式很简单，它总是在邮件的结尾处附上一句“现在就获取您的 Hotmail 免费信箱”的链接。这样，每个用户在发出每一封信时，都成为它的免费推销员，并且是朋友间值得信任的推销员。几乎不需营销费用，Hotmail 就这样实现了无法想象的用户增长。

Hotmail 当时提供的产品对于用户来说确实非常具有吸引力，满足了用户所需，Hotmail 在邮件的结尾处都附上了“现在就获取您的 Hotmail 免费信箱”的链接信息，传播速度可以几何数增长。对于这样的一种营销手段，后来谷歌的 Gmail 更是将其发挥到了极致。

Gmail 是谷歌旗下的一个强力打造的邮箱产品，因为有了 Google 这个品牌作支撑，同时作为全球第一个 1G 免费邮箱，它也开始采用病毒式营销。不过，它采用神秘的邀请模式吊足用户的胃口。表面上看，Gmail 并未大规模面对用户开放，而是采用有限的邀请方式，其实正是这种半遮半掩的作态搞得网民趋之若鹜，无不以获得一个邀请从而注册成功来炫耀，还将有限的邀请权限作为礼物一样送给同事、朋友。更有甚者，在 eBay 上拍卖 Gmail 邀请权。

同时发生的 Gmail 由于涉嫌侵犯用户隐私（Google 为了在 1G 邮箱投放关键词广告，用机器人扫描邮件内容），而被告上法庭，将 Gmail 的知名度进一步推高。测试不稳定、独特的新功能等，每一个细节，都成为媒体、网民传播的新闻源。

对于谷歌的这种病毒式营销策略，现在在国内非常流行，特别是新产品公测，配合媒体的炒作，再加上故作神秘的邀请模式，病毒无处不在。

10.3　策划一个成功的病毒营销

病毒式营销一直是网络营销人员津津乐道的话题。病毒式营销的价值是巨大的，一个好的病毒式营销计划远远胜过投放大量广告所获得的效果，病毒式营销并不是随便就可以做好的，有些看起来很好的创意，或者很有吸引力的服务，最终并不一定会获得预期的效果。如何才能取得病毒式营销的成功呢？

通过对许多病毒式营销案例进行跟踪研究发现，尽管每个网站具体的病毒式营销方案可能千差万别，但在实施病毒式营销的过程中，一般都需要经过方案的规划和设计、信息源和传递渠道的设计、原始信息发布、效果跟踪管理等基本步骤，认真对待每个步骤，病毒式营销才能最终取得成功。

10.3.1 准备工作

在策划一个成功的病毒营销之前，我们要做一些准备工作，如分析我们面向的用户是谁，我们能给他们提供什么样的产品或者服务，这些用户群对什么样的产品感兴趣。这些数据是保证该营销能够成功的必要条件，除了偶然的成功因素，绝大多数病毒营销在策划之前都需要对这些数据进行收集和分析。同时，应该进行病毒式营销方案的整体规划，确认病毒式营销方案符合病毒式营销的基本思想，即传播的信息和服务对用户是有价值的，并且这种信息易于被用户自行传播。

什么样的服务是用户真正的需要，这是我们需要考虑的。

没有病毒何来传播？病毒本身是引发传播的母体和根本，如何设计信息内容才能让它具备病毒特性？互联网中有一个强大的定律：免费模式。如果能提供优秀的内容、免费的电子书、免费的试用装、免费的网络服务、免费的……那么用户就会帮你传播，转发给朋友。

病毒营销互联网是娱乐经济，是注意力经济。病毒的设置，应该具有娱乐精神，回顾一下火爆网络江湖的内容，芙蓉姐姐、贾君鹏……哪个不是娱乐的底色？

比如 H1N1 流感传播，其只需通过咳嗽或喷嚏就可以在人群中传播。而不是像艾滋病，需要通过血液才可以传播。在病毒营销传播之时同样需要考虑到让用户很方便就可以传播起来。

如图 10-3 所示，简化营销信息，让用户容易复制、传递、转帖、下载、邮件转发等。需要充分考虑用户使用互联网的习惯和传播成本。病毒传播成本如果大于传播获得的乐趣，用户将不会去传播，反之，传播成本越低，获得病毒传播的机会就越大。

首先要明白用户是谁。只有对潜在的目标用户进行营销，才有可能获得有效的传播，病毒式营销的通路决定了其人群覆盖力度是很强的，同时更要求策划者必须进行人群细分。知道最有价值的人是谁，他们有什么特征和共性。

其次要明白营销的目的是做什么，如果是为了吸引注册，就需要针对注册这个动作进行思考。

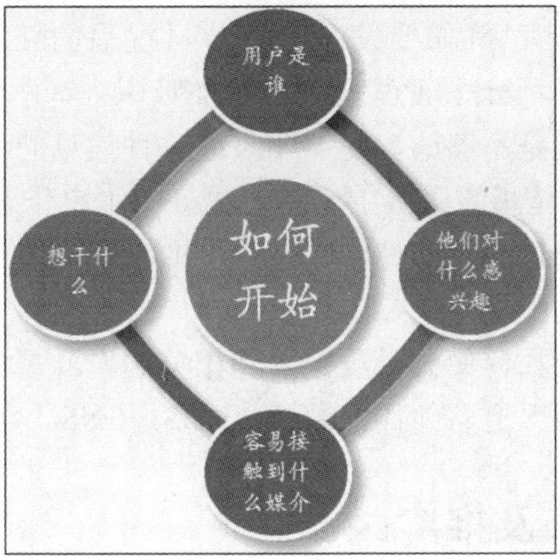

图 10-3　病毒式营销开始之前需要做什么

接下来需要知道通过什么样的方式才能与用户产生共鸣，用户对什么样的产品、服务或者话题感兴趣。从用户的兴趣点开始，才能获得符合群体的创意。

最后一个准备工作，就是收集和分析用户会接触到什么样的媒体，在用户能看到的媒体面前更容易获得曝光，试想如果连目标用户都看不到该信息，传播就无从谈起了。

10.3.2　内容策划

病毒式营销需要独特的创意，并且精心设计病毒式营销方案（无论是提供某项服务，还是提供某种信息）。最有效的病毒式营销往往是独创的。独创性的计划最有价值，跟风型的计划有些也可以获得一定效果，但要做相应的创新才更吸引人。

同样一件事情，同样的表达方式，第一个是创意，第二个是跟风，第三个做同样事情的则可以说是无聊了，甚至会遭人反感，因此病毒式营销之所以吸引人之处就在于其创新性。

在策划内容时，一个特别需要注意的问题是，如何将信息传播与营销目的结合起来。如果仅仅是为用户带来了娱乐价值（例如一些个人兴趣类的创意）或者实用功能、优惠服务而没有达到营销的目的，这样的病毒式营销计划对企业的价值就不大了，反之，如果广告气息太重，可能会引起用户反感而影响信息的传播。

10.3.3　发布渠道选择

即使病毒式营销信息是用户自行传播的，这些信息的信息源和信息传递渠道也需要进行精心的设计，例如要发布一个节日祝福的 FLASH，首先要对这个 FLASH 进行精心策划和设计，使其看起来更加吸引人，并且让人们更愿意自愿传播。仅仅做到这一步还是不够的，还需要考虑这种信息的传递渠道，是在某个网站下载（相应的在信息传播方式上主要是让更多的用户传递网址信息）、还是用户之间直接传递文件（通过电子邮件、IM 等），或者是这两种形式的结合。这就需要对信息源进行相应的配置。

在渠道的选择上，如何做到尽量覆盖到相关的人群是关键。目前使用频率较高的媒体平台或者传播渠道有邮件、微博、BBS、SNS、新闻网站等。

10.3.4 信息发布及推广

最终的大范围信息传播是从比较小的范围内开始的，如果希望病毒式营销方法可以很快传播，那么对于原始信息的发布也需要经过认真筹划，原始信息应该发布在用户容易发现，并且用户乐于传递这些信息的地方（比如活跃的网络社区），如果必要，还可以在较大的范围内主动去传播这些信息，等到自愿参与传播的用户数量比较大之后，才让其自然传播。

10.3.5 数据统计及分析

最后，对病毒式营销的效果也需要进行跟踪和管理。当病毒式营销方案设计完成并开始实施之后（包括信息传递的形式、信息源、信息渠道、原始信息发布），对于病毒式营销的最终效果实际上自己是无法控制的，但这并不是说就不需要进行这种营销效果的跟踪和管理。实际上，对于病毒式营销的效果分析是非常重要的，不仅可以及时掌握营销信息传播所带来的反应（例如对于网站访问量的增长），也可以从中发现此项病毒式营销计划可能存在的问题，以及可能的改进思路，将这些经验积累起来为下一次病毒式营销计划提供参考。

10.4 病毒式营销经典案例

在病毒式营销领域，涌现了诸多成功的优秀案例。

10.4.1 开心网的病毒式传播

2008 年 2 月，程炳皓成立了“北京开心人信息技术有限公司”，正式创办开心网。开心网的哲学是：人生开心就好，公司愿景：帮助更多人开心一点。

开心网是中国最大的、最受欢迎的社交网站 Social Network Site（SNS）之一。自创办以来，开心网一直致力于为中国网民提供一个开心的互动平台，通过开心网让用户与朋友、同学、同事、家人保持更加紧密的联系，及时了解他们的动态，在线分享照片、日记、心情，通过轻松的互动传递最纯真的快乐。

开心网提供的产品和服务包括：照片、日记、书评、影评等信息分享平台，短消息、留言、评论等沟通手段，事务管理、网络硬盘、收藏等个人工具，投票、答题、真心话、转帖等互动话题，以及朋友买卖、争车位、买房子、钓鱼、吸乐无穷等互动组件。

截止到 2009 年 9 月底，开心网注册用户已经超过 5400 万，页面浏览量（Page Views）超过 10 亿，每天登录用户超过 1200 万。Alexa 全球网站排名中，开心网位居中国网站第十位，居中国 SNS 网站第一名。开心网已经发展成为中国最大的、最受欢迎的社交网站（SNS），并以良好的发展势头继续保持中国 SNS 的领先地位。

开心网在短短一年多的时间里，用户数成几何数增长，一些第三方的数据，比如 Alexa 排名、百度指数上涨幅度都特别大。开心网是第一个不靠花钱做广告，主要依靠病毒营销口碑传播的手段，在短时间内把用户数做到这么的巨大的网站。

看了开心网的数据后，下面来分析为何开心网能够在这么短的时间里发展这么多的用户。

首先分析开心网的产品和定位。校内网用户定位是学生，51 网的主要用户是低端网吧用户，360 圈定位 90 后的小孩。而开心网从开心网的名字就知道，是娱乐性质的 SNS。只要有娱乐的需求，都可以去开心网。所以开心网的用户定位就很广泛，也看得出开心网的野心很大。就像 IM 里的 QQ 一样，什么样的用户都能在里面兼容，来者不拒。

其实现在很讳忌做用户定位太泛的网站，怕做不出特点，留不住人。新推出的 SNS 网站里，只有开心网一出来，就有了 10 多个 API 的功能组件给用户选择。在产品上很好地满足了不同用户的需求。现在 SNS 网站里人气最旺的“好友买卖”游戏就是开心网率先推出的。开心网的“停车游戏”也受到了用户热烈的追捧。

其次，病毒营销的极致发挥。根据数学公式计算，一张 A4 纸对折 50 次后的厚度可以从地球到达太阳，再对折一次的话就是从地球到太阳的往返距离。同样的，你向两个人传递某一信息，这两个人如果可以分别再告诉另外两个人……即使这一过程没能够传递 50 次，仅仅 10 次、20 次，其传播效果也是巨大的，开心网就是利用这样的数学原理，创办仅数月即拥有了几十万的用户。

口碑营销，顾名思义是利用良好的用户体验产品的美誉度，进行小范围口对口的传播，80%的消费者对口碑的信任度，超过任何其他的信息来源。口碑营销有明显的商业目的，且由营销人员加以组织计划，它一经插上互联网的翅膀，便可超越时空限制，让传播范围跨越熟人圈子，使陌生人之间的交流分享成为可能，却仍保持着口碑传播可信度高的特点。这是一种廉价的且疗效显著的推广营销方式，开心网可谓是将它发挥得淋淋尽致，首先将一小部分人圈起来，不去常规地写日记、贴照片，而重点放在游戏方面，其买卖奴隶和停车都具备需要广泛人群参与的特点，最好是熟悉的人，用户在游戏中得到乐趣后需要有更多熟人加入。

光有口碑营销远远不够，加上互联网最具特色的病毒营销效果会大有提升，而病毒营销是利用用户口碑传播的原理，在互联网上可以像病毒一样迅速蔓延，因此病毒性营销成为一种高效的信息传播方式。而且由于这种传播是用户之间自发进行的，所以是几乎不需要费用的网络营销手段。开心网拥有和其他 SNS 网站一样的通过 MSN 进行交友的方式，和其他网站不同的是，很多开心网用户都会直接将网站链接发给朋友，这样的效果比被动接受邮件要更快速也更明显。

"一个朋友的真心推荐远胜过 10 个广告和 20 次生硬的推销"，由此足可见病毒营销的优势和效果。

创办仅几个月的开心网犹如一块巨大的磁石，吸引了无数年轻人的热烈追捧，那么这块"开心磁石"是依靠什么营销手段在竞争激烈的网络世界中脱颖而出，吸引众多网民加入并每天乐此不疲呢？笔者认为，其成功的主要原因就是采用了具有中国特色的植入式口碑营销。虽然该网站没有采取任何主动的营销行为，比起同业，显得非常低调，但是，其采用的植入式口碑营销方式非常有特点。

口碑营销又称病毒式营销，开心网则是把口碑营销的核心——"传播病毒体"植入到了产品的每个细节中，这种形式让产品自然成为了口碑营销传播中的主体，其效果远胜传统的以事件吸引关注，带动广泛传播后，引起传播者与接收者关注产品的被动形式，因为这样的传播形式，产品并非口碑营销的主角，转化为实际购买的几率非常低。就像现在很多影响力颇大的一些口碑营销案例一样，叫好却不叫座，事件众人皆知，可对产品销售却没有什么帮助。

有的产品在考虑营销方式时极容易使营销与产品脱节，显得牵强无力，而开心网则通过巧妙的口碑营销植入，使产品成了口碑营销的主角，为接下来的营销工作打下了极具拓展性与融合性的基础，效果自然远胜传统的形式。我们下面通过对开心网的了解，解析其独具特色的中国式口碑营销。

光有丰富产品和明确的用户定位，也并不能吸引这么多用户。开心网用户发展这么快，最关键的因素，是开心网把 SNS 网站最传统的病毒营销推广模式，做到了极致。海内网和校内网同样有 MSN 绑定、邮件邀请。虽然他们是前辈，但是这没有开心网这后起之秀做得更细、更专业。这也是开心网用户发展这么快的最关键的地方。

开心网和海内网是率先进行 QQ 好友绑定的 SNS 网站，校内网还没看到。但是开心网在邀请的细节上，比海内网有了进一步的延伸，表现在通过链接邀请的细节上，如图 10-4 所示。

图 10-4　开心网邀请链接

我们可以不看好开心网的盈利模式，但不得不承认，2008 年最重大的网络事件之一就是开心网在白领群体中的流行，以至于上开心网变成了一种时尚。买卖奴隶，抢抢车位，开心网像病毒一样在人群中蔓延，也造就了一个病毒营销的经典案例。

10.4.2　可口可乐与奥运火炬在线传递

有这样一个问题："假设 2 元钱可以买一罐可乐，两个空罐可以换一罐可乐，如果有 6 元钱，你最多能喝几罐可乐？"

先把上面这个问题放下。我们再来看看另一个问题：什么活动，可以在短短一周之内，吸引 1 亿双眼球，让 1100 万人参加并为之传播，每 3 分钟有十几万人争夺参加资格？

当所有的奥运合作伙伴都在为 2008 年北京奥运会临近的营销和传播绞尽脑汁的时候，可口可乐再次出手，而且，这一次是全方位整合传播。当然，赞助奥运火炬传递活动是可口可乐多年来延续下来的参与奥运的方式，但是不同的是，此次可口可乐在中国玩出了新花样：奥运火炬在线传递活动。

当 QQ 用户习惯性地打开 QQ，惊奇地发现若干个网友已经悄然成为奥运火炬在线传递形象大使，他们的 QQ 秀上也戴上了可口可乐颁发的丰功伟业勋章。越来越多的 QQ 用户参与到奥运火炬在线传递大使资格的争夺中，争夺 300 多个形象大使名额。鼠标轻轻一点，QQ 用户就可以实现自己参与奥运火炬传递的愿望。而且这个资格将会作为 QQ 秀标签，一直保持下去。不得不承认，这一活动获得了巨大的传播效应。这的确是一次精心策划的活动，正如可口可乐公司所说：让消费者有全方位的奥运体验。传统的火炬传递赞助+限量版纪念罐，而此次精心策划的奥运在线火炬传递，则更像是点睛之笔，将可口可乐的行销和传播渗透到每一个年轻消费者的心中。

当许多企业只是在网络媒体投放形象广告的时候，聪明的可口可乐却找到了自己的机会，与腾讯合作，开展奥运火炬在线传递活动。

尽管有些眼熟，之前微软 MSN 在美国发起过“I'm 慈善计划”，通过各种途径传到中国，并且风靡一时，相信很多 MSN 用户曾参与其中，但是当时一来传播途径少，二来没有延续性，没有形成大的公益活动，感觉最终是不了了之。

众所周知，2008 年北京奥运会首次设立互联网赞助商，这对腾讯等互联网新闻网站来说无疑是个好消息。此次可口可乐与腾讯合作，是否受到微软 MSN“I'm 慈善计划”的启发，不得而知。但可以肯定的是，如图 10-5 所示，随着越来越多的火炬在 QQ 网友中点亮，可口可乐和腾讯的此次合作，已经不可避免地将可口可乐与腾讯 QQ 的奥运在线火炬植入到了更多人的奥运生活中，而这种生活更容易感知和形成族群认同，成为几千万 QQ 用户网络奥运生活的一个巨大焦点。

图 10-5　可口可乐与火炬传递

而最为关键的是，此次腾讯打奥运擦边球，比起此前微软及伊利与酷 6 和土豆网的合作，来得更直接和凶猛。作为非奥运赞助商，腾讯利用媒体优势，充分借用了可口可乐的奥运赞助商资格，在奥运借势营销上找到了自己的“第六罐可乐”。而可口可乐换来的是腾讯的充分配合，以及目前腾讯足以撼动中国年轻一族的客户资源。

腾讯与可口可乐充分实现了价值最大化。而且，其最大的优势在于，这是一场持续半年的合作，在资源上没有任何浪费，双方充分共享网络媒体的平台资源。

此次可口可乐奥运火炬在线传递活动，贵在传递：要么上游有人邀请你，你可以获得火炬，成为奥运火炬在线传递大使；要么你自己去争夺，但你要邀请一个新的网友加入，也就是说，获得可口可乐奥运火炬在线传递大使的资格是，你必须将这一活动传递给你的一个朋友。如此口碑相传，人们传递的不仅仅是奥运火炬，更是心中的信念和参与奥运的激情，而将这一切链接在一起的，则是 QQ 用户的新价值体验和可口可乐的病毒式营销。

如图 10-6 所示，在半年时间里，越来越多的人通过腾讯和可口可乐的病毒式营销，加入到可口可乐奥运火炬在线大使和火炬手的争夺中，为这一“荣誉”而绞尽脑汁。这是众多年轻网友心甘情愿的，也是他们引以为荣的。

图 10-6　可口可乐营销人数

品牌联合营销，从没有像今天这样被充分演绎，从建设银行借助 VISA 发行明卡（将姚明与建设银行的品牌形象联合起来营销，却由 VISA 付费），到今天可口可乐与腾讯的合作。

可口可乐与腾讯举办的此次奥运火炬在线传递活动，虽然名义上腾讯为非奥运合作伙伴，无法直接与奥运会进行链接，只能作为可口可乐的互联网媒体合作商，在活动的主页上标出“技术支持：腾讯”，然而这种合作，已经形成事实上的品牌联合，双方形成了最大化的商业利益链，腾讯 QQ 软件作为平台，可口可乐作为内容。两个价值取向相同的品牌借助于同样的奥运资源，在创造巨大合力的同时，充分实现了双方共赢和品牌价值最大化。

而在此之前的各大品牌奥运互联网营销，都是创意当先，无论是伊利、微软还是百事可乐，都把食品创意大赛当成了法宝与敲门砖，似乎互联网只有通过创意视频才能形成互动。但是，大家似乎忘记了，实际上，互联网创意视频的作者和主要浏览人群就是那些基本固定的族群，创意视频能影响的也就这些人。

当伊利几度与酷 6 合作推出“有我中国强”奥运系列视频大赛，微软与酷 6、土豆网合作推出“2008 不能没有你”视频创意大赛之后，可口可乐再一次告诉我们，互联网并不仅仅只有视频分享可供炒作。可口可乐也再一次证明了自己对商业推广真谛的充分理解。

自从唐·舒尔茨提出整合传播思想之后，无数品牌以及其传播代理商一直以整合传播作为自己追求的目标，并为此尝试着各种各样的实践。然而，大多数所谓的整合传播，基本上忽略了互联网，因为对于大多数品牌而言，互联网是一个难以衡量的无底洞，绩效如何，效果怎样，很难对其予以评估；如何介入，更是难以找到清晰的路径。

可口可乐的奥运互联网营销，实际上从它获得奥运会赞助商资格的时候就已经开始了。此次可口可乐推出奥运火炬在线传递计划，与其传统的赞助奥运火炬传递活动是一脉相承的，从产品造型设计、终端包装、奥运歌曲、空中传播、地面推广以及互联网行销，所有的渠道和媒体都传递着可口可乐一致的声音："奥运火炬传递。"

同一个声音，同一个形象，加上互联网第五媒体的介入，可口可乐的声音更加响亮，可口可乐的形象更加丰满。

更为关键的是，可口可乐与腾讯充分利用了大众渴望参与奥运、祝福奥运的热诚。

尽管人们知道这是一场精心策划的商业秀，但是谁又愿意错过这样一个表达真心祝福的机会呢？

回到最初的问题，相信很多有心的读者得到的答案是：五罐。我最初的答案也是如此。然而，实际上，只需要再借用一个空罐，换到可口可乐后，再还回去，我们就可以喝到"第六罐可乐"。这就是另辟蹊径的力量。

第 11 章　网络媒体传播策略

网络媒体是一种新兴的传播者，弥补了传统媒体在传播速度、时效性以及准确度上的不足，更重要的是打破了地域性的限制，可以是全国性的也可以是全球性的，以电脑、电视机、移动电话等终端，通过声音、文字、图片等形式组合成新时代的数字传播方式。

11.1　网络媒体传播的优势

网络媒体在传播上具有诸多优势，了解这些传播优势将有助于我们加深对网络媒体的认识。

1．传播速度快、范围广

以 2013 年 8 月 31 日在云南迪庆藏族自治州发生的 5.9 级地震为例，地震级别并不算大，但事件发生之后，所有的媒体和网络媒体第一时间直播，让国内的民众都知道了这次地震，让全社会动员起来，帮助灾民度过险情。由于科技的进步，以及网络媒体的新兴涌现，让事件第一时间呈现在互联网上，传播速度极快，很快就传播到了全国各地，乃至全球的互联网。以前的传统媒体是无法比拟的。

2．传播、接收、存储、检索极便捷

科技时代发展到今天，网络媒体为了更好地弥补传统媒体无法解决的问题，采用了更加先进的设备，让信息存储以及处理信号更加精确，质量更高。

3．传播模式的小众化

除极少数网站人潮如流外，网民们更多时间停留在志趣相投、访问者不多的各类个性化网站上，众多网站分流了人群，在整体上形成小众化传播。小众化的媒体网站通过联合或被极少数大型综合性网站收购来实现自身的商业价值。

4．传播模式的小众化

互联网的出现，几乎可以存储无限容量的新闻素材和视频，真正做到了数字

化信息时代。

11.2 对传统媒体传播方式的冲击

1. 对守门人的冲击

第四媒体在传播信息的过程中，打破了传播者与受众之间的界限。单向传播是传统媒体传播的特点，传播者发布信息，受众通过媒体被动地接受信息。由于这一特点，传媒本身很难及时、全面、有效地了解受众的反馈信息，传播效果较难把握。媒体进入互联网络后，这种单一传播受众关系发生了变化，它将新闻传播过程中的单向传播及有限的双向交流（所谓“有限”，是指同步性的双向交流，只限于广播的某些时段——听众可以将电话打进直播室与主持人进行直接的双向交流；电视媒体的某些栏目和报纸媒体的某些版面，提供一定的时段和空间进行双向交流，但都是有时间距离的）进行根本性的变革。受众既是信息的接受者，又是信息的发布者，任何个人或组织都可以在网络上发布新闻或信息，受众也可以及时地向媒体反馈自己的意见或建议，也可以就某一话题开展讨论，发表观点。这不仅仅是双向交流，而且是多向的互相交流新闻信息，对传统媒介中“守门人”的地位冲击极大。

传统媒体报道什么不报道什么，报道的份量是重还是轻，哪些详细报道哪些简要介绍以及报道的分寸等，都可以由“守门人”根据需要和具体情况来把握。由于舆论导向和正面报道为主的需要，媒体往往是“舆论一律”的总体格局。“守门人”由于长期以“大众的代言人”的身份出现，作为职业的传播机构，它较常人更具有接近信息源的特权。“守门人”一般掌握着新闻媒体，哪些信息可以传播，哪些信息不予传播，哪些信息应该少报或缓报，这都要根据“守门人”自身的新闻价值观、自身的利益、社会的制约力量等来决定。由于经过“守门人”的过滤，受众得到的信息往往已不是“原汁原味”了。在我国媒体高度集中、信息渠道较为单一的情况下，“守门人”的作用尤为明显。这些特点面对互联网络的迅速发展正面临着严重的挑战和冲击。

互联网络是一张互相交错、四通八达的网络，在这张互通的网上，信息资源共享，信息传播呈多向性、发散式，整个网络很难受政府部门控制，是个高度开放的空间，人们可以几乎不受限制地自由调阅网上的信息，在网络信息面前人人平等，因此以往“守门人”所具有的一些特权如接近信息源的特权、“过滤”信息的特权、垄断信息的特权等将不复存在。在高度开放的互联网上，人为设置障碍阻止人们获得他们想获得的信息已变得不可能，任何一位用户，都可以轻易绕开某个节点，从另外的节点到达想要到达的站点。以往线形的传播方式及信息的发布需要大量的物质投入，不是一般人所能为，因而“守门人”容易形成信息垄断，而在网络传播中，传者和受者将成为真正意义上的平等，网络用户不仅可以自由选择信息，而且可以自由发布信息。总之，面对互联网络，传统意义上的“守门人”的特权和地位正面临崩溃。

2. 对传统媒体新闻编辑方式的冲击

电脑网络编辑系统主要靠媒介的内部网络来实现。记者、编辑和媒介内部各部门、各级领导的电脑相互联网，使得编辑工作变得无纸化、高效化、高质化。传统的新闻编辑方式，无论是报纸等印刷媒介还是广播、电视等电子媒介，都以线性编辑为主。所谓线性编辑方式，是指记者和编辑对所采集的大量新闻素材（分别包括文字、图片、声音、影像）进行整理，从中选出新闻报道所需要并能容纳的片断，按先后顺序组合成新闻成品的工作方式。传统的线性新闻编辑方式同传统的线性新闻写作、报道方式一样，受到印刷术和模拟式电子传播技术的限制，使得编辑过程十分复杂，新闻成品中的任何一次内容改动，都可能引起全部内容的线性重组；新闻成品的容量受到线性结构的严重限制；模拟信号的多次复制和长期保存都会不断降低信息传播的质量。以数字式多媒体编辑设备和技术为基础的非线性编辑方式，完全突破了传统的编辑方式和观念，它可以随意提取任何文本，可以把任何一段子文字文本、图画文本、声音文本和影像文本等编入任何主文档（文字报道、广播报道或影视报道等），可以根据需要任意调整子文本的长度，可以在报道新闻的过程中进行编辑部与新闻事件现场、中央台与地方台之间的实时沟通和编辑，可以无限复制和长期保存新闻信息而同时保证信息传播的质量。

3. 对传统媒体新闻写作方式的冲击

在电脑文字处理系统、多媒体和互联网络等新技术、新媒介的广泛普及和冲击下，大众传播媒介的新闻写作方式、特别是报纸等印刷媒介的写作方式将逐步发生根本性的变化。文字新闻写作方式将逐步转变为以多媒体新闻写作方式为主。

迄今为止，报纸等印刷媒介的新闻报道与写作方式是以文字为主。文字这种符号形式在信息沟通中的特点，一是字面上具有表意的相对确定性；二是字里行间又能留给人们充分的想象空间或解释余地。但是，在新闻报道中，文字报道同广播报道、电视报道相比，又有很多弱点，一是没有声音，没有电视报道生动形象；二是在报道新闻事件时不如图像报道立体。单一的文字写作报道方式迫使记者在报道纷繁复杂的新闻事件时要做线性的描述及抽象的概括、主观的形容，这就在报道新闻事件时难免与客观真实有差距。这是在新闻传播技术不发达的情况下，在报纸、广播、电视等媒介形式界限分明的条件下难免出现的弊端。

多媒体和超文本技术给印刷媒介"避短"带来了机会。在网络和多媒体的条件下，随着各种智能、易用软件的不断推出，纸媒记者除了可以用文字来进行新闻报道与写作外，对于声音、图画、照片乃至三维动画、影像等多媒体表现形式的使用也越来越容易。记者可以通过超文本结构，在力所能及的范围内，既有声有色、声情并茂、图文并茂，又全方位地、客观地报道新闻事件。

4. 对传统媒体采访手段的冲击

目前，新闻记者采访的主要手段是面对面的访谈和电话采访，网上采访（如电子邮件等）还只是辅助手段。据调查，使用频率最高的采访手段是面对面采访（61%），其次是电话（22%），电子邮件目前仅名列第三（13%）。但是调查也表明，在过去两三年里，将电子邮件作为采访渠道的人数有了急剧的增长。可以肯定，在网络上的视频技术、数字技术发展起来以后，新闻记者通过网络对地球上任何地方的任何人，通过视频进行面对面的采访将是轻而易举的事情。网络采访（即电子邮件书面采访、视频面对面采访等）最终将成为媒介工作者日常新闻报道的主要采访手段。这种采访手段将大大扩展新闻记者的采访范围，大大减少采访所需的时间、人力和费用，大大提高新闻报道的时效。

11.3 网络媒体的特点

网络媒体还具有很多的传播特点，比如受众范围广、交互性强等，在了解网络媒体的这些特点后，读者对网络媒体的本质就比较清晰了。

1. 受众范围广

网络广告不受时空限制，传播范围极其广泛。通过国际互联网络 24 小时不间断地把广告信息传播到世界各地。只要具备上网条件，任何人都可以随时随地随意浏览广告信息。

2. 交互性强

交互性是互联网络媒体的最大优势，它不同于其他媒体信息的单向传播，而是信息互动传播。在网络上，当受众获取他们认为有用的信息时，厂商也可以随时得到宝贵的受众信息的反馈。

3. 针对性明确

网络广告目标群明确，由于点阅信息者即为感兴趣者，所以可以直接命中目标受众，并可以为不同的受众推出不同的广告内容。

4. 受众数量统计精确

利用传统媒体投放广告，很难精确地知道有多少人接受到广告信息，而在网络上可通过权威、公正的访客流量统计系统，精确统计出每个广告的受众数，以及这些受众查阅的时间和地域分布。借助分析工具后，成效易体现，客户群体清晰易辨，广告行为收益也能准确计量，有助于客商正确评估广告效果，制定广告投放策略。

5. 实时、灵活、成本低

在传统媒体上投放广告，发布后很难更改，即使可改动往往也要付出很大的经济代价。而在网络上投放广告能按照需要及时变更广告内容，当然包括改正错误。这就使经营决策的变化可以及时实施和推广。作为新兴媒体，网络媒体的收费也远低于传统媒体，若能直接利用网络广告进行产品销售，则可节省更多销售成本。

6. 感官性强

网络广告的载体基本上是多媒体、超文本格式文件，可以使消费者能亲身体验产品、服务与品牌。这种以图、文、声、像的形式传送多感官的信息，能让顾客身临其境般感受到商品或服务。

7. 网络广告是多维广告

传统媒体是二维的，而网络广告则是多维的，它能将文字、图像和声音有机地组合在一起，传递多感官信息。网络广告的载体基本上是多媒体和超文本格式文件，广告受众可以对其感兴趣的产品信息进行更详细的了解，使消费者能亲身体验产品、服务与品牌。这种图、文、声、像相结合的广告形式，将大大增强网络广告的实效。

8. 网络广告拥有最具活力的消费群体

互联网用户 70.54%集中在经济较为发达地区，64%家庭月人均收入高于 3000 元，85.8%年龄在 18～35 岁之间，83%受过大学以上教育。因此，网络广告的目标群体是目前社会上层次最高、收入最高、消费能力最高的最具活力的消费群体。这一群体的消费总额往往大于其他消费层次之和。

9. 网络广告制作成本低，速度快，更改灵活

网络广告制作周期短，即使在较短的周期进行投放，也可以根据客户的需求

很快完成制作，而传统广告制作成本高，投放周期固定。另外，在传统媒体上做广告发布后很难更改，即使可以改动往往也须付出很大的经济代价。而在互联网上做广告能够按照客户需要及时变更广告内容。这样，经营决策的变化就能及时实施和推广。

10. 网络广告具有交互性和纵深性

交互性强是网络媒体的最大优势，它不同于传统媒体的信息单向传播，而是信息互动传播。通过链接，用户只需简单地点击鼠标，就可以从厂商的相关站点中得到更多、更详尽的信息。另外，用户可以通过广告位直接填写并提交在线表单信息，厂商可以随时得到宝贵的用户反馈信息，进一步减少了用户和广告客户之间的距离。同时，网络广告可以提供进一步的产品查询需求。

11. 网络广告能进行完善的统计

无法衡量的东西就无法管理。网络广告通过及时和精确的统计机制，使广告主能够直接对广告的发布进行在线监控。而传统的广告形式只能通过并不精确的收视率、发行量等来统计投放的受众数量。

12. 网络广告可以跟踪和衡量广告的效果

广告主能通过互联网即时衡量广告的效果。通过监视广告的浏览量、点击率等指标，广告主可以统计出多少人看到了广告，其中有多少人对广告感兴趣进而进一步了解广告的详细信息。因此，较之其他任何广告，网络广告使广告主能够更好地跟踪广告受众的反应，及时了解用户和潜在用户的情况。

13. 网络广告的投放更具有针对性

通过提供众多的免费服务，网站一般都能建立完整的用户数据库，包括用户的地域分布、年龄、性别、收入、职业、婚姻状况、爱好等。这些资料可帮助广告主分析市场与受众，根据广告目标受众的特点，有针对性地投放广告，并根据用户特点作定点投放和跟踪分析，对广告效果作出客观准确的评价。

另外，网络广告还可以提供有针对性的内容环境。不同的网站或者是同一网站不同的频道所提供的服务是不同质且具有很强的分别的，这就为密切迎合广告目标受众的兴趣提供了可能。

14. 网络广告的受众关注度高

据资料显示，电视并不能集中人的注意力，电视观众中 40%的人同时在阅读，21%的人同时在做家务，13%的人在吃喝，12%的人在玩赏他物，10%的人在烹饪，

9%的人在写作，8%的人在打电话。而网上用户 55%在使用计算机时不做任何其他事，只有 6%的人同时在打电话，5%的人在吃喝，4%的人在写作。

15. 网络广告缩短了媒体投放的进程

广告主在传统媒体上进行市场推广一般要经过三个阶段：市场开发期、市场巩固期和市场维持期。在这三个阶段中，厂商首先要获得注意力，创立品牌知名度；在消费者获得品牌的初步信息后，推广更为详细的产品信息。然后是建立和消费者之间较为牢固的联系，以建立品牌忠诚。而互联网将这三个阶段合并在一次广告投放中实现：消费者看到网络广告，点击后获得详细信息，并填写用户资料或直接参与广告主的市场活动甚至直接在网上实施购买行为。

16. 网络广告传播范围广、不受时空限制

通过网络，网络广告可以将广告信息 24 小时不间断地传播到世界的每一个角落。只要具备上网条件，任何人在任何地点都可以阅读，这是传统媒体无法达到的。

17. 网络广告具有可重复性和可检索性

网络广告可以将文字、声音、画面完美地结合之后供用户主动检索，重复观看。而与之相比电视广告却是让广告受众被动地接受广告内容。如果错过广告时间，就不能再得到广告信息。另外，显而易见，较之网络广告的检索平面广告的检索要费时、费事的多。

18. 网络广告具有价格优势

从价格方面考虑，与报纸杂志或电视广告相比，目前网络广告费用还是较为低廉的。获得同等的广告效应，网络广告的有效千人成本远远低于传统广告媒体。一个广告主页一年的费用大致为几千元人民币，而且主页内容可以随企业经营决策的变更随时改变，这是传统广告媒体不可想像的。

11.4　网络媒体的发展趋势及特点

近年来，网络媒体发展迅猛，点击率不断上升，受众群体不断扩大，凸显了网络媒体在当今信息化社会中的重要地位。媒体行业也在发生着翻天覆地的变化，网络媒体在其中起到了关键性作用，更多的优势也不断涌现，使得网络媒体的影响力逐步扩大。

在环境和资源越来越昂贵的情况下，网络媒体正在慢慢的向社会化媒体发

展，移动端正在覆盖 PC 端，如今在移动端以微信为最主要的工具，正在逐渐成为各大网络媒体的选择。这也印证了网络的多元化发展，微博、微信正在悄悄的成为网络新媒体端。

1. 网络媒体优势多

网络媒体较传统媒体有着信息时效性更强、信息量更大等诸多优势。将传统媒体的二维形式转换为多维形式，有效地将文字、图像和声音有机地组合在一起，传递多感官的信息。作为报纸、广播、电视之后的“第四媒体”，它将各类资源更好地进行结合。使得宣传效果更广、更具针对性。网络媒体可以将信息 24 小时不间断地传播到世界的每一个角落，并且可重复观看，这是传统媒体无法达到的。

2. 网络用户忠诚度高

据资料显示，电视并不能集中人的注意力，而网上用户 55%在使用计算机时不做任何它事，只有 6%同时在打电话，5%在吃喝，4%在写作。也就是说相对传统媒体，网络用户的专注度更高。并且网络用户都有着自身的浏览习惯，对于网络宣传可以很好的掌控，易于锁定受众群体，起到更好的宣传效果。

3. 网络媒体宣传成本更低

相对传统媒体，网络媒体的宣传成本低，宣传面积更为广泛及有效。并且延伸性更好，用户随时可以了解到更为详细的资料。其次网络媒体更容易操控，信息变更更为快捷。可以让用户第一时间了解所需的资料。

4. 网络媒体发展

新闻与信息服务的界限越来越模糊。网络媒体注重与受众进行互动，除提供新闻之外，还提供快捷、有用的服务性信息，这与传统媒体有很大不同。技术创新在推动着网络媒体向前发展，网络媒体也将在未来继续扩大其影响力。提高网络媒体提供信息服务的能力，使媒体为经济和社会发展服务。网络媒体本身也是一个庞大的数据库，网络媒体的记者、编辑就是这个数据库的信息采集者和维护者。在信息时代，我们应该充分发挥网络媒体生产信息的作用，为经济、社会发展提供更多更好的信息。

网络媒体的发展受制于各地的生活、消费水平。地域、社会、自然、经济条件的差异决定各自区域市场容量、消费需求、用户习惯的不同，相信，伴随着网络自身不断地发展，网络媒体日趋成熟，网络新闻传播媒介将成为未来中国新闻媒介的中坚。

第 12 章　品牌传播策略

自我国改革开放以来，受国外文化的影响，全民的品牌意识越来越强，有品牌的产品和没有品牌的产品销售上有一定的差别，购买人群也有很大差别。

到了 2012 年的今天，全民的品牌意识已经深入人心，企业的品牌文化建设是很多品牌公司所思考的。如何选择广告、公关、销售、人际等传播方式，将特定品牌推广出去，建立品牌形象，促进市场销售，是很多公司所关心的。

12.1　品牌传播概述

品牌传播是企业的核心战略，也是超越营销的不二法则。品牌传播的最终目的是要发挥创意的力量，利用各种有效发声点在市场上形成品牌声浪，有声浪才有话语权。品牌传播是品牌力塑造的主要途径。

对于“品牌”，美国营销协会曾做出这样的定义：品牌是一种名称、术语、标记、符号或设计，或是它们的组合运用，其目的是借以辨认某个生产者或某个生产者的产品或服务，并使之与竞争对手的产品和服务区别开来。品牌对于一个企业来说至关重要，它是企业参与市场竞争、建立品牌忠诚度、树立企业形象的重要保证。

所谓“品牌传播”，就是企业以品牌的核心价值为原则，在品牌识别的整体框架下，选择广告、公关、销售、人际等传播方式，将特定品牌推广出去，以建立品牌形象，促进市场销售。品牌传播是企业满足消费者需要，培养消费者忠诚度的有效手段，是目前企业家们高擎的一面大旗。

品牌传播的效能非常大，通过一定的传播积累，就能给群众灌输一种思想，从而进一步了解品牌的灵魂和文化。如潮品牌酷带，通过酷带品牌的潮文化传播，进一步让酷带这个品牌为广大消费者和社会公众所认知，品牌效应也随之高涨。同时，品牌的有效传播，还可以实现品牌与目标市场的有效对接，为品牌及产品进入市场、拓展市场奠定宣传基础。品牌传播是诉求品牌个性的手段，也是形成品牌文化的重要组成部分。

12.2 品牌传播方式

12.2.1 广播传播

主体，创意为中心，对目标受众所进行的以品牌名称、品牌标志、品牌定位、品牌个性等为主要内容的宣传活动。

对品牌而言，广告是最重要的传播方式，有人甚至认为：品牌=产品+广告，由此可见广告对于品牌传播的重要性。根据资料显示，在美国排名前20位的品牌，每个品牌平均每年广告费用为3亿美元。人们了解一个品牌，绝大多数信息是通过广告获得的，广告也是提高品牌知名度、信任度、忠诚度，塑造品牌形象和个性的强有力的工具，由此可见广告可以称得上是品牌传播的重心所在。鉴于广告对于品牌传播的重要性，企业在做广告时一定要把握以下几项内容：

- 要先寻找一个有潜力的市场进行市场研究，了解广告对新的消费心理和消费习惯的需求，再运用广告等手段来宣传和美化产品以吸引消费者，最后找到一个好的卖点。
- 要把握住时机。企业要根据不同的市场时期，对广告的制作和发布采取不同的策略应对。
- 一定要连续进行。广告有滞后性，如果一个广告播放一段时间后发现效果不明显就不播了，这是很不明智的选择。因为这样会使之前的广告投入全部打水漂。所以，广告投放一定要持续，千万不能随意停下来，否则就会引起很多臆测，从而给企业和品牌带来不利影响。
- 一定要注意广告媒介的选择和资源投入的比例，因为在广告传播活动中，媒介的传播价值往往是不均等的。

12.2.2 公关传播

公关是公共关系的简称，是企业形象、品牌、文化、技术等传播的一种有效解决方案，包含投资者关系、员工传播、事件管理以及其他非付费传播等内容。作为品牌传播的一种手段，公关能利用第三方的认证，为品牌提供有利信息，从而教育和引导消费者。

公共关系可为企业解决以下问题：一是塑造品牌知名度，巧妙创新运用新闻点，塑造组织的形象和知名度。二是树立美誉度和信任感，帮助企业在公众心目中取得心理上的认同，这点是其他传播方式无法做到的。三是通过体验营销的方式，让难以衡量的公关效果具体化，普及一种消费文化或推行一种购买思想哲学。四是提升品牌的“赢”销力，促进品牌资产与社会责任增值。五是通过危机公关或标准营销，化解组织和营销压力。

12.2.3　销售促进传播

销售促进传播是指通过鼓励对产品和服务进行尝试或促进销售等活动而进行品牌传播的一种方式，其主要工具有赠券、赠品、抽奖等。

尽管销售促进传播有着很长的历史，但是长期以来，它并没有被人们所重视，直到近二十年，许多品牌才开始采用这种手段进行品牌传播。它在短期内能产生较好的销售反应，但很少有长久的效益和好处，尤其对品牌形象而言，大量使用销售推广会降低品牌忠诚度，增加顾客对价格的敏感，淡化品牌的质量概念，促使企业偏重短期行为和效益。不过对小品牌来说，销售促进传播会带来很大好处，因为小企业负担不起与市场领导者相匹配的大笔广告费，通过销售方面的刺激，可以吸引消费者使用该品牌。

12.2.4　人际传播

人际传播是人与人之间直接沟通，主要是通过企业人员的讲解咨询，示范操作，服务等，使公众了解和认识企业，并形成对企业的印象和评价，这种评价将直接影响企业形象。

人际传播是形成品牌美誉度的重要途径，在品牌传播的方式中，人际传播最易为消费者接受。不过，人际传播要想取得一个好的效果，就必须提高人员的素质，只有这样才能发挥其积极作用。

品牌传播与传播方式的选择及设计密切相关，如果传播方式选择不当、设计不合理，就不可能收到好的传播效果。因此，企业在进行品牌传播时一定要把传播方式的选择和设计放在首要的位置上。

12.3　品牌传播的特点

品牌传播具有信息的聚合性、媒介的多元性、操作的系统性三大特点。

1. 信息的聚合性

作为动态的品牌传播，其信息的聚合性是由静态品牌的信息聚合性所决定的。菲利普·科特勒所描述的品牌表层因素如名称、图案、色彩、包装等，其信息含量是有限的，但“产品的特点”、“利益与服务的允诺”、“品牌认知”、“品牌联想”等品牌深层次的因素，却无疑聚合了丰富的信息。它们构成了品牌传播的信息源，也就决定了品牌传播本身信息的聚合性。

2. 媒介的多元性

加拿大的传播学家麦克鲁汉有句名言，即“媒介即讯息”，也就是说，媒介技术往往决定着所传播的讯息本身。如电视媒介传播了超出报刊、广播多得多的“讯息”，而网络媒介又传播了兼容所有媒介讯息的“讯息”。而在传播技术正得到革命性变更的今天，新媒介的诞生与传统媒介的新生，共同打造出一个传播媒介多元化的新格局。这为“品牌传播”提供了机遇，也对媒介运用的多元化整合提出了新挑战。

传统的大众传播媒介，如报纸、杂志、电视、广播、路牌、海报、直邮广告、车体、灯箱等，对现代社会的受众来说，依然魅力犹存；对它们的选择组合本身就具有多元性。而新媒体的诞生，则使品牌传播的媒介多元性更加突出。如此，品牌传播在新旧媒介的选择中，就有了多元性的前提。

3. 操作的系统性

在品牌传播中，其系统的构成主要为品牌的拥有者与品牌的受众，二者由特定的信息、特定的媒介、特定的传播方式、相应的传播效果（如受众对品牌产品的消费、对品牌的评价）、相应的传播反馈等信息互动环节构成。由于品牌传播追求的不仅是近期传播效果的最佳化，而且追求长远的品牌效应，因此品牌传播总是在品牌拥有者与受众的互动关系中，遵循系统性原则进行操作。

12.4 传播对品牌力塑造的意义

商品力、品牌文化和品牌联想等构成品牌力的因素只有在传播中才能体现出它们的力量。品牌力主要是站在消费者的角度提出的，而要使有关品牌的信息进入大众的心里，唯一的途径是通过传播媒介。如果少了传播这一环节，那么消费者将无从对商品的效用、品质有进一步的了解；会忽略产品的定位和产品的特定目标市场；品牌文化和品牌联想的建立则几乎是不可能的。传播过程中的竞争与反馈对品牌力也有很大的影响。

传播是由传播者、媒体、传播内容、受众等几方面构成的一个循环反复的过程，其中充满竞争和反馈。在如今不被认可接收的信息越来越多的情况下，再也不能期望消费者能接受所有信息，而是“逐渐学会有选择地记取、接受，即只接受那些对他们有用或吸引他们、满足他们需要的信息”。比如，在电视机前，当你一对某个品牌的广告不满时，就会对该品牌的产品不满。如果绝大多数的人都产生这样的情绪，传播者在销售压力下，就不得不重新考虑传播内容。同样，如果只有一个人不满企业的一个公关活动，传播者则会站在目标市场大众的基础上，坚持这个活动，不会因为一个人而改变其运行。

因此在传播中塑造品牌力就必须考虑到如何才能吸引、打动品牌的目标消费者，如何在传播中体现出能满足更大需求的价值。

传播过程是一个开放的过程，随时可能受到外界环境的影响。在现实生活中，外界环境通常会对传播过程产生制约、干扰，从而影响传播的进行。

12.5　广告传播

对绝大多数的消费品而言，广告是决定性的促销工具。在非处方药（OTC）、日化、房产等行业，广告在缩短产品与消费者的距离，帮助大众作出购买决策等方面发挥着重要的作用。可以这么说，竞争越激烈的行业，品牌就越重要，广告对品牌力的影响也越深刻。

首先，广告告知目标消费者商品的特点和概念，提供购买的理由，维护品牌的商品力。广告通过向消费者提供商品的信息来指导消费，同时广告也在很大程度上创造着人们的需求。它向消费者提供购买的理由，引发他们的购买动机和购买行为。广告向目标市场宣传商品的功效、品质和定位，以及不同品牌之间的差异，强化商品与消费者之间的联系，使商品的定位在大众心智上确立起来。

其次，品牌文化在很大程度上是通过广告来设计创造的。与其他传媒信息相比，广告是在研究心理学、传播学、市场营销学等基础上形成的，是唯一有着强烈鲜明说服策略、传达策略的大众传播信息。因此，广告对消费者的影响是很强大的。由于品牌文化是无形的，在一开始，消费者是很难从商品本身体会到，而通过广告将它所指向的某种生活方式或价值取向明示出来，是一种十分鲜明直接的途径。这样可以让目标消费者通过认同广告中为他们设计的文化感受，而迅速认同品牌。如台湾一家广告公司在为统一企业推广其奶茶时，就在广告中设计了一家“左岸咖啡馆”，刻意营造出一种极其雅致的文化氛围，结果使销售大涨，不少电视观众纷纷向企业打听这家咖啡馆在什么地方。

1. 当前广告创作中存在的问题

考察当前广告与品牌的关系，我们发现除了诸如海尔、养生堂等少数企业在广告中体现着一贯、和谐的品牌形象外，大多数国内企业的广告中存在着品牌个性频繁变动的缺点。大卫·奥格威认为："市场上 95%的广告在创作时是缺乏长远打算的，是仓促推出的，年复一年，始终没有为产品树立具体的形象。"

造成品牌个性频繁变动的原因，一方面是由于企业主尚未清晰地意识到坚持品牌个性的重要性。另一方面也是企业不断更换广告公司的结果。不同广告公司会提出自己对广告定位的看法和对创意的主张，从而在广告运动中始终无法确立明确的品牌形象。与此相反，很多世界著名的企业都很注重与广告公司的长期合作。如菲利普·莫里斯公司和成功地为万宝路烟草创造"万宝路牛仔"形象的李奥·贝纳广告公司已合作了 38 年；著名的 P&G 公司为各个品牌聘用的广告公司平均使用期也高达 37 年。正是品牌经营者在谨慎选择广告公司之后坚持长期合作，使广告公司也放心地从长远的角度来制定广告战略，避免了"营销近视"。

2. 广告是对"品牌性格的长线投资

大卫·奥格威提到，坎贝尔汤罐头公司、象牙香皂、埃克森石油公司等企业正是由于塑造协调一致的形象并能持之以恒地在广告中实施而取得成功。"最终决定品牌的市场地位的是品牌总体上的性格，而不是产品间微不足道的差异。"事实上，品牌性格的形成是在消费者心理上有一个品牌概念，与品牌力有着密切的联系。一个品牌要在大众心中牢牢地占据自己的一席之地就要有强大的品牌力，不仅要求品牌个性的鲜明与独特，而且这个品牌形象的推广也应持之以恒。

对品牌的个性投资，最好能在广告中塑造一种品牌文化。一个成功的品牌不单是成功的商品，而且还意味着一种与品牌联想相吻合的、积极向上的文化理念，正如"化妆品公司出售的并不是香水，而是某种文化、某种期待、某种联想和某种荣誉。"在广告中注入更多的文化意蕴，可以在潜移默化中培养人们对品牌的好感和忠诚。

3. 成功的广告定位是提高品牌力的利器

20 世纪 70 年代早期，人们提出定位的观念。定位的概念是用广告为产品在消费者的心中找出一个位置。如奢侈品牌路易·威登（简称 LV）定位为高贵人士才能买得起的名牌，买到 LV 的一个包包就代表身份的象征，LV 就是奢华。在产品既定的情况下的广告定位就是"去操纵已经存在于心中的东西，去重新结合已存在的连结关系"。这时定位就是找出产品"与生俱来的戏剧性"，并让消费者铭记这种能产生促销效果的戏剧性。比如乐百氏在推广中以不厌其烦的"27 层纯净"作为定位策略。要进行成功的广告定位必须事先了解商品的特点和竞争品牌的优劣所在，挖掘消费者心中的空白对其进行猛攻。

12.6　品牌传播之公共关系

品牌传播公共关系是构成品牌传播战略的重要组成部分。公共关系对提高品牌力主要有以下作用。

首先，公关活动可以对品牌力提供强大的支持和保护。除此之外，公关活动在许多情况下也可起到保护品牌不受损害的作用，例如当企业与公众发生冲突，或发生突发事件，使得公众舆论反应强烈的时候，如果处理不当，最直接与最明显的便是品牌力被削弱，产品的销售受到影响。此时，应针对造成危机的不同起因（如企业行为不当、突发事件或失实报道等），动用各种力量及传媒来处理危机，协调和平衡企业与公众之间的紧张关系，使品牌免受、少受损害。

其次，公关活动能使品牌人格化，以文化的力量来培养公众的好感。品牌人格化，使品牌脱离商业味，产生人情味，从而更容易赢得公众的信任。

站在品牌力的角度来看，公共关系操作中存在着一个很大的误区：在国内企业策划的公关活动中，品牌不够突出。在我们所看到的众多公关策划中，企业尤其是企业家的风采往往要盖过公众对品牌的印象。国内一些企业主很少从品牌创建这一角度来考虑将品牌作为公关活动的主角。事实上，即使是对企业或企业家的宣传，其主要目的，也还是为了支持品牌形象。因此公关活动应让公众的注意力集中到品牌身上。如海尔于 1996 年在中央电视台推出动画片《海尔兄弟》，就以海尔的品牌角色为主角，将海尔这一品牌灌输给儿童。这样的公关活动无疑是有远见卓识的。虽然这部动画片距今已有 18 年了，但仍旧具有借鉴意义。

公关活动的策划应尽量与品牌联想结合起来。如耐克成为世界杯的赞助商，就将耐克与运动、健康等概念联系在了一起。相反，国内诸多企业在进行公关策划时，就很少考虑到这一点。

12.7　品牌传播如何与微博营销无缝对接

品牌传播作为企业形象塑造的必要一环，一直是营销工作里的重中之重。事实上，为何中国代工企业占据了最大的工作量，却只能获得不到 5%的利润，关键便是缺乏自有品牌，没有品牌溢价，无法占领消费者刚性需求。因此抓好品牌传播也就成了中国制造迈向中国创造过程中不可或缺的步骤。

另一方面，随着 SNS 类媒体正在社会生活中赢得越来越多的影响力，微博作为 SNS 传播方式的中坚发布端，往往能在只言片语里传递心灵的精彩，通过“以小搏大”的方式高速扩散换得巨大的影响力。从这个意义上讲，建立企业微博就是维护品牌形象，促进品牌传播发挥最大效能。

如何使品牌传播与微博营销无缝对接呢？一直致力于互联网整合营销的推广与发展，拥有全线整合营销服务解决方案，拥有全天候互联网信息监测体系、全网信息发布系统、全媒体信息合作平台的强大技术，这就需要做好以下三方面工作了。

首先微博内容要与企业战略一致。在企业微博营销中，很多撰写者往往把企业微博当做私人微博使用，有事没事就发上一段，而关注对象也常常是依个人爱好添加。这样一来，会使其他读者感觉这个企业微博没有企业的官方严肃性，从而影响营销的效果。所以，在撰写企业微博内容时，一定要以大方、稳重、不失亲和力、幽默感为标准，时刻突出企业战略确定的形象风格。

其次微博发布要持之以恒。在网站已经成为企业第二名片的当下，企业微博作为信息源、文化窗口同样是品牌传播的要素。由于人们对信息都有遗忘机制。故企业微博信息发布必须每天坚持，特别是有涉及企业的重大新闻时，更是要及时发布信息，回应公众的关心。只有如此，才能让企业传播的品牌信息在公众视野里长期存在。

最后企业微博还需别出心裁。很多企业在初涉微博领域时，往往把微博视作网站的延伸，发布的信息不过是产品广告、领导关怀、会议信息，还有就是财务报表，最多加上庆功宴会的照片。这类信息自然提不起公众兴趣。在编写微博信息时，应该图文并茂，还要适当应用软文营销手段，通过简明、不失生动的手段讲明产品的作用和优势，以此吸引读者关注、转载，才可以把影响力逐步扩大，从而达到品牌传播的效果。

12.8 浙江电视台“中国好声音”品牌传播

“中国好声音”在这两年真可谓是风生水起，作为浙江卫视的选秀娱乐类节目，几乎是瞬间成为了中国观众关注的一场选秀娱乐盛宴。把其他的选秀节目远远地甩在身后，牢牢地吸引了观众的眼球。从本质上看，“中国好声音”与其他娱乐节目一样，都是以综艺节目为形式的大众传播形象。那么，“中国好声音”是凭什么独占综艺节目收视率鳌头的呢？

先说说笔者是如何得知此节目的。刚开始是听一个好朋友哼一首非常好听的歌，感觉非常不错，于是就问是谁原唱的，询问后得知是“中国好声音”里面的一个选手。有点感叹自己落伍了，竟然不知道有“中国好声音”这样一个娱乐节目存在，于是笔者开始关注这一节目。笔者关注的时候正是吉克隽逸那期，她的朴实、狂野、原生态类型深深地吸引了我，就这样建立了关注点，促使我持续关注下去，不断地观看节目，不断地给我惊喜，就这样建立了一个吸引的传播关系。

该节目在整个传播过程中，重点打造“中国好声音”这个品牌，把品牌的观念植入到人们心中，这是一个现在最潮流的一个选秀节目，不看你就 OUT 了。里面的各个环节都与我们的日常生活相契合，如学员的努力史、PK 史，往往印证了我们工作中所遇到的一些问题和抉择。

“中国好声音”从传播的角度来看，它属于控制论模式（双向循环模式），即带有反馈的双向交流的传播过程。导师盲选学员独树一帜，就像栏目组宣传的那样，真正的只听声音来判断歌手好坏，增加了竞争的公平性。公平契合了很多人性格中的点，建立了对接。形式怪异，导师要背对选手，增加了受众的好奇，吸引受众关注它。这是传播过程中双向交流发出与反馈的问题。其次，从大众传播的功能看，“中国好声音”把娱乐功能发挥到了极致。大众传播娱乐化的根源在于媒介的商业化运营。对利润最大化的追逐使得大众媒介不断生产满足社会普通受众需要的娱乐机会和休闲信息。“中国好声音”也是大众传播中娱乐功能的表现，当今社会节奏加快、生存压力增大，人们更加需要一个娱乐环境来缓解生存和社会竞争中的压力。因此，“中国好声音”的出现给予了人们一个“减压阀”。此外，“中国好声音”带来了一定物质需求的满足，推动了浙江卫视的发展，也带动了传媒业娱乐圈的经济发展，发挥了大众传播的经济发展功能。再者，“中国好声音”满足了人们的文化消费欲望，把各种不同风格的音乐带入大众的耳朵，也体现了大众传播的文化传递功能。

从传播效果看，“中国好声音”的走红显示了劝服艺术。笔者接受信息来源的渠道，先是听朋友说，没有太在意。后来听同学提及，心中有了一定的触动，属于二次提及。上网看“中国好声音”，浏览节目介绍，吸引了笔者的关注。这个过程是传播效果中的劝说与说服行为，它运用的载体是已经受影响的人（朋友、同学），继而影响笔者，又通过栏目本身来强化，结果就是笔者接受了。

从传播效果研究看，“中国好声音”的走红符合“强大效果论”中的“沉默的螺旋”理论。因为“好声音”节目的热播和热烈讨论，引起了更多人的关注，“中国好声音”的每一期节目都会引起微博和现实生活中人们的讨论，这种大量的、高频率的讨论使很多人因为所处环境中的人对“好声音”进行讨论而关注、收看该节目。这种传播效果正符合“沉默的螺旋”理论的理论要点。即舆论的形成是大众传播，人际传播和人们对“意见环境”的认知心理相互作用的结果，大众传播媒介提示和强调的意见具有公开性，易被当作多数或优势意见，从而有压力和对社会孤立的恐惧，引起人际接触中“劣势意见的沉默”和“优势意见的压倒性形成”的螺旋式扩展过程。

一个好的品牌传播其实很简单，利用好免费的口口相传，让群众自己传播，慢慢地以滚雪球的速度扩展，效果自然好。而一个好的品牌传播离不开触发物、社会身价、情绪、公众可见度、实用价值以及一个又一个动听的故事。

第 13 章　活动传播策略

为了给某些贫困地方帮助，很多明星或知名企业都会用慈善义演活动来募捐善款给需要帮助的人。通过慈善活动以明星的魅力来引导大众的慈善情怀。近几年举办影响力的活动来达到宣传的目的越来越多，事实证明这种传播策略是可行的。

13.1　活动传播概述

活动传播主要以有影响力的活动组织一大批人来参加达到某种目的，产生一种无形的推广力，把自己所要传达的信息表达出来。在活动传播的过程中采用以点带面的形式，它具有以下三点作用。

1. 提升品牌的影响力

一个好的营销活动不仅能够吸引消费者的注意力，还能够传递出品牌的核心价值，进而提升品牌的影响力。那么，如何让品牌的核心价值为消费者所认同呢?关键就是要将品牌核心价值融入到活动营销的主题里面，让消费者接触活动营销时，自然而然地受到品牌核心价值的感染，并引起消费者的情感共鸣，进而提升品牌的影响力。

2. 提升消费者的忠诚度

活动营销是专为消费者互动参与打造的活动，活动由于消费者的参与和大众的关注，产品和品牌形象更能深刻影响消费者，更能够提升消费者对品牌的赞誉度，进而提升消费者的忠诚度。

3. 吸引媒体的关注度

活动营销是近年来国内外十分流行的一种公关传播与市场推广手段，集新闻效应、广告效应、公共关系、形象传播、客户关系于一体，并为新产品推介、品牌展示创造机会，建立品牌识别和品牌定位，形成一种快速提升品牌知名度与美誉度的营销手段。20 世纪 90 年代后期，互联网的飞速发展给活动营销带来了巨大契机。通过网络，一个事件或者一个话题可以更轻松地进行传播和引起关注，成功的活动营销案例开始大量出现。

13.2　活动传播步骤

下面来详细讲解活动传播的步骤。

第一步，广泛搜集特定消费者的数据信息，建立数据库。

通过各种渠道收集消费者信息，这些信息包括：消费者姓名、年龄、家庭住址、联系电话、家庭收入、健康状况等，建立消费者档案数据库，并对这些数据进行分析整理，把消费者根据需求状况分类，确定目标消费人群。

消费者数据信息搜集的渠道包括：

- 熟人：如亲戚、朋友、同事、邻居等。
- 通过熟人转介绍。
- 陌生拜访。
- 通过各种活动搜集。

第二步，活动营销的组织实施。

确定活动的时间、地点后，针对目标消费人群发出邀请。活动营销主要以服务为主，以健康保健理念宣传，免费健康咨询、诊断以及消费者喜闻乐见的文娱活动来吸引目标人群参加；通过专家的推荐，使用消费者对产品良好效果的现身说法以及业务员一对一的沟通，来促成销售。

第三步，跟踪服务。

对购买的客户进行售后跟踪服务，指导使用，并对使用前后的效果进行比较，形成良好的口碑宣传。对未购买的客户进行继续跟踪，通过一对一的沟通，消除其顾虑，促成销售。

基于上述的实施步骤，笔者认为活动传播具有如下两大优势。

优势一：变被动为主动。

在消费者看来，单纯的媒体传播和广告都是被动的接受，而公关活动，更多的是吸引目标受众主动参与，通过体验来更多地了解产品和品牌信息。所以活动营销的传播达到率更高，效果更好，更有利于企业将产品信息和品牌信息传递给目标受众，并最终达到促进销售的目的。

优势二：零距离接触消费者。

单纯的新闻传播和广告都需要载体（电视、报纸、路牌广告等）实现企业与消费者之间的对接，而活动营销则是直接与消费者沟通。

13.3 活动传播策划要素

要做一个成功的活动传播方案，牵涉到方方面面的环节，比如资源的整合、媒体以及活动环节等等，策划时要注意以下几个要素。

1. 吸引力

能不能吸引到用户的重视是活动推广策划成功与否的根本。在一个活动推广策划中，要充分吸引用户的注意力和参加，就要捕捉大多数用户都重视的点，对用户晓之以理，动之以情，激起用户的好奇心，促进用户的参与。

策划主题要可以表现用户的好奇心、荣誉感、自我价值表现、责任感、主人翁、利益等各方面的需求，还要给予恰当的精力或物质鼓励，这将会大大地增进用户的重视度以及参加认识。淘宝网曾经的美胸大赛就举办的十分成功，满足了女性的自我表现和荣誉感，也满足了男性用户的猎艳心态，所以在中国互联网上引起了极大的震动。

2. 可信度

活动策划好了之后，还需要用户的信赖，让用户认可你。特别是创业型的网站，基本上没有什么知名度，活动策划的再好，但用户都没听说过该网站，用户的认同感不强，那参加活动的人就不会很多，推广作用也就不是很大。而如何去增强活动推广的可信度呢？

对于刚起步的网站，活动推广整和有利资源，寻求有一定品牌知名度的合作伙伴，借助合作伙伴发力，这样才会更有威望性。前几年笔者有一个朋友筹建一个本地旅游网站，刚开始没有多少人气。笔者的朋友就先借用政府的名义，和当地最知名的一个自助游论坛协作，借用他们的资源搞了一个大活动，活动的效果很好，得到了当地乃至周边城市旅行爱好者的重视，然后把这些中心用户引入到自己的网站。为进一步巩固宣传力度，又搞了很多期这类活动。慢慢地网站积累了一定的旅游爱好群体，口碑也慢慢地开始散播，推广自然就水到渠成。

3. 关联度

活动推广要和网站的特点、品牌关联好，不能偏移首要的用户集体，要擅于整合关联性的事情以及关联的资源，活动推广没有关联性是十分蹩脚的策划。

比如一个 B2B 职业网站请芙蓉姐姐、胡哥之类的网络红人来炒作活动就十分不妙，B2B 职业网站的推广活动必须和其产物效能关联，可以表现其电子商务范畴专业威望的品牌形象。和企业产物、企业家、职业学者、商场事物等关联的范畴都是推广活动策划的方向。活动推广的关联度越高其推广作用也就越集中，也就更能表现网站宣扬的性价比。

4. 执行力

活动推广的作用首先取决于前期精心的策划，而推广策划的计划能不能最大化地表现推广意图，推广活动的执行力在整个推广活动中就显得十分重要。执行力首要表现在具体的任务描绘、任务流程步骤、执行人员、执行时间、突发事情的处置计划等。在活动执行的进程中若是出现问题，引起用户的不满情绪，那活动的推广作用就会打折扣，乃至对网站起到恶劣的反作用。因而有计划的执行力是整个活动推广中十分重要的因素。

13.4　活动资源估算

活动资源估算就是确定在实施项目活动时要使用何种资源（人员、设备或物资），每一种资源使用的数量，以及何时用于项目活动。资源估算预计尤为重要，一般按照如下六点进行。

1. 事业环境因素

活动资源估算过程利用事业环境因素中包含的有关基础设施资源有无或是否可利用的信息。

2. 组织过程历史

组织过程历史提供了实施组织有关活动资源估算过程所考虑的人员配备，以及物资与设备租用或购买的各种方针。根据历史组织经验，从中找出已用过的资源和方法，总结出新的东西。

3. 活动清单

详细的活动清单，可从中整体看出有哪些支出、人员、配备以及各部门的互动情况。

4. 活动属性

即活动中的某一环节要实现必须符合以下条件属性才能达到，也能是人脉关系层面的，也可能是资金层面的，进一步与活动清单结合作出总的数据依据。

5. 资源可利用情况

在估算资源类型时，要利用哪些相关资源（如人员、设备和物资）可供本项目使用的信息。对这种信息的了解包括考虑这些资源来源地的地理位置以及可利用的时间。例如，在工程设计项目的早期阶段，可供使用的资源可能包括大量的初级与高级工程师，而在同一项目的后期阶段，可供使用的资源可能仅限于因为参与过项目早期阶段而熟悉本项目的个人。

6. 项目管理计划

进度管理计划是项目管理计划中用于活动资源估算的组成部分。

在估算的过程中需要用到较多的工具和方法，这里笔者也跟读者分享一些常用的工具和技巧。

（1）专家判断

在评价本过程同资源有关的依据时，经常要求利用专家判断。任何具有资源规划与估算专门知识的集体或个人都可以提供这方面的专业知识。

（2）多方案分析

很多计划活动都可利用多种形式完成。其中包括利用各种水平的资源能力或技能、各种大小或类型的机器、各种工具（手工操作或自动化工具），以及有关资源自制或购买的决策。

（3）出版的估算数据

有许多公司定期更新并出版不同国家与各国不同地理位置资源的生产率与单价，这些数据涉及门类众多的各工种劳动力、材料与设备。

（4）项目管理软件

项目管理软件能够协助规划、组织与管理备用资源，并提出资源估算。软件的复杂程度彼此之间相差悬殊，不但可用来确定资源日历，还可以确定资源分解结构、资源的有无与多寡，以及资源单价。

（5）自下而上估算

当估算计划活动无足够把握时，则将其范围内的工作进一步分解。然后估算下层每个更具体的工作资源需要，接着将这些估算按照计划活动需要的每一种资源汇集出总量。计划活动之间可能存在也可能不存在影响资源利用的依赖关系。如果存在，资源的这种利用方式反映在计划活动的要求估计之中，并形成为文件。

13.5 大型活动传播方案

大型活动传播的方案，需要整合的点很多，下面讲述有哪些整合的方式。

1. 深度整合传播模式

以嘎纳电影节为代表的电影节拥有强大的传播班子和多样的传播载体。电影节期间播出关于影片放映、红地毯盛典、新闻发布会等各种节目；而电影节的日出版物则对每日的活动作精简的回顾；同时，电影节官方网站全年提供相关信息，节日期间更以完备的各种文字、图片和视频资讯，并有配套的每日要闻进行当日集锦。

嘎纳电影节通过电视频道、官方网站和日发行印刷品组成的立体宣传航母，主动积极地进行自身形象传播的同时优化外部渠道，Wifi 区提供各种细心周全的媒体信息服务，俱乐部给媒体一个休闲和交流的空间。这样，嘎纳电影节内外渠道的双向进攻达成深度整合的传播效果。

2. 深度服务传播模式

以柏林为代表、包括东京、圣·塞巴斯蒂安等国际电影节立足于为媒体提供全方位硬件服务和传播的软件支持，对于媒体的传播表示信任，全力为媒体作好深入细致的传播服务，素材的搜集和提供等工作。

柏林电影节媒体中心成功接待了来自 80 个国家的 3700 多个媒体从业人员，平面、网络、公关、摄影、电视、广播的媒体得到分类管理和服务。在柏林电影节，媒体中心即时发送统一详尽的日程安排和活动介绍，设置专门的采访协调办公室进行采访的协调和协助、采访召集办公室安排超过预期的采访容量，组织大量的新闻发布会给媒体与评委、电影人、电影明星的对话机会。同时，电影节专设的电视广播媒体办公室提供大量的视频音频资料、电影花絮、胶片和视频剪辑，媒体写作间保证舒适的写作场地、稳定的网络接入，公告电子屏不断更新采访机会、新信息和信息解读等等。

3. 深度议题传播模式

以多伦多电影节为代表，蒙特利尔、莫斯科等电影节也属于此类。在节日期间他们组织精英传播队伍给目标媒体量身定制高端议题并进行中低端的集中轰炸。

4. 深度控制传播模式

在奥斯卡，电影节是一种良好的体验，衣着燕尾服（现场有“燕尾服租借场”）和晚礼服的记者也成为节日形象的一部分。这种情况下，品牌合作者致力于将外部传播力量通过规范纳入自身传播体系。

组委会要求记者参加任何一项奥斯卡年度活动都需要以个人名义提交申请。亲自到新闻中心报到后，记者持护照、本国身份证或驾驶执照以及邀请函到相关人员处领取材料，然后现场拍摄数码照片并制作采访证。活动必须佩带证件，并在进入任何一个区域前，都要接受工作人员检查，通过电脑核对采访证持有者的身份和权限。记者采访间分为摄影、文字和录播三种，每个获得奥斯卡主办方批准的媒体都在属于各自的采访间内指定座位，文字记者采访间的记者严禁在采访时使用照相机或摄像机，否则工作人员将一律没收。

那么各种传播模式的区别在哪？传播思路的依据在于活动本身在其类别市场的地位和活动的取向定位，以及可获得的资源。嘎纳电影节的高调艺术定位，柏林电影节从政治体裁到国际电影沟通中心的转型，多伦多的城市艺术形象概念，奥斯卡本身已有的强大品牌优势……各种活动本身的特性决定其传播的思路和采取的模式。

从现有的国际经验和国内大型活动的具体实践看，控制模式需要强大的品牌优势和丰富的管理控制经验，整合传播模式花费的精力和成本较高。对国内一些城市来说，在资源不丰富、活动认知度不高情况下，大型活动的新闻中心的传播布局应该是深度服务模式和深度议题模式的结合。

13.6 活动传播案例

以“一汽丰田驾校活动”为案例。

活动主题：RAV4 进驾校，试乘有好礼。

活动目的：配合一汽丰田同期大型主题活动，拓展驾校渠道，展示 RAV4 完美外观和优越性能，强化品牌、产品认知，改变购买倾向，最终拉动区域销售。

活动策略：以加强品牌及产品输出为策略导向，以渠道工具的整合运用为手段，以驾校户外媒体为信息输出重点。同时，结合动态静态活动，以体验互动等内容影响其购买决策。使其改变购买倾向，最终实现媒体传播、静态展示有效结合，达到高曝光量、高到达率、高有效率的三重结合的最佳效果。

媒体形式：用户外大牌发布产品及活动信息；以桁架发布产品功能信息。

活动形式：静态展示、动态技巧活动（试乘试驾）。

活动规模：在北京、广州、深圳、杭州、成都、长春共约 20 所驾校同时进行。

覆盖人群：驾校准车主、项目覆盖人群近 16 万人，有万人直接参与试乘试驾活动。

活动排期：预热期、升温期和高潮期。

活动分类：

静态展示：RAV4 进驾校——“迷住你，爱上你”。

动态活动：RAV4 进驾校——“一切自由随心”试乘试驾。

活动效果：

（1）静态展示：因为准备充分，双方配合密切，活动始终开展得顺利，主要表现在：

- 驾校校方领导带头参观车展，教练帮忙组织及推荐学员看车。
- 场地布置标准高，礼品实用，人流量超出预计。
- 利用经销商提供的纸袋，装入各种直销单、4S 店介绍和礼品雨伞，学员主动搜取效果较好。
- 静物展示直观地加深了学员对品牌视觉的冲击力，销售人员热情耐心地讲解，一并提升了丰田的品牌效应。
- 学员及教练对 RAV4 的操控及性能有了进一步的了解。
- 收集有效学员信息较多，学员配合度较高。
- 学员购车意向明确，信息筛选更为精确。

（2）试乘试驾

本次活动的一大特点就是静态与动态活动相结合，配合试乘试驾，取得了很好的效果，主要表现在：

- 场地位置好，参展人数多，新车型吸引教练学员。
- 通过现场讲解及展示，让参与者初步了解 RAV4。
- 随机带领其完成试乘试驾，使得参与者对 RAV4 的操控性及舒适性有了更深一层的了解。
- 设置多档次奖品，抽奖环节人气很旺。

（3）活动回访

活动结束后，驾驭中国的执行团队还对北京凯百隆丰田汽车销售服务公司等单位进行专门的回访，以了解客户对本次驾校活动的满意度。客户认为：

- 驾校的环境较好，场地大，非常适合做静动态活动。
- 驾校活动配合较为密切。
- 学员参与的数量与规模达到预计水平。
- 到店量有大幅地增加，特别是 RAV4 的 A 卡客户也是提高了很多，订购量提升明显。
- 通过活动获取集客，并可根据购车计划进行分级跟踪。
- 驾校活动是十分必要的，针对性和精准性更强。

活动总结：

电通公司于 2011 年在 6 个城市约 20 所驾校为一汽丰田的 RAV4 车型设计了“RAV4 进驾校，试乘有好礼”主题活动，整体执行下来共覆盖近 16 万人，近万人直接参与试乘试驾活动，这次活动促使配合参与执行活动的 4S 店到店量大幅增加，特别是 RAV4 A 卡客户（在驾校活动中填写了资料，未来有购车意向的学员）现场收集了近 2000 份，该车型的订购量也有了明显的提升。

后续效应：

正是因为 2011 年的该项活动取得了令人满意的效果，因此，在 2012 年，电通公司带着新的课题和目标在驾校渠道再次以活动为主导，实施了重度投放，除了延续推广 2011 年的 RAV4 车型，2012 年又增加了小型车（卡罗拉和 VOIS），同时，投放的资源增至 25 个城市，64 所驾校，250 场动静态活动，从 5 月开始执行至 11 月结束，预计将覆盖 110 万人。以上都说明活动在驾校渠道整合行销中起到至关重要的作用。

第 14 章　事件营销传播策略

事件营销传播策略在 2013 年变得十分流行，很多人要出名，很大一部分靠着成功的策划、优质的软文策划推广以及合理应用公众集群效应来达到以点带面的作用。现在很多互联网公司要推广自己的产品，最为有效的推广手段还是策划一起有轰动效应的事件营销，比较典型的有凡客、京东等通过成功的运用事件营销传播的魅力，把产品推到众人面前。

一个成功的事件营销策略可以给企业节约成本，用最少的人力物力把推广做到极致，这正是每个营销人梦寐以求的。

14.1　传播策略概述

所谓的事件营销传播策略是指组织者通过一定的策划、归整、资源合理化运用，把某一具有名人效应、新闻价值的点放大，让广大的媒体、群众关注，提高产品的知名度，树立品牌形象，最终达到销售的目的。事件营销最大的好处是可以帮助节省成本，受众范围广，效果明显，可通过一个事件或一个普通的话题来传播，通过策划将话题无限放大。

事件营销把新闻效应、广告效应、公共关系、形象传播系于一体，为更好地提高品牌的知名度提供了最佳的营销手段。事件营销传播本身所运用到的知识面比较广，分别包括了经济学、企业管理学、新闻传播学、广告学、公共关系学、市场营销学。策划一起成功的事件营销推广，得灵活运用相关因素来统一筹划。事件营销传播策略有如下三大特性。

（1）无须花费，免费第一

事件营销之所以受到各大公司的青睐，一个明显的特点是独有的免费性，制定一条可免费传播的新闻，内容不加入任何利益的因素，在某个地点用特殊的方式爆料出来，立马能得到公众的共鸣，借公众的力量传播，影响力达到一定等级之后会得到知名媒体的免费报道，让免费发挥到极致。

（2）目的明确

明确事件传播目的，即最后要达到怎样的效果，这一点和广告传播有一定的相似性。还要明确应该通过何种新闻主题让接受者达到预先设定好的目的。

策划一个成功的事件营销传播需要策划人员有一定的新闻意识，即特定的新闻采用哪种新闻渠道来推，计划要更加精细化，目标要更加明确。

（3）风险性

当一个事件传播出去以后，并非都能按照策划者预期的效果，也可能会往相反的方向发展，不可控因素非常多，新闻接受者文化程度的差异，理解程度的差异，得到的效果也不一样。没有经验的事件营销策划者往往会让群众反感，从而伤害到该公司的名誉或利益。

14.2 四大关键要素

要策划一起成功的事件营销传播，可能经常会遇到挫折和困难，也许用心地策划一起公关活动，准备了数天的公关活动新闻通稿，邀请了业界比较知名的新闻记者，满怀信心地做了精彩的活动，等第二天看活动的效果后才发现，只有那么几家媒体对你的公关事件进行了报道，其他的只是轻描淡写提了一下，更加令人失望的是某些媒体并未按照你原先发布的新闻稿，只是描述了其中一个很小的细节。

一则成功的事件营销必须要具备一定的价值观。新闻价值的大小是由构成这条新闻的客观事实适应社会的某种需要的素质所决定的，其中包括四个比较重要的要素。

（1）重要性

具体内容的重要程度。判断内容重要与否的标准是看对社会产生影响的程度，通常人越多产生的新闻价值就越大。

（2）接近性

想取得较大的新闻价值的事件必须在心理、利益、地理位置和受众相接近。心理接近包括职业、年龄、性别等因素。普通人对自己的出生地、居住地和曾经给自己留下过美好记忆的地方总怀有一种特殊的依恋情感，所以在策划事件营销时必须关注到受众的接近性的特点。通常来说，事件关联的点越集中，就越能引起人们的关注。

（3）显著性

新闻中的人物、地点和事件的知名程度越著名，新闻价值就越大。国家元首、政府要员、知名人士、历史名城、度假胜地往往都是经常出新闻的地方，而且能得到大众的关注。

（4）趣味性

大多数人对新奇的、反常的、变态的、有人情味的东西比较感兴趣，有人认为，人类本身就有天生的好奇心，可以称之为新闻欲本能。事件具备的新闻要素越多，新闻价值就越大，成为众多媒体追逐的对象。

14.3　事件营销注意点

在策划事件营销传播的时候有很多偶然的因素，并非所有的新闻原材料都能呈现在电视、互联网、报纸上，呈现过程中都有其损耗性。对于一个事件营销策划者来说必须要了解这一概念，并且尽最大努力减少这种损耗。策划过程中要注意以下几种限制。

1. 新闻传播者的限制

新闻从业人员的业务能力是影响新闻价值实现的重要因素，新闻采编者的新闻敏感度、写作能力、编辑技巧、知识修养等都直接影响新闻价值的实现。但经常发生实际情况与预期相差甚大的事件策划，但记者却不能马上领会策划者的苦心，反而认为是一件平常的事件，草草了事。还有的人在采访和获取资料时遇到了一定的困难，可能就会放弃采访这个问题。在长期的发展中，公司应该和媒体保持长期的良好关系，尽可能地向记者、编辑提供绿色通道，以待发挥更大的效能。

2. 新闻法规的限制

新闻必须合法，有些事件虽然有很大的新闻价值，但却与新闻法规或政策相抵触时，就很难成为公开新闻。还有就是比较敏感的部分会被删除，在一定程度上会影响新闻价值。诸多领域存在很多限制，如政治领域、科技领域等等。

3. 新闻传播媒介的限制

新闻传播媒介的技术水平和工作质量也是影响新闻价值的直观因素，新闻编排处理不当，报纸印刷质量低劣，广播电视音像效果不佳，都可能影响受众对新闻的接受和理解。有时候新闻事件的发生是稍纵即逝的，可能摄影、摄像、记者镜头还没架好，新闻事件已经结束了，怎么办呢，主办单位可以提前做准备，比如提前安排进行记录，这些资料就可以提供给记者采用了。

4. 新闻接受者的限制

报刊读者、广播听众和电视观众的文化知识水平和接受理解能力对于事件营销的实现同样具有影响作用。读者是有思维的人，往往通过对新闻的阅读产生自己的独特联想，有时候这种联想对于事件营销的策划单位是有利的，有时则不利。

14.4 善于运用自己的优势

做事件策划营销的第一件事就是要分析企业和产品的定位，发掘一下是否具有新闻价值，比如要策划的企业或者产品能够引起大众的好奇，运作事件营销并取得成功的机会就会比别人大的多。

事件营销必须与企业形象保持一致。对于大企业来说，因为制作了一个事件成文新闻太过简单，所以在进行公关策划时往往会忽略是否符合自己的企业形象，往往会为了造新闻而造新闻。

另外，大企业必须谨小慎微，一个企业或者产品只要出名了，它总是容易吸引记者的目光，因为记者都清楚，大企业或大产品容易出新闻，容易吸引大众的眼光。

最后，选择性地向媒体透露信息，企业公关事务中很重要的一个工作就是与媒体保持良好的信息沟通。因为从新闻的角度来讲，一个大的企业，它所掌握的数字或者它所创造的数字，往往就是广大的人民群众所希望知道的，同时也具有新闻的价值。而如果一个企业能够经常性地出现在媒体上时，人们对它的信任程度也会更高，尤其是在媒体和读者都把该企业当做是某个行业的代表时更是如此。

14.5 传播的两种模式

事件营销在策划和实施中，一般都要选择两种模式：借力模式和主动模式。

1. 借力模式

借力模式指的是将组织的议题向社会热点话题靠拢，从而实现公众对热点话题的关注向组织议题的关注转变，要实现好的效果还要遵循相关性、可控性、系统性的原则。

- 相关性：指社会议题必须与组织的自身发展密切相关，也与组织的目标受众密切相关。
- 可控性：指能够在组织的可控范围内，如果不在组织的控制范围内有可能不能达到期望的效果。
- 系统性：指借助外部热点话题必须策划和实施一系列与之配套的公共关系策略，整合各种手段，实现一个结合，一个转化：外部议题与组织议题相结合，公众对外部议题的关注向组织议题关注的转化。

2. 主动模式

主动模式是指组织主动设置一些结合自身发展需要的议题，通过传播使其成为公众所关注的公共热点。设置时必须遵循以下原则：创新性、公共性及互惠性。创新性就是指组织所设置的话题必须有亮点，只有这样才能获得公众的关注，正所谓狗咬人不是新闻；人咬狗及人狗互咬才是新闻。

举一个小案例，电视机顶盒市场如今已经是各大生产厂商认准的新兴市场，通过机顶盒的配套，将互联网自由度的概念与电视完美结合起来，真正可以做到想看什么节目就看什么节目。其中笔者认为如今做的最出色的莫过于小米盒子，简单、好用而且视频品质极强。小米的成功在于，先前主动地开拓市场，让市场知道有这个东西存在，并将互联网这种便利的观看模式为主要出发点，得到广大电视迷的高度认可，满足了公共性和互惠性的特点。

14.6　独特优势

大量的事实证明，好的事件营销无论是在投入还是在知名度的提升方面，回报率都超过其他广告形式。以蒙牛对“超级女声”的投入和收益为例。2005 年蒙牛在湖南卫视超级女声投入的总资金为一亿，其中包括了蒙牛酸酸乳的冠名权，角标、比赛现场的广告牌等一切在电视上播出的内容，还有车厢和平面宣传的费用等等。蒙牛乳业副总裁孙先红认为，这个投入是物超所值的，蒙牛 2005 年前半年的销售额大大超过预期目标，1～6 月，蒙牛酸酸乳在全国的销售额比 2004 年同期增长了 2.7 倍，这个统计还不包括有 20%的销售终端出现供不应求的现象。

事件营销广告和其他传播活动相比，具有很强的渗透性。2004 年“超级女声”这一全新的娱乐节目经湖南卫视推出后，创下收视佳绩。据统计，收视率占到长沙市收视市场 35.8%的份额，占湖南省收视市场 17.1%的市场份额。据央视索福瑞媒介调查公司的数据显示，该活动在湖南卫视播出时，同时段收视率仅次于中央电视台一套节目，排名全国第二。2005 年快乐中国蒙牛酸酸乳“超级女声”开战后，广州、杭州、成都、郑州、长沙 5 个赛区，吸引了超过 15 万名选手直接参与，超过 2000 万观众的持续关注。2005 年 8 月 26 日晚是“2005 超级女声”的总决赛，央视索福瑞的调查结果显示：湖南卫视有 31.38%的收视率，也就是说，全国约有 4 亿的观众在收看该节目，是卫视有史以来当之无愧的收视率之最。

事件营销通过整合社会、企业、顾客等各种资源，创造出吸引大量媒体和顾客的新闻，借助新闻，来吸引公众的目光并引发讨论，形成口碑，起到口耳相传的广告效应，达到营销传播的目的。美国在攻击中国驻南斯拉夫大使馆后，看了

"娃哈哈"非常可乐的"喝中国人自己的可乐"广告，国人无不会增加对该产品的感情。

信息传播过剩和媒体多元化造成的信息干扰，也令很多传播大打折扣。而事件营销却能迅速抓住公众的"眼球"，提供信息传播的有效性。乳业的竞争，可能是近几年来消费品竞争中最为猛烈的。首先由"一地多品"走向"一地一品"，再由"一地一品"走向"多地多品"。而近几年领先品牌的再集中与市场格局再划分的趋势越来越明显，由此带来了乳品行业的多事之秋，多美滋的奶源事件、雀巢奶粉事件等，说明越来越白热化的价格战、渠道战、促销战使得部分企业开始透支自己的资源。摆脱同质化日益严重的泥潭，成了众多乳品企业几乎是唯一的选择。蒙牛利用超级女声这一事件很好地把自己和同质产品区分开来，提高了产品的关注度。

14.7 事件营销策划原则

网络媒体的特性，造就了企业网络事件营销的独特优势，利用网络事件营销能够使企业在品牌推广时更具有效力。但是在实际的营销运作中，为了发挥网络事件营销的巨大威力，还需要坚持一些网络事件营销的原则，才能够取得良好的效果。

网络把传播主题与受众之间的信息不平衡彻底打破，所以事件营销不是恶意炒作，首先必须做到实事求是，不弄虚作假，这是对企业网络事件营销最基本的要求。这里既包括事件策划本身要"真"，还包括由"事件"衍生的网络传播也要"真"。

群众的眼睛是雪亮的，群众的智商是不能低估的。弄虚作假的结果只能是搬起石头砸自己的脚，招致社会的口诛笔伐，严重影响企业的信誉，甚至身败名裂。2008年"联想红本女事件"就很傻很天真，严重低估了受众的智商，人为炒作的痕迹过于明显。

关于真实，随着市场竞争越来越激烈，企业的营销管理也不断走向成熟，企业在推广品牌时策划事件营销就必须走出以"私利"为中心的误区，不但要强调与公众的"互利"，更要维护社会的"公利"。自觉考虑、维护社会公众利益也应该成为现代网络事件营销工作的一个基本信念。而营销实践也证明自觉维护社会公众利益更有利于企业实现目标，反之，如果企业只是一味追求一己私利，反倒要投入更多的精力和财力去应付本来可以避免的麻烦和障碍。

所谓"完美"，就是要求网络事件策划要注重企业、组织行为的自我完善，要注意网络传播沟通的风度，要展现策划创意人员的智慧。"巧妇难为无米之炊"，良好的企业信誉是建立在良好的企业行为基础之上的，企业只有首先完善自身的行为，为公众做实事，事件的网络传播才“有米下锅”。因此，网络事件策划，必须立足于实际行动，用事实说话，才能真正让公众信服。

14.8　传播的风险性

事件营销可以说是一把双刃剑，用的好事半功倍，用的不好反被所困。事件营销传播应该以短、平、快的方式为公司带来巨大的关注度，但也可能一时之间给公司带来巨大的负面新闻，必须把握好尺度，好好斟酌。

事件营销中的三大切入点可以按可控度进行排列，从大到小分别是公益、聚焦和危机。可控度降低的同时，响应度是递增的，即风险越大，营销效果越好。根据这样的分析，我们得到如图 14-1 所示的分析图。

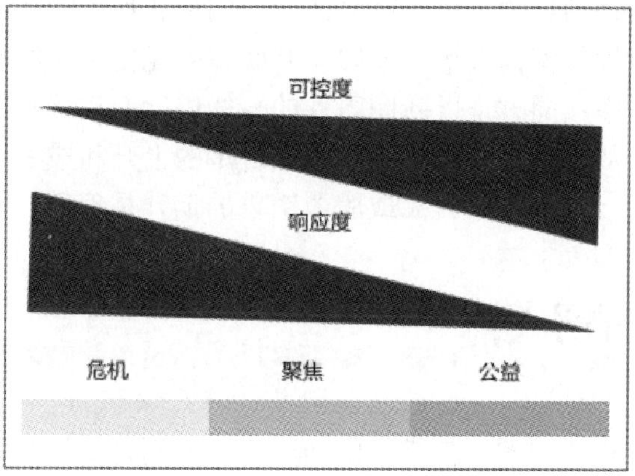

图 14-1　事件营销切入风险分析

图 14-1 中从右到左的事件中，企业可以控制的因素越来越少，事件的不确定性增加，企业所面临的风险也就越来越大。在公益事件中，企业通常占据着主动地位，几乎不存在风险。聚焦事件的主要风险在于营销活动不能与企业、产品的战略发展相融合，甚至破坏企业长远的战略形象。如很多企业在进行体育营销时仅使用单调的抽奖手段，与企业和产品形象相去甚远，结果收效甚微。危机事件最能吸引眼球，同时风险也最大。特别是处理企业自身危机时，更应该小心谨慎。企业进行危机公关时，若不能有效地控制媒体风向，极可能引起公众的质疑和反感。此时不但达不到营销效果，企业还会面临生存危机。

事件营销的利益与风险并存，我们既要学会取其利，还要知道避其害。对于风险项目，我们首先要做的是风险评估，这是进行风险控制的基础。风险评估后，根据风险等级建立相应的防范机制。事件营销展开后还要依据实际情况，不断调整和修正原先的风险评估，补充风险检测内容，并采取措施化解风险，直到整个事件结束。

无论是借助已有的事件，还是自行策划事件，事件营销自始至终围绕着同一个主题运作，敏锐地抓住公众关注的热点并进行创造性的对接，从消费者利益和社会福利的角度出发，最终实现营销的目的。在营销过程中，营销者要通过事件进行有新闻价值的传播活动，把产品、服务和创意的优秀品质传递给已有和潜在的顾客，从而建立品牌美誉度和企业良好的形象。

另外，事件营销的砝码在于能够抓住亮点、热点和记忆点，从而带动卖点。一个品牌的推广带有极强的功利性，其目的在于吸引消费者的眼球，刺激购买欲望。但这种“眼球经济”的泛滥导致的信息失真，扰乱了消费者的视线，企业只有借助第三方公正组织或权威个人，将其理念、产品与服务质量传播给目标市场，而事件营销正具有这一优势。

最后，事件营销的目的表现在产品或服务销售和形象塑造两个方面，借助一个事件进行有针对性的营销传播，能够避开媒体多元化形成的噪音干扰，从而提升企业品牌的注目率；同时，以新闻事件的方式进行的宣传和销售促进，能够避开媒体的高收费，从而获得较高的利润；注目率的上升和成本的下降，必然更有利于拓宽利润空间，由此带来产品或服务销售的上升是理所当然的。

14.9 传播的切入点

事件营销切入点非常多，最常见的两种方式分别是支持公益活动和“搭车”聚焦。

1. 支持公益活动

公益切入点是指企业通过对公益活动的支持引起人们的广泛注意，树立良好的企业形象，增强消费者对企业品牌的认知度和美誉度。随着社会的进步，人们对公益事件越来越关注，因此对公益活动的支持也越来越体现出巨大的广告价值。

2. 聚焦事件

这里的聚焦事件是指消费者广泛关注的热点事件。企业可以及时抓住聚焦事件，结合企业的传播或销售目的展开新闻“搭车”、广告投放和主题公关等一系列营销活动。随着硬性广告宣传推广公信力的不断下降，很多企业转向了公信力较强的新闻媒体，开发了包括新闻报道在内的多种形式的软性宣传推广手段。在聚焦事件里，体育事件是企业进行营销活动的一个很重要的切入点。企业可以通过发布赞助信息、联合运动员举办公益活动、利用比赛结果的未知性举办竞猜活动等各种手段制造新闻事件。由于公众对体育竞赛和运动员感兴趣，他们通常会关注参与其中的企业品牌。同时，公众对于自己支持的体育队和运动员很容易表现出比较一致的情感。企业一旦抓住这种情感并且参与其中，就很容易争取到这部分公众的支持。

最后，笔者再来探讨一下关于危机公关的一些观点。

企业处于变幻莫测的商业环境中，时刻面临着不可预知的风险。如果能够进行有效的危机公关，那么这些危机事件非但不会危害企业，反而会带来意想不到的广告效果。一般来说，企业面临的危机主要来自两个方面：社会危机和企业自身的危机。社会危机指危害社会安全和人类生存的重大突发性事件，如自然灾害、疾病等。企业自身的危机是因管理不善、同业竞争或者外界特殊事件等因素给企业带来的生存危机。据此，我们将企业的危机公关分为两种：社会危机公关和自身危机公关。

当社会发生重大危机时，企业可以通过对公益的支持来树立良好的社会形象，这一点前面已讨论过。另一方面，社会危机会给某些特定的企业带来特定的广告宣传机会。生产家庭卫生用品的威露士在“非典”期间大力宣传良好卫生习惯的重要性，逐渐改变了人们不爱使用洗手液的消费观念，一举打开了洗手液市场。在通信企业也不乏这样的案例，在数次自然灾害中，手机成为受害者向外界求助的重要工具。事后，中国移动利用这样的事件，打出了“打通一个电话，能挽回的最高价值是人的生命”的广告语，其高品质的网络更是深入人心。

管理不善、同业竞争或者外界特殊事件都有可能给企业带来生存危机。针对危机，企业必须及时采取一系列自救行动，以消除影响，恢复形象。企业在面对这类危机时，应采取诚实的态度面对媒体和公众，让公众知道真实的情况。这样才能挽回企业的信誉，将企业损失降至最低，甚至化被动为主动，借势造势进一步宣传和塑造企业形象。通过危机公关达到广告效果的案例并不鲜见，但是行业特征决定了通信企业很少会面临品牌或信誉方面的危机。尽管如此，通信企业仍应该强化危机防范意识，确保危机发生的第一时间占据主动地位，将有害的“危”转化为营销的“机”。

第 15 章　网络公关传播策略

网络公关别名又叫线上公关，主要采用互联网的手段来打造企业的形象，为现代公共关系提供新思维方式、策划以及传播媒介。能够处理好公共关系对于国家、企业、个人都具有很大的意义。

现在是互联网高速发展的时代，网络公关极为重要，发布一个新产品、立捧一名明星都离不开网络公关的角色，成功的网络公关人员可以为企业挽回损失，可以称的上是企业出色的发言人。

15.1　网络公关的诞生背景

互联网的高速发展，让线下的公关人看到了其线上的优势，网络传播与传统传播相比特质在于：个性化、互动性、信息共享化、资源无限性，由此可见网络信息传播的优势正是传统传播的弱势，网络传播可以集个人传播、组织传播、大众传播为一体。

公关业务的发展需要和网络本身特性是网络公关不同于传统公关的根本原因。在这两大原因的共同作用下，传统的公关理论已经无法胜任网络公关的指导工作。因此，网络公关必须是以传统的公关理论为基础，并从公关业与网络特征方面出发，创新并演绎新的公关观念。但网络公关仍属于公关的理论范畴，它是企业公关的创新和发展，而不是脱离公关的新领域。

15.2　网络公关的主要形式

网络公关的常见形式并不多，主要有如下三种。

1. 网络媒体新闻、网上新闻发布会

主要平台是网络门户或网络媒体，一般有以下几种类型：

- 综合性门户网站。比如搜狐、新浪、网易、TOM 等。这类媒体网站的特征是知名度高、网站各类信息比较全面、访问量大，覆盖面广。缺点是专

业性不够突出。比较适合目标客群比较广泛的企业和产品，比如手机、电脑、汽车、数码产品、快速消费品、保险等。

- 行业性门户网站或媒体。比如太平洋电脑网、中国仪器网、中国美容网等，这些媒体或门户网站锁定某一行业，具备较强的专业性，在同行业中具有较大的影响力，访问人群比较集中，比较适合专业性要求比较高的企业或产品，比如仪器仪表、医疗器械等。
- 网络出版物，比如数码杂志、电子书籍、网络音像、视频节目等，这类出版物带有明显的网络特征，娱乐性、互动性比较强、传播快速、受众面广，也是比较好的网络媒体。

2. BBS 论坛或社区、微博

主要平台是门户网站专业 BBS 论坛及专业社区网站等，有以下几种：

- 门户网站或行业门户的专业 BBS 论坛，如新浪、搜狐、天涯、QQ 等综合门户网站均开设有不同专业角度的论坛，这些论坛一般具有较集中的人气。
- 网络媒体开设的论坛。如人民网的强国社区、千龙网的千龙社区、大洋论坛等。
- 知名的微博，如果新浪微博、腾讯微博、搜狐微博等，都是必不可少的公关场所。

3. 网上公关活动

与线下的公关活动相对应，网上的公关活动主要是指企业在网络上开展或组织的企业公关活动，主要在 SNS 社区和网站论坛。

15.3　网络公关的主要趋势

在信息快速膨胀的互联网时代，网络公关的价值越来越受到公关人和企业的关注，公关人员需要更加彻底地研究市场规律，制定合理的传播策略，达到传播效果。

作为网络时代的新生事物，网络公关在抢占优势助力企业品牌建设的同时也出现了鱼龙混杂的局面，一些损害网络公关服务声誉的现象也随之出现，如发布虚假信息、恶心炒作等。网络水军正是这一公关中所催生出来的群体，凭着口口相传的传播，迅速实现策划好的传播话语，随之变成事实，因为效果明显，很快成为网络公关最常用的手段之一。

网络公关发展到今天，已经成为各大企业发布新产品的重要推广手段，进行一系列的公关行为，在产品还没有开卖就已经被消费者所关注，能节省不少推广费用。

眼下网络公关公司越来越多，正因为网络公关越来越受到企业的关注，随之也正在改变传统的公关的形式，在未来有如下三大趋势。

（1）稳步增长趋势

随着互联网的发展，企业被推到了风口浪尖，网络力量的逐渐增大，互联网的高速发展，使信息传播的速度加快，导致越来越多的企业运用网络公关开展网络营销。

（2）网络公关的双面性趋势

网络公关开展不正当的商业竞争应该得到合理的控制，网络公关是把双刃剑，任何事物都具有两面性，这也是互联网发展的必然趋势。网络公关基于互联网，为现代公共关系提供了一种新的发展平台，它在促进企业发展、加强企业与消费者与社会的沟通方面有着显著的作用，企业运用得当，则能够有效地实现传播企业信息、品牌、增加企业用户黏性等目标，反之，则会自戕。对于发展中的国内企业网络公关，目前秩序混乱确实存在，但要以发展的眼光看待网络公关，然后再遵循商业原则的基础。

（3）政府把控性趋势

随着互联网的不断高速发展，政府肯定会对网络进行宏观调控，这样才能够把握网络的发展。

互联网网络公关越发重要，网络营销大战越演越烈。笔者认为，一般传统企业，介入互联网，主要有两个目的，一个是进行网络营销，达到通过网络直接促进销售的目的，另外一些有品牌意识的企业主要是想通过网络传媒，达到公关宣传的目的。

传统的作法是建一个网站，进行一些 SEO 优化和网络推广。这个模式适合一些较大的公司自主做一些宣传，宣传一些公司新闻和大事，这种情况对普通的小企业小网站来说，如果不做推广宣传，意义不大；网站在这里起到了一个窗口的作用。

更多有品牌意识的企业，早就是网络广告和网络公关并举，在企业形象、产品宣传、新品推介等方面，利用网络媒介的传播作用，达到了很好的公关效果。

15.4 网络公关的四大特性

网络公关具有如下四大特性。

1. 意外性

在网络环境下，时间和空间范围得到了最大程度的延伸和扩展。危机的源头无处不在，危机爆发的具体时间、实际规模、具体态势和影响深度，都是始料未及的。

2. 聚焦性

进入 3G 移动互联时代后，危机的信息传播比危机本身发展要快得多。媒体对危机来说，就像大火借了东风一样。

3. 破坏性

由于危机随时会来，无论什么性质和规模的危机，都必然不同程度地给企业造成破坏，造成混乱和恐慌，而且由于决策的时间以及信息有限，往往会导致决策失误，从而带来不可估量的损失。

4. 紧迫性

对企业来说，危机一旦爆发，其破坏性的能量就会被迅速释放，并呈快速蔓延之势，如果不能及时控制，危机会急剧恶化，使企业遭受更大损失。

15.5 网络公关关键点运用

网络公关在实施的过程中有一定的技巧可遵循，并不是毫无目的地来实施。以下几点需要重要了解。

1. 为何传播

传播的目的无非两种。一是品牌层面，提升品牌的知名度与美誉度，塑造良好的品牌形象；二是产品层面，突出产品优势，促进产品销售。不同的传播目的决定着不同的传播策略。

2. 向谁传播

网络媒体的双向互动性，使公关的对象更加明确、具体、细化。我们必须清楚自己的传播对象，研究自己的传播对象，这样才能有的放矢，投其所好。

3. 传播什么

“病毒式网络营销”是通过口碑宣传网络，信息像病毒一样扩散，快速“感染”目标受众，使受众在不知不觉的状态下中招。能否抓住传播的核心点，能否制造出引起公众的关注与共鸣的、像 H1N1 流感病毒一样易于复制与传播的“病毒话题”才是关键。从心理学上看，人们只会关心和自己有关的信息，在网络上迅速、广泛传播的信息，都是围绕公共话题或娱乐话题进行的。那么可以把个体的话题演绎成行业的话题，由行业的话题演绎成社会的话题，由社会的话题演绎成热点话题。

4. 用什么样的媒体进行传播

我们传播对象的网络习惯是什么？是阅读新闻，是网络游戏，还是即时通讯？主要是上哪些网站浏览，上哪些论坛灌水？只有了解清楚他们在网络上的行为特征，才能决定最终网络公关的实施策略，把钱花在刀口上。

5. 能否在最短时间内获取舆情反馈

星星之火，可以燎原。在网络时代，任何一点火星，都有可能引爆一个事件。这就要求我们建立360度无缝不间断的监测体系，使我们能够在第一时间获得全面的舆情反馈。

6. 能否做好网络危机公关

能否进行有效的网络舆论管理、如何迅速处理网络危机、清除不利舆论、遏制负面新闻蔓延、捍卫企业形象，这些都是网络公关的关键。

15.6 危机公关处理

网络危机公关机构星之传媒表示，接触过很多的网络营销案例，接触过很多所谓的SEO人士，接触过很多危机公关，然后才猛地发现，道德和诚信体系或许才是我们真正需要的。

一个企业家身上应该流着道德的血液。只有把看得见的企业技术、产品和管理，以及背后引导他们并受他们影响的理念、道德和责任，二者加在一起才能构成经济和企业的DNA。

结合国内以前的网络公关案例，有人错误地以为危机公关是：决不道歉、迅速找替罪羊、封媒体口、搞定上层，大事化小，小事化了。

真正的危机公关，不是要掩盖事实、逃避责任、封杀舆论、追求短时的平安，而是要承认危机并主动采取对策，加强与公众的直接沟通，做有道德、负责任的企业，以最大的诚信和努力来解决事情，以期获得目标消费者的重新认可，化危机为机遇，进而获得目标用户更大的忠诚。

15.7　危机公关 5S 原则

当企业发生负面影响的时候，公司的公关部门应该立即启动危机公关来处理。危机公关是否能处理得当关系到一个公司的信誉和形象问题，危机公关一般是遵循以下原则。

1. 承担责任原则

危机发生后，公众会关心两方面的问题：一方面是利益的问题，利益是公众关注的焦点，因此无论谁是谁非，企业应该承担责任。即使受害者在事故发生中有一定责任，企业也不应首先追究其责任，否则会各执己见，加深矛盾，引起公众的反感，不利于问题的解决。另一方面是感情问题，公众很在意企业是否在意自己的感受，因此企业应该站在受害者的立场上表示同情和安慰，并通过新闻媒体公开向公众致歉，解决深层次的心理、情感关系问题，从而赢得公众的理解和信任。

实际上，公众和媒体往往在心目中已经有了一杆秤，对企业有了心理上的预期，即企业应该怎样处理，公众才会感到满意。因此企业绝对不能选择对抗，态度至关重要。

2. 真诚沟通原则

企业处于危机漩涡中时，是公众和媒介的焦点。企业的一举一动都将接受质疑，因此千万不要有侥幸心理，企图蒙混过关。应该主动与新闻媒介联系，尽快与公众沟通，说明事实真相，促使双方互相理解，消除疑虑与不安。

真诚沟通是处理危机的基本原则之一。这里的真诚指“三诚”，即诚意、诚恳、诚实。如果做到了这“三诚”，则一切问题都可迎刃而解。

- 诚意。在事件发生后的第一时间，公司的高层应向公众说明情况，并致以歉意，从而体现企业勇于承担责任、对消费者负责的企业文化，赢得消费者的同情和理解。
- 诚恳。一切以消费者的利益为重，不回避问题和错误，及时与媒体和公众沟通，向消费者说明消费者的进展情况，重拾消费者的信任和尊重。
- 诚实。诚实是危机处理最关键也最有效的解决办法。我们会原谅一个人的错误，但不会原谅一个人说谎。

3. 速度第一原则

好事不出门，坏事行千里。在危机出现的最初 12～24 小时内，消息会像病毒一样，以裂变的方式高速传播。而这时候，可靠的消息往往不多，社会上充斥着谣言和猜测。公司的一举一动将是外界评判公司如何处理这次危机的主要根据。媒体、公众及政府都密切注视公司发出的第一份声明。对于公司在处理危机方面的做法和立场，舆论赞成与否往往都会立刻见于传媒报道。

因此，公司必须当机立断，快速反应，果断行动，与媒体和公众进行沟通。从而迅速控制事态，否则会扩大突发危机的范围，甚至可能失去对全局的控制。危机发生后，能否首先控制住事态，使其不扩大、不升级、不蔓延，是处理危机的关键。

4. 系统运行原则

在逃避一种危险时，不要忽视另一种危险。在进行危机管理时必须系统运作，绝不可顾此失彼。只有这样才能透过表面现象看本质，创造性地解决问题，化害为利。

危机的系统运作主要是做好以下几点：

- 以冷对热、以静制动：危机会使人处于焦躁或恐惧之中。所以企业高层应以“冷”对“热”、以“静”制“动”，镇定自若，以减轻企业员工的心理压力。
- 统一观点，稳住阵脚：在企业内部迅速统一观点，对危机有清醒认识，从而稳住阵脚，万众一心，同仇敌忾。
- 组建班子，专项负责：一般情况下，危机公关小组的组成由企业的公关部成员和企业涉及危机的高层领导直接组成。这样，一方面是高效率的保证，另一方面是对外口径一致的保证，使公众对企业处理危机的诚意感到可以信赖。
- 果断决策，迅速实施：由于危机瞬息万变，在危机决策时效性要求和信息匮乏条件下，任何模糊的决策都会产生严重的后果。所以必须最大限度地集中决策使用资源，迅速做出决策，系统部署，付诸实施。
- 合纵连横，借助外力：当危机来临，应充分和政府部门、行业协会、同行企业及新闻媒体充分配合，联手对付危机，在众人拾柴火焰高的同时，增强公信力、影响力。
- 循序渐进，标本兼治：要真正彻底地消除危机，需要在控制事态后，及时准确地找到危机的症结，对症下药，谋求治“本”。如果仅仅停留在治标阶段，就会前功尽弃，甚至引发新的危机。

5. 权威证实原则

自己称赞自己是没用的，没有权威的认可只会徒留笑柄，在危机发生后，企业不要自己整天拿着高音喇叭叫冤，而要曲线救国，请重量级的第三者在前台说话，使消费者解除对自己的警戒心理，重获他们的信任。

15.8　危机公关沟通原则

在企业面对危机时，公共关系沟通建议遵循如下规则：

1. 弄清问题、设定目标

最重要的是弄清真正的问题所在，并设定可实现的目标。比如解决产品受到污染的问题，设定产品/工艺改良及再推入市场的可行目标。在头几个小时迅速行动、展示领导能力、作出回应。公司在头几小时需果断地行动，不单在运作上，在沟通层面亦然。只有在早期通过有力和主动的沟通，公司才有机会先于其他人阐明危机的实况。

2. 从消费者角度看、抱坦诚和开放态度

在危机中，公司很多时候对外界意见不甚理解，以为外部公众都像自己一样了解公司的内部流程。然而，公司之外的事实常常不同于公司之内的事实——而公司之外的事实，或者说消费者的意见或公众意见往往是舆论的主宰。因此，在做出决策时，务必正视外界信息和数据，并持开放的态度去看待公众舆论（即使不正确）。

3. 统一管理信息的流入和流出

公司如何管理从各种不同渠道流入的、即时的信息，与决策的质量和作出回应时间密切相关。同样的，公司应只授权一位可信赖、掌握所有资料和得到机构全面支持的人士代表公司发言。这位人士应在公司居要职，但不一定是董事长本人。更重要的是，他/她应具备良好的沟通能力，特别是在需表示关注和同情的时候。

在危机发生后的最初几小时作出乐观的评估，可能会削弱公司的信誉度，而这正是公司身陷危机时的唯一最宝贵的资产。公司必须假定情况有可能转坏，并避免刻意陈述事情的程度或极限。与此同时，采取补救和防止情况进一步恶化的行动以展示管理层的领导能力。

4. 组织一支高层专职回应小组

专职小组需制定一套回应战略，必须拥有授权或权力以指导战略的执行，包括作出可尽快达成一致和获得支持的有关基本业务战略的决定。向主要受众和有

关各方（不仅是媒体）发出的所有信息内容必须简洁并保持一致。受众可包括受害人、家属、政府、行业监管机关、顾客、投资者、雇员及其他人士。

5. 利用所有沟通渠道和可用工具

除了传媒，利用一切能够有效并及时地把信息传达给各受众的渠道，比如广告、互联网、设立电话热线或咨询中心等。

15.9 网络公关的人员管理

网络公关中的每一阶段都非常的重要，尤其是人员方面更加重要。公网公关方案再好，还是要靠人来操作，所以人员的素质和人员的配备都至关重要。

1. 公私分明

公关人员使用网络时应有明确目的，因公上网必须公私分明，不可利用工作之便为个人利益服务。许多人上班就开始上网，或收发电子邮件，或网上聊天，或玩网络游戏等等。其绝大多数内容都与公务无关，致使许多重要事情被耽误。可见，工作时间利用网络做任何与工作无关的事情，不仅极大地浪费了国家财产，而且使公用电脑和网络无法在实际工作中发挥应有的作用，而组织成员因迷恋于网上的“私人作业”往往会大大降低工作效率。

2. 控制时间

公关人员利用网络执行组织公务时一定要严格控制和掌握上网时间，做到择时而用，适度而用。

在适时上网的同时，还应当注意把握适度上网的原则，严格控制上网时间的长短。

3. 规范上网

公关人员在使用网络过程中，必须对网上漫游的一系列规则有充分的认识，并加以严格遵守，才能正确、有效地使用网络，及时、妥善地处理好组织与公众的关系。

首先，严格遵守网络使用操作的具体步骤、程序、方法等。例如，在消息板块上撰写内容时，应遵照普通信件或公文所用的格式或规则。邮件正文要简洁，不可长篇大论，以便收件人阅读。用语要礼貌，以示对收件人的尊重。应当及时回复公务邮件。不可有所怠慢，使发件人免于担心邮件是否安全抵达，并确保及时交流信息、联系工作。一般应在收到邮件后的当天予以回复。若涉及较难处理的问题，则可先告诉发件人已收到邮件，再择时另发一邮件予以正式回复。由于这类规范涉及到“必须怎样”一类的网络“法律”问题，如若不然，就无法正常使用网络。

其次，严格遵守网络使用的道德规范。例如，在撰写电子邮件时，切不可全部采用大写字母，否则就像是发件人对收件人盛气凌人的高声叫喊，为网民所不齿。在网上与人交流时，应当确保用语文明、规范，不使用攻击性、侮辱性话语。作为公关人员，为维护自身形象，维护组织形象，必须言语有度。不可以组织名义在网上任意发表个人的看法，尤其不能泄露组织机密。网络道德规则虽然不具有强制性的约束力，但仍然要求人们对这些涉及到“应该怎样”的规范予以严格地遵守。对组织及其成员来说，对这些“道德性”规则的遵守等，将有助于自身形象的维护。

15.10　网络公关恶意营销

恶意营销现象在网络成为人们生活的一部分之前就已经存在，企业借助传统媒体进行的虚假宣传、发布软文等都属于恶意营销。在报刊媒体上经常可见到游走在新闻与广告之间的软文，如《烟台商业地产演绎战国风云》、《围棋大师聂卫平的法宝：氧立得》等。同时，对于企业的虚假宣传，由于信息透明度不够，公众很容易把企业发布的虚假新闻认为是真的报道。随着互联网的兴起，在网络监管缺失的情况下，网络恶意营销迅速成长起来。

市场畸形需求和营销行业恶性竞争促成了网络推手的异化。市场的畸形需求是网络恶意营销滋生的土壤。任何新事物或现象都是为满足某种需求而产生的。一般而言，企业之间的竞争会从寻求双方产品和企业文化的差异入手，然后通过正当合法渠道提升自己的竞争力。但是这种方法投入成本太大、持续时间太长、管理要求太高，一些企业出于以最快速度、最低成本获得最大利益的目的，开始寻找新的途径使自己在竞争中获胜。而巧借悠悠众口诋毁对手，是抬高自己的最经济、最省事和最立竿见影的办法，于是网络恶意营销就在这种市场畸形需求的呼吁下诞生。而企业在应对这种畸形需求过程中所采取的违背商业道德的行为，其根源就在于企业伦理的缺失和价值观的迷失，忽略了竞争中的共赢和企业文化的建设。

与此同时，营销行业内的激烈竞争加速了网络恶意营销的成长。因为有利可图，网络推手市场日趋饱和，据了解，全国从事网络营销的网络推手规模已达数百万人，行业内的激烈竞争使得部分以策划、跟帖为主的推手开始寻求更广阔的发展空间，打手、擦手应运而生。有从业人员曾表示“有些网络推手为了维系客户，突破道德底线，在一些博客、论坛上，口无遮拦地谩骂竞争对手”，有的甚至“一手发负面新闻，一手删帖子，两边都吃”。

网络推手利用网民“闹剧”心理、猎奇心理等开展网络恶意营销。网民“闹剧”心理，实质是抱着对自己的言行后果不负责任的放任态度，用不实的资料制造“轰动效应”，以达到戏弄别人、满足自己某种需要的心理；猎奇心理，是指对未知事物怀有强烈的了解欲望，以达到寻求刺激目的的心态；减压宣泄心理，现实生活的高速度、快节奏和残酷的竞争使人压力增大很容易变得心理压抑，当压抑积累到一定程度时就迫切需要一个宣泄的途径，网络正好作为人们宣泄的平台，在这里，人们可以暂时忘掉自我，或哭或笑或骂；跟风从众心理，是指个人受到外界人群行为的影响，而在自己的知觉、判断、认识上表现出符合公众舆论或多数人的行为方式。

网民的这些心理正好成为网络恶意营销诞生的催化剂。“网络公关公司”从业人员在分析网民心理后会利用网民的“闹剧”心理、猎奇心理来制造能吸引网民注意的话题，然后利用跟风从众心理和宣泄心理，引导网民的讨论，从而实现自己的网络炒作。

网络传播的即时性和低成本，为网络恶意营销的迅速成长提供了可能。受报纸杂志版面空间和广播电视时间段的限制，传统媒体往往不能充分满足企业大篇幅、长时间宣传报道的需求，而且传统媒体的报道时间相对比较滞后，受众反馈意见也很难迅速到达企业。而互联网具有传统媒体所无法匹敌的互动性，在网络上，一呼百应不再是问题，传者与受者、传者与传者、受者与受者之间的交流互动得到极大的展现，加强了网络传播的反馈机制，这无疑给网络推手发帖后组织“网络水军”跟帖讨论甚至攻击谩骂、操控舆论提供了温床。互联网的匿名性又给他们肆意发帖提供了保障，减轻了在传统媒体中可能面临的被告诽谤、侵权、假造舆情的担忧。互联网的时效性满足了一些缺乏长期科学的公关规划的企业的需求，出于利益最大化的考虑，他们指望通过短时间的行为来获得收益，于是网络恶意营销得以推动。此外，网络传播从某种程度上来说基本实现了无成本的全球传播，这种低成本性降低了网络恶意营销诞生的门槛，不断推动着它的成长和异化。

把关人作用的弱化导致信息传播失真。网络恶意营销体现了网络传播中把关人把关的失误。把关人理论是由美国社会心理学家、传播学的奠基人之一库尔特·卢因提出的，该理论强调大众传媒的报道不是也不能有闻必录，而必须有一个选择和取舍的过程。

传统媒体中的把关人主要是媒介组织，在网络环境下，把关人作用被大大地削弱了，普通网民承担了一部分把关责任，发帖与转帖行为其实就是他们自己对于信息的过滤与把关，经过这种把关，一定程度上可以形成舆论的热点。网络恶意营销中的把关失误主要表现在：

- 作为普通网民的网络打手缺乏专业知识理论，任意发表虚假言论和攻击性言论；
- 主持网络论坛的版主即网络论坛的管理人员降低门槛让非理性言论出现在论坛上；
- 某些论坛版主、网站编辑与“网络公关公司”合作删除正当言论；

把关人在把关时必须考虑到传播信息自身的因素，即必须判断信息是否具有传播的必要性，是否符合社会道德准则，虚假言论和违反社会道德准则的信息都不属于传播内容之列。此外，传播者个人的世界观、价值观和个性特征是影响把关的重要因素之一，网络打手对目标对象的攻击谩骂是传播者素质低下的表现。这些把关失误正是从业人员和传播者严重的行为示范。

第 16 章 互动式营销传播策略

互动营销在近几年的营销手段中尤为重要，该营销把企业和用户的距离拉的更近，更好地让用户了解企业的文化以及各方面的动态。进一步的找到巧妙的沟通方法把用户仅仅的摔在一起。

互动营销对企业来说节省了很多推广成本，培养一个新客户的成本维护老客户的三倍之多。

16.1 互动营销概述

所谓互动，就是双方互相动起来。在互动营销中，互动的双方一方是消费者，一方是企业。只有抓住共同利益点，找到巧妙的沟通时机和方法才能将双方紧密地结合起来。互动营销尤其强调，双方都采取一种共同的行为。互动营销是指企业在营销过程中充分利用消费者地意见和建议，用于产品的规划和设计，为企业的市场运作服务。企业的目的就是尽可能生产消费者需求的产品，但企业只有与消费者进行充分的沟通和理解，才会有真正适销对路的商品。互动营销的实质就是充分考虑消费者的实际需求，切实实现商品的实用性。互动营销能够促进相互学习、相互启发、彼此改进，尤其是通过“换位思考”会带来全新的观察问题的视角。

网络互动营销是指通过网络平台进行企业与用户之间的互动，以此提升企业公众关系的一种营销模式。目前从事该类互动营销的专业机构有：1024 互动营销公司、明博互动营销机构、口碑互动等，另外很多知名公关公司如蓝标、奥思、普纳、丰生等也相继涉及互动营销领域。

16.2 互动营销表现方式及特点

互动营销主要有付费搜索广告、手机短信营销、广告网络营销、博客广告和电子邮件营销等形式，主要借助互联网技术实现营销人员和目标客户之间的互动。

互动营销是精准营销模式的核心组成部分，是实现和客户互动的主要手段之一，互动营销强调和客户良性互动。精准营销的互动营销采取各种有效互动形式，紧紧抓住消费者心理，在顾客心中建立鲜活的品牌形象，

16.2.1　互动营销特点

互动营销有如下五个特点。

互动性，互动营销主要强调的是商家和客户之间的互动。一般都是先完成前期的策划，然后针对某一话题，网络营销公司的幕后推手开始引导，接着网友就开始参与其中，这是比较常规的互动。

舆论性，互动营销主要是通过网民之间的回帖活动，间接或直接对某个产品产生正面的或者负面的评价。

眼球性，互动营销主要就是吸引网民的眼球，如果一起互动营销事件不能吸引眼球，那么这起互动营销事件无疑是失败的。互联网本身就是眼球经济，如果没有网友的关注，就谈不上互动。

热点性，互动营销有两种事件模式，一种是借助热点事件来炒作，另一种是自己制造事件来炒作，自己借助事件，基本上也是通过反面事件的形式来制造事件，因为网络营销公司要想把事件炒作好，引起网民的关注，那么无疑需要抓住网民内心的需求，也就是网民上网喜欢做的事情，或者他们对什么事情比较感兴趣。

营销性，互动营销一般都是为了达到某种营销目的而做的事件炒作和互动。一般都是网络营销公司借助互动营销来帮助客户传达企业的品牌或者促进产品的销售。

16.2.2　精准的互动营销

精准的互动营销通过营销测试系统及大型个性数据库对消费者的消费行为进行精准衡量和分析，实施精准定位。目的是更好地满足客户的个性化需求、为客户提供个性化服务的同时，树立起企业产品和服务在顾客心目中的良好形象，强化顾客的品牌意识，为企业培养和建立稳定的忠实顾客群，从而达到一对一传播沟通的终极目标，即由企业与消费者之间的沟通转化为消费者之间的沟通，从而实现消费者的口碑传播和无限客户增殖；“一传十，十传百”形成裂变式客户增殖效果，使企业低成本扩张成为可能。

精准的互动营销借助呼叫中心等一对一沟通平台实现日常沟通，同时也借鉴传统的路演、促销活动、会议营销等互动活动与精准定位的目标受众进行互动沟通与交流。

互动意味着更加精准，它包括个性化和持续性，广告的 N 次传播会引起病毒式的扩散。一个公司要想长久地生存下去，需要有长远的精准目标定位，须摆脱借势赚短暂的钱，通常情况下会扰乱自己所定下的目标。而只有建立起一个健康的产业链，才能对移动广告“平台”公司的长远发展有利。知名巧克力品牌 M&M’s 围绕着年轻群体钟爱的电影策划开发的一次“M&M’s 邀你呼朋唤友看大片”活动，

通过短信彩信、Wap 等移动营销手段的整合推广，在年轻人中间迅速得到积极响应，将 M&M's 的“快乐、分享、美味”的品牌精神和品牌个性，精准生动地传达给了充满活力、且具有数字生活新主张的年轻人群。

16.3 互动营销的基本要素

实施互动营销，首先就是要访问者参与其中，互动营销是要访问者很方便地参与其互动营销的基本要素中，而不是要经过复杂的过程才能参与其中，否则访问者参与互动的机率就会小很多，人是有惰性的，特别是网民，其惰性更大，参与互动比较复杂，就会点点鼠标离开，不会参与其中。比如申请试用产品、参与调查等，应该要便捷，申请表格应该简单明了，不涉及隐私等。如果对 IBM 的网站有研究，便会发现其互动营销非常便于访问者参与，对于需要填的表格也很简单，大大方便了访问者的参与。在互动营销领域，IBM 应该是做得比较好的。微软的互动营销也做得不错。

其次，互动营销需要对访问者产生一定的好处，比如网络调查可以进行有奖调查、产品的免费试用。想要访问者参与互动营销，对访问者必须要有利益的驱动，对访问者没有产生一定的利益驱动（或必须需要某种产品和服务），其参与的机率也会大为降低，因为毕竟无聊的人是占少数。比如正望咨询的搜索引擎调查中，以前是发邮邀请参与每一季度的搜索引擎广告投放调查，现在变成有奖调查，参与的积极性大大提高！

第三点是访问者的用户体验要好，互动营销更注重其用户体验，如果其用户体验不好，是不可能成为企业的潜在客户或准客户，这就与互动营销的目的相违了。如果企业免费提供免费试用产品，那这个产品的用户体验要好，产品质量要过硬，并在使用过程中不断对其使用情况进行跟踪以及服务（虽然是免费的，也一样要提供服务）。就好像 google 的 adwords 广告，如果 adwords 用户体验不好，进行了关键词投放不产生效果，我想超 80%以上的用户都不会续费再进行广告投放，可见，互动营销用户体验要好才可能获得成功！

随着网络营销的不断发展，其互动营销也将会出现更多的创新方式，更深层次渗透到企业的网络营销当中去，互动营销也将会有越来越多的企业来实施。但互动营销的三个基础要素一定要遵循，否则很有可能造成互动营销的失败！

16.4 互动营销组成部分

目标客户的精准定位，能够有效地通过客户信息的分析，根据客户的消费需求与消费倾向，应用客户分群与客户分析技术，识别业务营销的目标客户，并且能够为合理的匹配客户以适合的产品提供支撑。

完备的客户信息数据，在强大数据库基础上能够把与客户接触信息历史进行有效地整合，并且基于客户反馈及客户接触的特征，为增强和完善客户接触记录提供建议，为新产品开发和新产品营销提供准确的信息。

促进客户的重复购买，通过客户的消费行为，结合预测模型技术，有效地识别出潜在的营销机会，为促进客户重复购买的营销业务推广提供有价值的建议。

有效的支撑关联销售，通过客户消费特征分析与消费倾向分析，产品组合分析，有效地为进行关联产品销售和客户价值提升提供主动营销建议。

建立长期的客户忠诚，结合客户价值管理，整合客户接触策略与计划，为建立长期的客户忠诚提供信息支撑，同时能够有效地支撑客户维系营销活动的执行与管理。

能实现顾客利益的最大化。实现顾客利益最大化，需要稳定、可靠、性价比高的产品、便捷快速的物流系统支持以及长期稳定的服务实现对顾客心灵的感化和关怀。顾客权益的最大化是互动营销设计的核心理念，欺骗、虚假等手段只能使企业的互动营销走向灭亡。

一个企业要想发展，需要互动营销。将互动营销作为企业营销战略的重要组成部分来考虑，将是未来许多企业所要发展的方向。

16.5　互动营销的方法

品牌推广营销要创新，而创新思维意味着无限可能！于是，便有了体验营销、社区营销，博客营销，病毒营销和数据库营销。这些创新营销模式统称为网络营销或互动营销，让互联网对品牌的价值最大程度地体现于有效、高效和互动。

互联网所形成的网络有很多可以让商家直接与消费者对接的体验接触点。这种对接主要体现在：浏览体验、感官体验、交互体验、信任体验。通过上述这些体验活动给了消费者充分的想象空间，最大限度地提升了用户参与和分享的兴趣，提高了消费者对品牌的认同。

1. 网聚“同质”的社区营销

互联网以社区为基层活动场所。网友大都参加不同社区，且参与程度高、互动性强、主题特定、具有心理归属感的网络社区便于企业向用户传达品牌信息，尤其是通过用户间口碑传播的力量使品牌传播效果已不仅仅是单个的累加，而是几何级数的增长。市场调查显示：77%的在线购物者会参考其他用户所写的产品评价，而这些人往往对网站拥有更高的忠诚度；超过90%的大公司相信，用户推荐在影响用户是否购买的决定性因素中是非常重要的。

2. 思想交流的博客营销

博客是电子商务时代的新产物，现代人写博客成为一种时尚，名人写、草根写、官员写、个体写、社团写、企业写。于是，企业博客便成为企业营销手段之一，博客营销需要解决的是各种客户问题，因此，博客营销的特点就是思想、情感的交流，关键在于具有良好的说服力，也就是要有强烈的公关意识。具体而言，五种意识必须贯穿博客营销的始终，这就是：形象意识、传播意识、服务意识、共存意识和竞争意识。通过与博友交流互动，表达明确的效益诉求，以达到品牌推广，产品营销的目的，这就是博客营销。

3. 从点到面的病毒式营销

通过制作一个有趣的图解，引起人们饶有兴趣地去研究，使得图解在网络上迅速流传开来，让很多人看后当即就有亲身实验的冲动！这就是所谓的“病毒式网络营销”，病毒营销成功的条件包括有吸引力的病源体、几何倍数的传播速度、高效率的接收，因此在运作时须把握以下几点：首先是提供有价值、有创意、公共性话题的品牌信息；其次是寻找方便的品牌传播渠道；最后则是瞄准易感人群，选择有效的品牌信息传播平台。

4. 全面撒网的数据库营销

通过专业网络数据库挖掘技术，精选出一个数目，使回应率提升，正是网络为数据库营销插上了一双“网络的翅膀”。主要表现在信息收集方便、网络互动性强、改善消费者关系。

16.6 互动营销的模式及互动方法

16.6.1 互动营销模式

互动营销的模式读者或多或少都应该有一些了解，比如我们常见的会议营销，下面讲述一些常见的互动模式。

1. 会议营销

很多人都说会议营销是截流终端客户最好的办法，事实上不无道理，还没等客户走到终端，会议营销企业的促销员就把他们邀请到了会场上，促使他们一次购买半年、一年的量。在终端促销员自然就等不到客户了，并且在终端客户一般只购一两个月的用量（价值二三百元），所以传统营销越来越不好做，客户越来越少。再有传统营销体系需要庞大的资金支持和维护，尤其是中小企业，没有实力做广告很难做起来，如果在启动时策划跟不上，那就更惨了，终端就是不出货，由此看出传统营销投资大，风险大，一般没有实力的企业玩不起。会议营销则不然，它投资小见效快，风险也少，如果投资大了，效益就更大了。现在直销受到严格限制，一直少数人的游戏；在广告渠道效果下滑，创新乏力的大环境下，会议营销一度被寄予厚望，但由于进入门槛低、跟风者众、不规范、欺诈行为猖獗，再加上执法部门的严厉打击，传统的会议营销正走向消亡。

2. 路演

路演译自英文 Road Show，是国际上广泛采用的证券发行推广方式，指证券发行商发行证券前针对机构投资者的推介活动。活动中，公司向投资者就公司的业绩、产品、发展方向等作详细介绍，充分阐述上市公司的投资价值，让准投资者们深入了解具体情况，并回答机构投资者关心的问题。路演的目的是促进投资者与股票发行人之间的沟通和交流，以保证股票的顺利发行。在海外股票市场，股票发行人和承销商要根据路演的情况来决定发行量、发行价和发行时机。众所周知，搜狐在纳斯达克发行股票时，就是根据当时情况，将发行价进行调整后才得以顺利发行的；还有中国联通在香港招股时，则是早期定价比较保守，后来又根据路演情况调高了招股价。

当然，也有路演失败的案例，比如中海油的海外融资，在路演过程中投资者对公司反应冷淡，公司虽然宣布缩减规模并降低招股价，市场仍然没有起色，加上有关部门的意见分歧，招股计划只好放弃，转而等待下一个机会。所以，从路演的效果往往能够看到股票发行的成败。路演在中国刚一出现，不仅得到了上市公司、券商、投资者的关注和青睐，也引来了其他企业的广泛关注和浓厚兴趣，并效仿证券业的路演方式来宣传推广企业的产品，形成时下盛行的企业“路演”。企业路演的概念和内涵已改变和延伸，成为包括产品发布会、产品展示、产品试用、优惠热卖、现场咨询、填表抽奖、礼品派送、有奖问答、文艺表演、游戏比赛等多项内容的现场活动。

3. 终端促销

在传统营销中，促销活动是产品营销的重要环节，主要为终端的销售工作起到推动作用。在传统促销中，也强调突出产品的品牌形象、个性化、鲜明化。但是在策略制定、活动设计，以及活动的进行，对于个性化满足的不够充分，更多强调产品功效，每每在情感化传播的一环总是差强人意。

4. 网络营销

新型的网络营销也是一种互动模式，而且其成本较低，网络营销存在一种高效率的互动关系，顾客选互动营销确定自己感兴趣的产品，产生购买行为。

传统广告的弊端在于它是单向的，无法收集消费者的意见和信息，不清楚消费者的反馈及心中所想。通过网络营销的互动，可以更好地了解消费者心中所想，便于企业掌握所需要的消费者信息。

最初的网络营销主要是通过点击来完成。它首先是发布广告，如果顾客点击了广告，就意味着用户对广告感兴趣。但是这个时候广告相对来说是静止的。随着点击方式的不断成熟，用户看完具体的广告网页会进入广告主的网站，这时才算进入一种互动状态。用户在看完网络广告后采取了购买行动，此时产生了销售结果，这就是互动产生的效益。有一些网页设立了用户参与的论坛，让用户们参与进来，提出对产品看法以及品牌的建议。通过这种在线沟通，加强了厂家与消费者的心理距离，也是一种互动。

调查显示，互动营销主要通过网站、手机、电子邮件、电话中心等多种方式完成，在将来一段时间，数字电视也将成为一种主流的手段。

16.6.2 互动营销互动方法

让参与者记住互动营销所要表现的东西；如果能让该参与者主动同他身边的人分享，那么效果更好。

将互动营销纳入计划之中并贯彻到市场与销售计划之中，可以加深同消费者的关系、展现企业的友好态度与举措、培育美誉度与消费者的忠诚度等。过去企业与消费者的互动环节主要集中在购买环节与售后服务上，但互动营销却是围绕品牌内涵与品牌文化的全方位渗透。

消费者与企业互动的点很多，比如围绕一个共同关心的话题展开讨论，这种讨论可以是虚拟的，在网络社区中展开，甚至可能局限于网络社区的某个主题帖下面；也可以做成线下的互动讨论会，当然成本就要高一些，参与的人也会有限。比如推出某种在线体验活动，用户可以在线设计产品、提出个性化的想法、参与到产品的设计与生产环节中来。比如企业官方网站开通留言、咨询、问答、网络社区、即时通讯、网络电话等功能，也是互动营销的一种基础措施。

找到关键互动点后，再围绕该互动点展开形式与内容的设计。互动的成败由策划、实施人员以及互动本身的吸引力所决定。

企业为了建立适当并且高品质的客户互动关系，可遵循的基本步骤如下：

（1）了解目前公司与客户互动的状态，及互动营销的可行性。

（2）盘点可能的互动点，列成详细的表格进行筛选。

（3）根据企业所处环境与阶段，选择关键的互动点。

（4）针对关键的互动点进行详细的形式与内容设计，是做一次活动，还是搞在线体验，或者是改进现有的互动平台与流程，比如网站、售后、客服等。

（5）实施互动营销计划。

（6）评估与调整、改进。

整个互动营销计划最核心的是“构建一个支点”、“突显一个亮点”、“塑造一个焦点”，一方面引发更多的人参与，有兴趣参与，另一方面让参与的人记住品牌，在脑海中、心目中留下印象，并且有兴趣讲给其他人听、形成口碑传播。这“三个点”如何做到位是个难点，考验策划人与实施者的创意能力与执行能力。赢道新营销认为，对于不同的行业、不同规模与知名度层次的企业而言，互动营销在策略、工具与手段三个层面有一定的共通之处，也存在差别。如数码产品、PC、音像图书、休闲食品、饮料等在互动营销方面已有众多典型的例子，而且非常多的企业都已经在采用。地产、汽车等行业也已经将这种营销思想落地生根。但这其中存在一个很难避免的问题，那就是：企业规模越小，知名度越小，实力越小，互动营销越难做，具体表现在：客户数据库不完整甚至没有建立；未能把握现有客户群体的喜好，难以设计与掌握互动点；很难吸引大量的参与者加入互动阵营等。

这些问题的存在，也让互动营销的普及变得较难，或者浮于概念层面。互联网广告一直没有走出传统广告的影子，如单纯按照网站的 PV、点击的次数来评判价值，传播的变革仍然是原地踏步，企业所寄以厚望的市场突围不过纸上谈兵。窄告、文中广告、视频广告、通话付费广告虽然在形式上不断变化招数，但始终也没有摆脱传统广告的窠臼。互动体验分享的环节是缺失的，最多只是给广告客户提供了新的选择。

16.7　互动营销经典案例

16.7.1　互动营销之索尼爱立信“甩手男”

北京市地铁 13 号线，一青年男子在车厢里忘情地用手机玩保龄球重力游戏，把手机挥舞得威猛有力。可是在车门即将关闭的时候，这位仁兄动作过猛不慎滑倒，将手机甩出车门外……

这段视频被放到网上，雷倒了一大片人。大家笑称这名仁兄为“甩手男”，再后来，细心的网友看出了端倪：视频拍摄得太淡定了，好像一切都是预先设定的……再后来，人们在索尼爱立信手机官方网站上发现了这段视频。

数码产品更新换代太快，给厂商的广告设计也提出了考验。在无处不在的广告里要做出让人印象深刻的也就越来越难。可以灵活操作的社区网站互动营销成了厂商新宠。相比报纸杂志上静态、生硬的品牌广告，这些掺杂着生动故事和雷人视频的互动营销可以得到更广泛的传播，互动营销前景看好。

地铁“甩手男”就可以归为互动营销，雷人的背后是要宣传这款 F305c 手机有好玩的游戏。为了保持神秘感，让尽可能多的人去猜测和传播，视频里并没有显露出产品显著特征。但只要谈到重力游戏手机，大多数网友就认定是 iPhone 的广告。的确，iPhone 有保龄球游戏，也是重力感应。似乎大多数人都觉得这种游戏天然就是 iPhone 的专利。但是，真相总要被揭开。

网友发现索尼爱立信为这款 F305c 手机制作的官方网站上悄悄放着这段视频。而一开始保持神秘让 iPhone 捡了便宜，有人认为是故意“傍大款”，也有人认为是失误之策。

16.7.2 互动营销之联想“红本女”

2008 年 4 月 24 日，在 Sohu 数码公社出现了一个帖子《7 天 7 夜不吃不喝网络追踪红本女事件》。内容是一男子宣称在跟踪一个漂亮 MM，用七天时间持续报道他的跟踪过程。这个姑娘有一个明显的特征，无论到哪里，手里都抱着一台红色的联想 idea Pad U110 笔记本电脑，所以称之为“红本女”。

偷窥事件很快就被揭穿了。姑娘为什么每一次出行都不带电脑包呢?而且生活完全围绕一台电脑展开。这位“偷窥”的仁兄摄影器材也太好，每一张画面都拍得如此清晰。一位网友总结说：这次网络营销很失败，失败就失败在那个所谓的疯狂偷窥跟踪男，他眼睛的焦点根本就不在那个姑娘的脸蛋和身材上，而是在那台红色的笔记本电脑上。

但口碑和关注度并不是成正比的两件事。这个事件的策划意图很明显，超级美女+奢华的生活+偷拍——所有事件都紧密围绕网民的八卦心理展开，八卦之中也就广泛传播了红本本。

“红本女”成功吸引了眼球，但也伴随着不少口水。如果说第一次试水“病毒营销”并不算成功，那么接下来联想推出的“恋熊女孩”则要相对成熟得多，投入也更高，甚至还专门拍摄了相关的电影短片。

第 17 章　广告传播策略

广告传播近年来被各大企业 B2C 等公司纷纷使用，一个企业主要的推广方式以广告传播为主，从本质上说广告就是一种信息传播的过程。广告现代化的过程也是和传播技术现代化的过程并驾齐驱，而作为广告效果的评定，在相当大程度上也取决于信息传播学规律的温和程度。

17.1　基本含义及特点

从传播的角度而言，广告主与广告代理公司（制作公司）、广告媒介合作，并不意味着广告活动就能大功告成，只有在消费者参与进来后，广告才能成为完整的活动。换句话说，只有当发送者与接收者双方都分享到被传播的思想，传播的意义才完整。

传播中的经验泛指个体的全部生活经历。在信息发送者与接收者之间共同的经历越多，相互分享的思想越多，交流可同时沟通。

在广告传播中，字形、图案或其他符号至少具有三种含义：指示义含义，广告传播内含义和背景的含义。内含的含义比指示义含义更主观、更有揣摩特点，是对符号——物体关系的个别的、特殊的理解。受众接收信息时所处的背景会产生背景的含义。

传播者的主观意图仅仅是广告传播的一个方面，客观效果如何，更取决于受众接受广告之后的反应，这便是广告传播的核心概念。

广告传播的核心是信息，是信源对某一观念或思想编码的具体结果。广告信息都要由两方面组成：说什么（内容）和怎么说（方式）。媒介是将经过编码的信息传达给受众的渠道。受众可分为个人或群体，是信息的目标。广告活动中，一切出发点是目标受众，即目标消费者。

广告传播是以盈利为目的的。企业为主体的广告主所进行的有关商品、劳务、观念等方面的广告信息传播有如下几个特点：

1. 广告传播是有明确目的的传播

无论是盈利性广告传播或非盈利性的公益广告传播活动都具有明确的目的。

例如作为盈利性企业追求的是要把企业的信息尽快地传给潜在的目标受众，实现商品销售，提供服务，获得盈利，维持广告传播企业生存和发展，其目的性是非常明确的。也正是为了实现企业的盈利目的，企业广告主才对广告创意给予高度重视，对广告文案字斟句酌，制定周密的广告传播计划，并要求广告制作要有效地准确地传递信息，要求广告上的每一个字、每一个图表、每一个符号都应该有助于企业所要传达的讯息的功效。

2. 广告传播是可以重复的传播

广告信息总是力求所有的目标受众都接收到。对于以盈利为目的的商业广告而言，广告主总是针对潜在消费者策划传播活动。在第一次刊播以后，不可能被每一个目标受众接受，一次传播到达率是极低的，那就需要第二次刊播、第三次刊播……

同时广告的反复传播也是为了对受众能产生足够的影响力，从而产生认知、感情、态度以至行为方面的影响，达到广告传播的预期目的。

3. 广告传播是复合性的传播

广告传播不是单一渠道进行的，大多数广告主常常通过多种渠道展开复合性传播，其方法一是以大众传播媒介为主体，同其他媒介相配合。即利用报纸、杂志、广播、电视向分布广泛、人数众多、互不相识的受众进行的信息传播；二是以付费的传播为主体与不付费的传播相结合。大众传播媒介需要付费，这是现代广告的基本特点之一。广告主也可以通过自办媒介物开展广告传播活动，虽然其规模较小，传播有限，但可以针对特定受众进行有效的传播活动，并且费用较低。

4. 广告传播是对销售信息严格筛选的传播

一个企业，一种商品，一种服务或观念，可以宣传的方面是很多的，有待于传播的信息是大量的，但是广告传播实际所能传播的内容总是十分有限的。对信息严格地加以筛选是广告传播的又一显著特点。

由于广告传播是付费的传播，购买大众传播的花费是昂贵的。对广告主来说，他所购买的刊载广告的版面和播映的时间是极为有限的，一次要求在有限的条件下传播尽可能多的能吸引消费者的信息。另外由于每一个广告主都要面对着一个严酷的传播竞争环境，即信息接收者的信息取舍。消费者生活在广告信息的汪洋大海中，他们无暇对所有的广告信息关心，他们只对那些新颖的、有趣味的、与自己利益相关的商品信息采取接受的态度。因此无论哪一个企业对广告传播的信息总是惜墨如金，反复思考，精心筛选，以增加有限信息中的“含金量”。

17.2　广告传播的方式

新媒体的不断出现，促进了广告传播方式的不断演变。这种演变越来越小众化，越来越具有针对性，正因为针对性的增强也使企业广告预算的浪费也逐渐减少。下面我们就来看看演变的过程

1. 选择传统的大众媒体进行广告投放

大众媒体具有广泛的覆盖率和强大的影响力，企业选择这种方式能够产生强大的品牌背书效应。但这种方式也有其故有的缺点，即企业不知道自己的广告预算浪费在哪。

企业不知道自己投放的广告被谁看到了，是小孩看到了，还是老人看到了？是穷人看到了，还是富人看到了？企业无法得知。可以说这种投放针对性太差。

很多数据都有水分。比如收视率调查、发行量任意虚报等等，真正的数据企业是得不到的，这在一定程度上也加剧了广告费的浪费。

互动性差。尽管现在很多栏目、很多报纸、电视、杂志利用短信、开设网站来加强与受众的互动，但绝大部分的传统媒体还没做到这点或者说做得还远远不到位，受众的粘度太低。

受众接触媒体的目的是获取信息，广告对他们获取信息形成了一定的干扰，所以受众是反感广告的，他们看广告时就会换台或者翻页。这也就明了为什么广告的收视率不等于栏目的收视率，广告的阅读率不等于新闻的阅读率。

另外，大众媒体的价格太高，绝大部分的中小型企业无法承受。

2. 百度的竞价排名

百度坐上中国头号搜索网站的交椅，并引发了投资者对其的追捧。百度的主要赚钱工具就是竞价排名和点击收费模式。

这种方式可以节省广告费，对某项东西有兴趣的人才会去搜索、才会去点击，针对性提高了，但同时也存在问题，如恶意点击现象。百度公司或者代理公司的业务员为了提高自己的提成，竞争对手为了消耗你的广告预算，都有可能进行恶意点击，这不好控制，而且支出会过快。

3. 来电付费

这种方式最早兴起于国外，将消费者、中小企业商户、中间网站平台联系在一起，消费者可以同商户发起通话，商户则在得到直接客户信息的同时向网站平

台付费。

17.3 广告传播的基本原理

广告传播的诱导性原理就是将广告信息作为外界刺激，作用于接受者引起预期的观念改变和购买行为，这是一个可以通过多种手段诱导实现的心理渗透过程。它包括观念的传播、情绪的传播和行为的传播。

广告传播的直接目的是要让接触广告的人了解并接受广告中包含的信息。要实现这一过程，一种情况是在较短的时间内直接通过广告制作的奇特的画面、语言、音响、色彩等引起受众的强烈的兴趣；另一种是通过潜移默化逐步诱导而达成。诱导受众逐步接受广告宣传的内容，包括接受广告中主张的消费观念、价值观念和生活方式，以一种无形的力量使受众对广告传播者的观点意见趋于认同。诱导力的大小取决于信息的诱导性强弱的程度。策划制作广告的一切努力几乎同提高广告诱导力有关，所以诱导性原理被人们视为指导广告策划、制作传播的重要依据。

广告传播的二次创造性原理，指的是广告传播是一个完整的创造性过程。这种创造性不仅表现在传播者在广告的设计制作、选择传播途径等方面，还体现在广告信息的接受者方面。广告信息的接受者会通过再造想象，在接受传播信息的过程中发挥创造性。信息接受者接受信息同样也是一个创意的思维过程，它可以面对无数信息，根据自己的生活经验加以选择性的注意，选择性的理解，选择性的记忆，而后通过想象、联想等一系列心理活动，作出自己的判断和反应。所以从人的创造性发挥的角度来说，广告传播是一个二次创造过程。广告传播者应该深刻了解广告传播过程中二次创造原理，对制作并传播广告信息有积极意义。

信息在传播中能否被接受或接受程度如何，取决于双方共同的经验区域的大小。共同的经验区域越大、越广阔，传播就越容易，接受程度就越高。也就是说广告传播的效果同传受双方的文化状况密切相关。广告传播客观上要求传播者与接受者有共同的文化基础。文化作为潜在的支配者、诱导者时时刻刻促进或制约着广告传播过程的实现及其效果。

从文化角度来看，广告传播是一种文化活动。要实现有效的传播，广告信息的制作者、传播者与其接受者应具备共同的价值观念、类似的行为模式以及其他文化方面的共同性。这种共同性越多，传播的效果就越佳。它可以根据文化背景共同性的大小确定广告传播方式，同时应注意广告中文化水准要与受众的文化水准相适应。广告制作者应有极强的文化意识，要清醒地看到广告传播在本质上也是一种文化交流，时时从文化的角度去观察广告信息接受者的情况，从文化的角度去调查广告传播成败的深层次的原因。

17.4　广告传播案例——封杀王老吉

1．现状概述

（1）行业与时尚发展动态

近年来，果汁与果汁饮料在产销量上已与碳酸饮料旗鼓相当，在增速上有大有超越之势。

尽管可口可乐、百事可乐依旧主导饮料市场，但被列入“中国非物质文化遗产”的凉茶市场前景可观。

（2）企业与品牌

1997 年，红罐王老吉上市，作为广东、浙南的地域性品牌，销售一直不温不火。

2003 年，王老吉重新定位为预防上火的功能饮料，在中央电视台投放广告后，一时间，“怕上火，喝王老吉”的广告语街知巷闻。王老吉还选择湘菜和川菜馆、火锅店作为“王老吉诚意合作店”，共同进行促销活动。

截至 2007 年，王老吉销量已达到 50 亿元，成为中国饮料行业销售额最高、品牌影响力最大的全国性品牌。

（3）主要竞争状况

在全球范围内，人们健康意识的盛行，造就了可乐市场的萎缩，健康饮料的崛起。

此时，众多制药、保健品、饮料、小食品等企业，都迫不及待地推出自己的凉茶品牌，如绿茶、果汁、椰汁、五谷等草本、植物类饮料，都是做“凉茶老二”。

2007 年，福建达利食品集团推出新产品——和其正凉茶，品牌诉求点为“喝了不上火”和“清火气，养元气”，红色为语调的包装，陈道明广告代言，迅速打开市场。

香港京都念慈菴公司也在 2007 年推出新产品，具有润声润肺作用的草本饮料，依托于日益成熟的凉茶市场，又不拘泥于凉茶的特质，不遗余力地打造“润”的概念，称作为植物饮料巧妙地与凉茶行业区隔开来，避免与王老吉的直接交锋及被众多中上品牌所淹没，成为差异化的创新品类。

（4）消费者消费特征

在 2003 年非典后，人们更关注健康及健康的饮品。长期饮用碳酸饮料容易发胖，骨钙流失等多种疾病。

以健康饮食理念和内在保健为立身之本的凉茶自然成为消费主流媒体追捧的对象，广东的包含郑重文化成为一种潮流，逐渐向全国渗透。

2. 当前问题（事件引发）

四川汶川大地震激发了强烈的民族情绪，全国人民众志成城，抗震救灾捐钱捐物，捐得越多，就能获得越多的社会认同。

此时如果一个企业能用实际行动表达对灾区的关怀，无私慷慨解囊，就能大大地提高企业的知名度和社会美誉度。

3. 广告运作目标

（1）广告目标

- 宣传王老吉向灾区捐款1亿元的善举以及企业的社会责任，提升品牌价值。
- 做出中华民族饮料领军品牌的强者姿态，巩固话语权，提高企业的社会知名度和美誉度。
- 借此调动网民的民族情绪，促成购买行为，提高产品销量。

（2）目标对象

经常使用互联网、从众心理强，一腔热血、易被煽动的人。

4. 创意策略

（1）主要策略

王老吉通过一群高效的网络推手来操作这次网络营销。2008年5月18日晚，在中央电视台举办全国赈灾募捐晚会上，王老吉捐款1个亿，成为大陆单笔最高捐款企业，此善举成为人们焦点。

第二天，在一些网站社区出现了一篇题为《让王老吉从中国的货架上消失！封杀它!》帖子，这个不适时宜的帖子，引人注目，激起了被其1亿元善举所感动的公众的强烈不满。无数网民跟帖留言“今年夏天不喝水，要喝就喝王老吉”，“王老吉捐了1亿，我们要买光它的产品，让它赚10亿”等等。

这个问题热贴被各大论坛纷纷转载，互联网上“王老吉”的搜索量直线上升。

（2）主题信息及选择原因

汶川地震发生后，社会各界纷纷解囊相助，国内外企业捐赠不断、数额不等，一时成为社会话题。

王老吉慷慨捐款1个亿，赢得国人更多尊重，被视为最有责任感的企业。

此时，一封题为“封杀王老吉”的帖子在网上贴出，立即激起了许多网民愤怒，许多网民看完内容后，却会心一笑，并热情回帖。为什么？

其实，发帖人在故意耸人听闻，所谓的“封杀”，是指“买光超市的王老吉，上一罐买一罐”。正话反说，产生强烈反差，来刺激无数公众跟帖留言。

5．具体广告实施状况

论坛推广“封杀王老吉”，这一病毒非常快速地复制和扩散，论坛的开放性和参与性，使王老吉的品牌形象得到快速传播。

贴吧推广不断地发帖，大量地回贴，使王老吉的宣传富有强烈的煽动力。

QQ 群推广赈灾晚会后，一条消息在成千上万个 QQ 群之间转发：“以后喝王老吉（捐款 1 亿），存钱到工商（捐款 8726 万）……”王老吉利用最广泛的群体即时交流平台进行病毒式营销，促发其购买行为。

博客营销。王老吉的博客写手发出“要捐就捐一个亿，要喝就喝王老吉”的口号，在众多博客之间引起热议。

吸引媒体关注王老吉捐款 1 亿后，立刻成为众多媒体的关注热点，许多媒体更是深挖“封杀”王老吉的帖子进行报道。

6．媒介策略

（1）媒体选择及理由

中央电视台是全国性的权威媒体，号召力强。中央电视台赈灾晚会必然会有很高的收视率。王老吉选择它作为捐款的中介，势必能达到最大的宣传效果，成为舆论的热点。

电视直播是一时的，还需要其他媒体的跟进宣传，网络传播的及时性、互动性和高参与性，能够使王老吉的善举得到不断强化。

（2）媒体组合及比重

王老吉借助于电视媒体建立富有社会责任的品牌形象，是一系列广告宣传以后，论坛、贴吧、QQ 群、博客等网络工具对信息不断复制、传播，使王老吉捐款成为社会话题。

7．其他传播活动

2008 年，继“5.12”大地震激发起中国人的民族情感后，北京奥运会再次使人们的爱国热情发挥到极致。

王老吉利用这一契机展开围绕奥运的事件营销，效果显著。

- 祝福北京·王老吉 56 个民族祝福之旅。
- 海外迎宾宣传。

8．营销效果评析

王老吉的这场网络营销在短时间内促成了产品销量的大幅攀升，部分地区甚至出现断货现象。但活动的收尾阶段，其病毒性营销策略被揭破，营销效果也大打折扣。随着人们的民族情绪归于平静，王老吉的销量也只是沿着进行病毒性营销前的轨迹稳步上升。尽管这种营销手段引起许多不同争议，但王老吉捐款 1 亿的事实显示出企业的社会责任，提升了品牌价值，也提高了消费者品牌忠诚度。王老吉“预防上火”的功效也得到普遍认同，符合市场需求。现在，王老吉“淡季不淡”冬季也热销。

9．广告运作概述

王老吉为地震灾区捐款 1 亿，体现了王老吉高度的社会责任感。随后借助网络媒体展开广泛的病毒性营销、事件营销，很好地利用了当时的民族情绪和社会心理，在短时间内取得了轰动效果。由于地震是突发事件，要求企业必须反应迅速，王老吉不可避免地只制定了短期策略，即线上的网络营销，没有采取通过线下其他营销传播活动来支撑，所以，当民族情绪退去后，其营销效果也会减弱。在健康诉求背景下，碳酸类饮料的衰退以及王老吉本身精准定位和 180 多年凉茶文化的厚积薄发，使王老吉依然能在竞争日益激烈的凉茶饮料市场里保持领导者地位。

第 18 章　整 合 营 销

随着推广成本的不断增高，越来越多的企业开始采用以消费者为核心的整合营销传播来推广，进一步实现与用户的双向购买，传递一致的产品信息，迅速让企业的品牌在消费者心目中占据一定的地位。

18.1　整合营销概述

整合营销是一种对各种营销工具和手段的系统化结合，根据环境进行即时性的动态修正，以使交换双方在交互中实现价值增值的营销理念与方法。整合营销是为了建立、维护和传播品牌，以及加强客户关系，而对品牌进行计划、实施和监督的一系列营销工作。整合就是把各个独立的营销综合成一个整体，以产生协同效应。这些独立的营销工作包括广告、直接营销、销售促进、人员推销、包装、事件、赞助和客户服务等。

18.1.1　整合营销的优点

整合营销有如下几方面的优点：

- 符合社会经济发展潮流及其对企业市场营销所提出来的新要求。
- 有利于配置企业资源，优化企业组合，提高企业的经济效益。
- 有利于企业更好地满足消费者的需求，有利于企业的持续发展。
- 有利于从观念到行为的整合。
- 有利于企业上下各层次的整合。
- 有利于企业各个部门的整合。
- 有利于营销策略的整合。
- 有利于企业长远规划与近期活动的整合。
- 有利于企业开展国际化营销。

18.1.2　整合营销的特征

整合营销的优势还不仅如此，结合多方位的资源能使效能提升到最大。通常情况下整合营销具备以下几点特征：

- 在整合营销传播中，消费者处于核心地位。
- 对消费者深刻全面的了解，是以建立资料库为基础的。
- 整合营销传播的核心工作是培养真正的“消费者价值”观，与那些最有价值的消费者保持长期的紧密联系。
- 以本质上一致的信息为支撑点进行传播。企业不管利用什么媒体，其产品或服务的信息一定得清楚一致。
- 以各种传播媒介的整合运用作手段进行传播。凡是能够将品牌、产品类别和任何与市场相关的信息传递给消费者或潜在消费者的过程与经验，均被视为可以利用的传播媒介。
- 紧跟移动互联网发展的趋势，尤其是互联网向移动互联网延伸、手机终端智能化以后，新技术对原有的 PC 互联网带来了前所未有的颠覆和冲击，在这个过程当中应当紧盯市场需求，整合现有的资源，包括横向和纵向的资源。成为一个移动营销价值的整合者和传播者。比如目前的优秀移动营销整合服务商百分通联，已覆盖金融、汽车、IT 数码、房地产等行业，并拥有一些典型案例和成功用户。

18.2 整合营销的操作思路

18.2.1 整合营销的精髓

整合营销的精髓有如下几点：

- 不要卖你所能制造的产品，而是卖那些顾客想购买的产品，真正重视消费者。
- 暂不考虑定价策略，而去了解消费者要满足其需要所愿付出的成本。
- 暂不考虑通路策略，应当思考如何让消费者方便地买到商品。
- 暂不考虑怎样促销，而应当考虑如何沟通。

以整合为中心，着重以消费者为中心并把企业所有资源综合利用，实现企业的高度一体化营销。整合既包括企业营销过程、营销方式以及营销管理等方面的整合，也包括对企业内外的商流、物流及信息流的整合。

（1）讲求系统化管理

整体配置企业所有资源，企业中各层次、各部门和各岗位，以及总公司、子公司、产品供应商，与经销商及相关合作伙伴协调行动，形成竞争优势。

（2）强调协调与统一

企业营销活动的协调性，不仅仅是企业内部各环节、各部门的协调一致，而且也强调企业与外部环境协调一致，共同努力以实现整合营销。

（3）注重规模化与现代化

整合营销十分注重企业的规模化与现代化经营。规模化不仅能使企业获得规模经济效益，为企业有效地实施整合营销提供客观基础。整合营销同样也依赖于现代科学技术、现代化的管理手段，现代化可为企业实施整合营销提供效益保障。

18.2.2　整合营销的对策与措施

1．革新企业的营销观念

要树立大市场营销的观念；要树立科学化、现代化营销观念；要树立系统化、整合化营销的观念。

2．加强企业自身的现代化建设

企业要建立现代经营体制；要建立现代经营机制，包括企业的利益机制、决策机制、动力机制、约束机制等；经营管理设施现代化；要具有现代化的经营管理人员；加强组织建设，改善管理体系，注重企业的规模化，以及企业其他方面的合理化建设。

3．整合企业的营销

对企业内外部实行一体化的系统整合；整合企业的营销管理；整合企业的营销过程、营销方式及营销行为，实现一体化；整合企业的商流、物流与信息流，实现三流的一体化。

4．借鉴国外的先进经验

国内企业要积极学习国外企业的先进的经营管理经验，特别是跨国公司的经营管理，跨国公司的整合营销，如 CIMS 系统、MRP-II 系统等、先进的跨国管理、先进技术手段管理等。

经济发展的脚步从来没有停过，我们应该在充分了解利用现有的整合营销的基础上，不断学习新的理论知识，了解新的经济动态，改进自己的营销观念，使自己不落后于时代的潮流，才能立于不败之地。

18.2.3　互联网时代的整合营销

建立在互联网基础上的整合营销，被称为整合网络营销。整合网络营销，就是在深入研究互联网资源，熟悉网络营销方法的基础上，从企业的实际情况出发，根据不同网络营销产品的优缺利弊，整合多种网络营销方法，为企业提供网络营销解决方案。整合网络营销也被称为网络整合营销、整合型网络营销、整合式网络营销。简单地说，整合网络营销就是整合各种网络营销方法，和客户需求进行比配，给客户提供最佳的网络营销方法。

1. 网络整合营销 4I 原则

（1）Interesting 趣味原则

八卦是火爆的通行证，《馒头》是《无极》的墓志铭。当芙蓉姐姐火爆网络时，当越来越多的信息都带有“泛娱乐化的假面”时，一个娱乐至死的年代来临了。中国互联网的本质是娱乐属性的，在互联网这个“娱乐圈”中混，广告、营销也必须是娱乐化、趣味性的。当我们失去权力对消费者说“你们是愿意听啊，是愿意听啊，还是愿意听啊，绝不强求”之时，显然，制造一些趣味、娱乐的“糖衣”的香饵，将营销信息的鱼钩巧妙包裹在趣味的情节当中，是吸引鱼儿们上钩的有效方式。“伟大的网络营销，他身上流淌着趣味的血液！他不是一则生硬的广告，他不是一则生硬的广告！娱乐因子在他身上灵魂附体！”

（2）Interests 利益原则

没错，利益！天下熙熙，皆为利来，天下攘攘，皆为利往。网络是一个信息与服务泛滥的江湖，营销活动不能为目标受众提供利益，必然寸步难行。将自己变身一个消费者，设身处地、扪心自问一句，“我要参加这个营销活动，为什么呢？”

但这里要强调的是，网络营销中提供给消费者的“利益”外延更加广泛，我们头脑中的第一映射物质实际只是其中的一部分，还可能包括如下几点：

- 信息、资讯广告的最高境界是没有广告，只有资讯。消费者抗拒广告，但消费者需要其需求产品的相关信息与资讯。直接推销类的广告吃到闭门羹的几率很大，但是化身成为消费者提供的资讯，面对免费利益，消费者接受度自然会大增。
- 功能或服务。
- 心理满足，或者荣誉。
- 实际物质/金钱利益。
- 中国式的购物理念、诱导式的购物，物品本身也许不是购物者直接想要获得的产品，而要通过引导使得消费者来购买（明星效应等）。

（3）Interaction 互动原则

网络媒体区别于传统媒体的另一个重要的特征是其互动性，如果不能充分地挖掘运用互动性，新瓶装旧酒，而是直接沿用传统广告的手法，无异于买椟还珠。再加上网络媒体在传播层面上失去了传统媒体的“强制性”，如此的“扬短避长”，单向布告式的营销，肯定不是网络营销的前途所在，只有充分挖掘网络的交互性，充分利用网络的特性与消费者交流，才能扬长避短，让网络营销的功能发挥至极致。

不要再让消费者仅仅单纯接受信息，数字媒体技术的进步，已经允许我们能以极低的成本与极大的便捷性，让互动在营销平台上大展拳脚，而消费者们完全可以参与到网络营销的互动与创造中来。在陶艺吧中亲手捏制的陶器弥足珍贵，因为融入自己的汗水。同样，消费者亲自参与互动与创造的营销过程，会在大脑皮层回沟中刻下更深的品牌印记。把消费者作为一个主体，发起其与品牌之间的平等互动交流，可以为营销带来独特的竞争优势。未来的品牌将是半成品，另一半由消费者体验、参与来确定。当然，营销人员找到能够引领和主导二者之间互动的方法很重要。

（4）Individuality 个性原则

YOU，已经被钉在了无以复加的高度，那么 YOU 高大的身影在营销中投射的映相，就是 I！Individuality 个性原则在网络营销中的地位也因此凸现！对比“大街上人人都在穿”，“全北京独此一件，专属于你！”，你就明白专属、个性显然更容易俘获消费者的心。因为个性，所以精准，因为专属，所以诱人。个性化的营销，让消费者产生“焦点关注”的满足感，个性化营销更能投消费者所好，更容易引发互动与购买行动。但是在传统营销环境中，做到“个性化营销”成本非常高，因此很难推而广之，仅仅是极少数品牌品尝极少次的豪门盛宴。但在网络媒体中，数字流的特征让这一切变得简单、便宜，细分出一小类人，甚至一个人，做到一对一行销都成为可能，（这一点在无线营销中尤为突出）天赐良机，怎能不用？

18.3　做好整合营销的一些策略

网络营销在国内已经被企业大量应用，操作手法各异效果良莠不齐。网络营销中，最难把握的应该是网络整合营销。网络整合营销有广义网络整合营销和狭义网络整合营销之分。

广义的网络整合营销是指企业和个人所有的网络经营性活动：包括网站建设、SEO 排名、竞价广告、博客推广、BBS 推广等。狭义的网络营销，主要指新媒体营销——更强调互动性和用户体验。我们所说的网络整合营销一般指的是狭义的网络整合营销。

网络整合营销，主要是指资源和手段的整合，利用各种手段和资源形成信息的协同传播，通过精心的策划，使传播效应最大化。网络整合营销是网络营销从优秀到卓越的必经阶段和必要手段。

国内的很多企业，都在尝试利用整合营销的相关方式和操作进行品牌宣传或者产品推广，但是效果很不明显。比如在专业网站发宣传帖。可能刚开始都是直接发的宣传帖，没人看，回复寥寥无几；于是坚持继续发，结果被版主封号；执着一点的，继续发......有聪明一点的，发些软广告，发个笑话，混个版主......在一个论坛扎下根来。努力，积累，终于做到十个论坛的版主！累的不行了，身体要垮了，产品宣传却才刚刚开始......

这是国内中小企业的通病，不过大企业也好不到哪里去。国内某知名食品企业，百度一下尽是负面文章，而且持续一年之久，不懂得网络，却要花大笔银子天天做电视广告。这些企业都是不懂整合营销的，把整合营销看成是机械运动或者忽视了整合营销。网络整合营销所产生的协同效应，不仅对于产品销售，而且对于产品品牌宣传更加有效。这也是为什么现在的国内企业都热衷于做整合营销，为什么传统的营销机构都在争抢网络整合营销市场的原因。

蒙牛集团在赞助“超级女生”节目的同时，开展了线上线下一系列整合营销活动，使蒙牛酸酸乳的销量和超级女声的人气都大大增加，以至于已成为整合营销的一个经典案例。

另一个网络整合营销的成功案例是 2011 年的美国大选，刚刚当选的非洲裔美国人奥巴马，在总统竞选中充分利用了网络，通过在网络上有计划、有步骤地持续整合宣传，使这个名不见经传的黑人总统增色不少。

任何东西都有自己的另一面，整合营销也不例外。网络营销成功案例数不胜数，但是因为不会操作或者操作不当而失败的网络整合营销也很多。

18.4 整合营销案例解读

DHC 是日本的一个化妆品品牌，它进入中国市场的时间要比其他欧美品牌晚很多，而对于化妆品营销而言，想在一个新市场当中抢得一席之地，即使大量的营销投入，也未必完全可以实现目标。研究 DHC 的营销策略就会发现，他们很懂得针对目标市场来做营销。

DHC 在体验营销和整合营销上均采用了以下几点。

（1）网络病毒营销

互联网是消费者学习的最重要的渠道，在新品牌和新产品方面，互联网的重要性第一次排在电视广告前面。DHC 采用广告联盟的方式，将广告遍布大大小小的网站，因为采用试用的策略，广告的点击率也比较高，因为采用了大面积的网络营销，其综合营销成本也相对降低，并且营销效果和规模要远胜于传统媒体。

（2）体验营销

一次良好的品牌体验或一次糟糕的品牌体验比正面或负面的品牌形象要强有力得多。

DHC 采用试用体验的策略，用户只需要填写真实信息和邮寄地址，就可以拿到 4 件套的试用装。当消费者试用过 DHC 产品后，就会对此有所评价，并且和其他潜在消费者交流，一般情况交流都是正面的（试用品很差估计牌子就砸掉了）。

（3）口碑营销

31%的被采访对象肯定他们的朋友会购买自己推荐的产品。26%的被采访对象会说服朋友不要买某品牌的产品。

消费者对潜在消费者的推荐或建议，往往能够促成潜在消费者的购买决策。铺天盖地的广告攻势，媒体逐渐有失公正的公关，已经让消费者对传统媒体广告信任度下降，口碑传播往往成为化妆品消费最有力的营销策略。

（4）会员制体系

类似于贝塔斯曼书友会的模式，只需通过电话或上网索取 DHC 免费试用装，以及订购 DHC 商品的同时自动就成为 DHC 会员，无须缴纳任何入会费与年会费。DHC 会员还可获赠 DM 杂志，成为 DHC 与会员之间传递信息、双向沟通的纽带。采用会员制大大提高了 DHC 消费者的归属感，拉近了 DHC 与消费者之间的距离。

（5）多渠道营销

网络营销是 DHC 营销体系的一部分，当然传统媒体依然会有 DHC 的广告，包括重金聘请代言人等行为，都是在提升品牌的形象，多渠道的营销推广，加深了消费者对 DHC 的品牌印记，当接触到试用的机会后，促成购买的可能也大大增加。

整体来看，DHC 近几年的高速发展与其营销策略是密不可分的，可以说 DHC 更了解市场，懂得利用新媒体为品牌进行传播。通过传统媒体、形象代言人提升品牌形象，品牌可信度对于新产品而言是核心关键；网络的病毒营销能够将传播的点放大化，投入 1 分的成本看到的也许是 10 分的效应；通过体验营销的方式，直面消费者，用产品去改变消费者的消费观念；一旦建立起品牌信任，在这个消费者影响范围内就传播开来，更多的人申请试用，更多的人尝试购买；最终用 DHC 的会员 DM 杂志将用户和品牌紧紧捆绑在一起，不断关注和提醒消费者，自然会促成更多的购买决策和传播影响。

从以上的分析来看，互联网营销对 DHC 的促进有 3 个方面：

- 降低了营销成本。
- 大幅度提高了品牌占有市场的速度。
- 消费者通过互联网对潜在消费者传递有效的口碑。

从此案例可以引发很多思考，一方面是传统企业如何针对消费者的心态，利用互联网新媒体工具进行有效的营销推广。另一方面，消费者的心态和消费交流的欲望，本身也是一种非常有价值的需求，能够产生更多的转化，帮助品牌凝聚精准用户产品的应用，必然会受到商业的青睐。

18.5 整合营销的推广方法

1．信息发布推广

将有关的网站推广信息发布在其他潜在用户可能访问的网站上，利用用户在这些网站获取信息的机会实现网站推广的目的，适用于这些信息发布的网站包括在线黄页、分类广告、论坛、博客网站、供求信息平台、行业网站等。信息发布是免费网站推广的常用方法之一。

2．电子邮件推广

以电子邮件作为网站主要的推广手段，常用的方法包括电子刊物、会员通信、专业服务商的电子邮件广告等。基于用户许可的电子邮件营销与滥发邮件（Spam）不同，许可营销比传统的推广方式或未经许可的电子邮件营销具有明显的优势，比如可以减少广告对用户的滋扰、增加潜在客户定位的准确度、增强与客户的关系、提高品牌忠诚度等。

3．资源合作推广

通过网站交换链接、交换广告、内容合作、用户资源合作等方式，在具有类似目标网站之间实现互相推广的目的，其中最常用的资源合作方式是网站链接策略，利用合作伙伴之间网站访问量资源合作互为推广。

每个企业网站均可以拥有自己的资源，这种资源可以表现为一定的访问量、注册用户信息、有价值的内容和功能、网络广告空间等，利用网站的资源与合作伙伴开展合作，实现资源共享，共同扩大收益的目的。在这些资源合作形式中，交换链接是最简单的一种合作方式，调查表明也是新网站推广的有效方式之一。交换链接或称互惠链接，是具有一定互补优势的网站之间的简单合作形式，即分别在自己的网站上放置对方网站的 logo 或网站名称并设置对方网站的超级链接，使得用户可以从合作网站中发现自己的网站，达到互相推广的目的。交换链接的作用主要表现在几个方面：获得访问量、增加用户浏览时的印象、在搜索引擎排名中增加优势、通过合作网站的推荐增加访问者的可信度等。交换链接还有比是否可以取得直接效果更深一层的意义，一般来说，每个网站都倾向于链接价值高的其他网站，因此获得其他网站的链接也就意味着获得了与合作伙伴和一个领域内同类网站的认可。

4. SEO 论坛搜索引擎推广

搜索引擎推广是指利用搜索引擎、分类目录等具有在线检索信息功能的网络工具进行网站推广的方法。由于搜索引擎的基本形式可以分为网络蜘蛛型搜索引擎（简称搜索引擎）和基于人工分类目录的搜索引擎（简称分类目录），因此搜索引擎推广的形式也相应地有基于搜索引擎的方法和基于分类目录的方法，前者包括搜索引擎优化、关键词广告、固定排名、基于内容定位的广告等多种形式，而后者则主要是在分类目录合适的类别中进行网站登录。随着搜索引擎形式的进一步发展变化，也出现了其他一些形式的搜索引擎，不过大都是以这两种形式为基础。

搜索引擎推广的方法又可以分为多种不同的形式，常见的有：登录免费分类目录、登录付费分类目录、搜索引擎优化、关键词广告、关键词竞价排名、网页内容定位广告等。

从目前的发展趋势来看，搜索引擎在网络营销中的地位依然重要，并且受到越来越多企业的认可，搜索引擎营销的方式也在不断发展变化，因此应根据环境的变化选择搜索引擎营销的合适方式。

5. 快捷网址推广

即合理利用网络实名、通用网址以及其他类似的关键词网站快捷访问方式来实现网站推广的方法。快捷网址使用自然语言和网站 URL 建立其对应关系，这对于习惯于使用中文的用户来说，提供了极大的方便，用户只需输入比英文网址要更加容易记忆的快捷网址就可以访问网站，用自己的母语或者其他简单的词汇为网站“更换”一个更好记忆、更容易体现品牌形象的网址，例如选择企业名称或者商标、主要产品名称等作为中文网址，这样可以大大弥补英文网址不便于宣传的缺陷，因为在网址推广方面有一定的价值。随着企业注册快捷网址数量的增加，这些快捷网址用户数据可也相当于一个搜索引擎，这样，当用户利用某个关键词检索时，即使与某网站注册的中文网址并不一致，同样存在被用户发现的机会。

第 19 章　传统媒体与互联网结合

通常我们把平面媒体称为传统媒体，这里的平面最初起源于广告界。因为报纸、杂志上的广告都是平面广告。传统媒体是相对于近几年兴起的网络媒体而言的，以传统的大众传播方式即通过线下的机械或纸质媒介定期向社会公众发布信息或提供教育娱乐的交流活动的媒体，包括电视、报刊、广播三种传统媒体。通常我们又把它们称作“平面媒体”。

网络媒体是一定的组织或个人，在以计算机为核心的各种多媒体交互式数字化信息传输网络上，建立的提供各种新闻与信息服务的相对独立的站点。

1. 网络媒体与传统媒体的区别

就报纸、广播、电视、杂志等传统媒体和新兴的网络媒体区别而言，他们主要表现在以下几个方面。

先从产生的时间和发展上来看，传统媒体的诞生已有很长的一段历史了，经历了很多的发展和变革。而网络媒体产生于 20 世纪末，发展十分迅速，给人们带来了无限的资源信息，其更新的速度也非常快。对人们来说是一个新兴的媒体，是一个新兴的传播媒介。

二者在内容真实性上也存在很大的差异。传统媒体较网络媒体在内容上真实性更强，从业人员对于新闻的采编更贴近社会，每一篇文章都会经过严格的审核后才能发表。网络媒体在采编方面则没有这么严格，给予读者的是更大的自由度。很多新闻，由于过于的讲究时效性，报道就不是那么的真实可靠了，另一方面，很多的贴吧、论坛、留言板、聊天室、播客等网络传播媒介十分自由，真实性方面就更没有保证了。

时效性方面对于网络媒体来说，就是很好的一个优势。作为网络传播有着自身独特的优势，传播及时且迅速，信息的更新速度快速，这是现代社会人们所追求的，也是将来媒体发展的一种趋势。传统媒体就没有这种优势了。

报道深度方面二者区别很大。传统媒体显然要比网络媒体报道的深度大很多，传统媒体的专业知识水平上比网络媒体的水平要高。基于网络媒体本身的性质，高速的传播，极高的点击率，所以很多新闻往往只是简单的报道，没有过多的深度。

网络媒体信息的涵盖量十分大，海量的信息，应有尽有，只要打开网页进行搜索浏览，就能找到自己想要的信息。但是传统媒体信息则比较单一，甚至有些只针对一部分受众，所覆盖的范围就小得多，而且很多信息只代表一部分人的意见，不是很全面。

在个性方面网络媒体有着自己的优势。利用网络技术，一篇报道可以加入很多的元素，如 Flash、视频、音乐、录音等，让文章更加有个性，有时代的元素，而传统媒体就没有这些功能了。

二者受众也不同。传统媒体所针对的受众是小部分的，只在某一领域有所发展，而网络媒体受众则广泛很多，在人际传播上也更有优势，他们可以跟踪浏览者的行为，通过统计数据的方式，了解用户的需要，精确定位。

二者技术也不同。在传播技术上传统媒体相对于网络媒体就差很多了，以报纸来说，只是简单的印刷，如果这家印刷厂出问题了，还可以到另一家印刷厂印刷。但就网络媒体来说就不一样了，2013 年 8 月 17 日，谷歌当机 5 分钟，虽然只是短短的 5 分钟，但损失了近 54.5 万美金，所以网络技术的稳定是至关重要的。

二者传播的地域和广度也不同。传统媒体是相对于某个特定的地区和群体来设立的，而网络就不一样了，由于网络本身的共享和链接性质，使得它的传播就具有全球性。

广告效益也存在差异。这是一个商业的时代。免不了要考虑效益，随着网络媒体的出现，这就给广告商带来了另外的商业契机，网络隐藏的广告商机诱惑着整个社会，也给传统媒体带来了危机。对于传统媒体和网络媒体的区别，从根本上来说，还是二者本身所带有的传播介质性质不同。传统媒体在产生上就具有传播的严格性、深度性、真实性。有严格的人员把关，确保新闻的真实性。但是网络媒体是一种新型的传播媒体，在自身传播上有快速性和共享性。使得它所具有的信息也会带有这种性质。

2. 网络媒体的三大不足

- 缺乏严谨性；
- 缺乏深刻性；
- 缺乏权威感。

3. 网络媒体的优势

- 快速数据存取；
- 很少或不使用磁带的工作方式；
- 发布、发行工作流程快速且高效。
- 在线和离线的海量硬盘存储技术以及在 2012 年之后开始流行的云存储。

4. 传统媒体的优势

- 强大的人力物力资源；

- 发挥传统媒体的特长；
- 丰富的经验。

19.1 网络媒体与传统媒体媒介融合

在经过了网络媒体与传统媒体的激烈碰撞过后，媒体生态环境的变化也由最初的动荡逐渐转变为动态守恒。网络媒体在自由竞争的环境中找到了生存之路；传统媒体也在新媒体启发下再次用新的“生长点”来支撑自身的“相对优势领域”。网络媒体和传统媒体之间的合作成为必然，媒介融合也变成大势所趋。

1. 社会整体需要的驱使

媒体除发布信息外，还担负着社会舆论引导、宣传窗口的任务。因为网络媒体可以迅速、大信息量、交互式进行，而传统媒体则能够提供足够的信息源，二者需要形成互补，对一些重大事件和政策，应该集中力量报道，使信息传播和宣传效应达到最大化，体现出媒体的社会价值。比如我国神州六号载人航天飞船发射时，这一信息是全球传媒的焦点，同时也是向全世界介绍中国的好机会。既要让国内人民很好地了解我国的航天事业，又要向全世界展示中国的良好形象，绝非一两种媒体所能做到的。因此需要媒体的优势互补合作，使信息达到的范围、传播的速度与效果都有明显的增大和提高。

2. 媒体自身发展需要的驱使

就网络媒体来说，在需要大投入、集体作战的大战役中，网络媒体的优势不是很明显。优势互补合作对网络媒体来说只有好处。首先在人才上，网络媒体不具有传统媒体所具备的大量记者。在经费上，网络媒体不可能把大量的财力投放在单一的选题上。这对大多数网站来讲是两道难以逾越的“鸿沟”。在今天重大新闻的采访和报道成本越来越高的情况下，只有那些资本雄厚的商业网站，或是传统媒体与网站联手行动才能支付这笔开销，一般的网站没有这个资本，更没有专业人才去完成这类重大的采访报道。而且网络媒体自身所存在的严谨性、深刻性和权威感缺失都迫切要求网络媒体与传统媒体进行联合。

就传统媒体而言，网络媒体的出现为传统媒体赋予了新的生命。以广播为例，广播媒体之所以被称为弱势媒体，一是因为它的声音稍纵即逝，不易保留；二是广播只闻其声，不见文字、图像，给人理解、查阅、重复检索和阅读带来了困难。而现在有了网络，广播不再“稍纵即逝”，不再单一靠声音传播。广播借助互联网不但能够与其他媒体竞争，而且还有一定的优势，即在线收听。央视多次体育报道证明，充分利用国际互联网的先进技术是广播媒体发展和参与竞争的唯一出路。就目前现状来看，不论是国内还是国外，众多传媒集团都已经将自己的平面媒体或广播电视延伸到了网络领域。

3．媒体现今生存状态所决定

许多人认为，新兴的多媒体以其数字式技术的优势，可以集现有的广播、电视、报纸、书籍、杂志、电影等各种大众传播媒体的功能于一身，因此，将完全取代现有的各种大众媒体。但是这种情况至少在近一代人的时间内难以成为事实。据复旦大学新闻学院研究生班做的“上海市受众的现状及发展趋势”的调查表明，上网的人中觉得每天获得的信息量不满足的占 35.4%。这表明，存在着信息供应的一段真空。整个信息市场是一个大的媒介生态系统，各种媒体是共生共食的。

19.2　媒介融合的“和声效应”

网络技术的发展，使网络媒体与传统媒体的联合成为可能，当新旧媒体未形成根本的利益冲突并需要互相利用对方优点时，这种优势互补整合的可能性便成为现实。其现有格局也在媒体的多次实践当中得到验证。而且在多元化的今天，网络媒体与传统媒体的媒介融合会促成网络媒体与传统媒体的资源重组以及媒体集团的有效整合，从而发挥多媒体传播的“和声效应”，从传播学角度看，这种效应可能会从更广范围、更深层次来促使媒介传播产生多方根本变革，也会使未来的媒体生态环境呈现新的特点。

1．Who——传播者从“术业专攻”到“通才全能”

网络媒体一旦与传统媒体形成媒介融合，作为传播起始环节的传播者将会最先发生重大变化，传统媒体与网络媒体在继续保持竞争关系的同时，更多的是相互融合的发展趋势，作为大众媒体，媒体间的整合将会从水平的联合逐渐构建成纵横合一的媒体格局。即报纸、广播、电视等传统媒体将会与网络等新媒体横向组合，形成新的大众媒体集团；报纸深度解读、广播电视情感宣泄、网站快捷传输、新媒体互动联络等特色形成垂直整合。新的“传播者”将会使信息产品以不同的方式让受众所接受。

而作为媒体发展关键的媒体工作者也会面临高难度的素质要求和高强度的工作负荷。中国人民大学新闻学院蔡雯教授认为，两类新型人才：既能在多媒体集团中整合传播策划的高层次管理人才和能运用多种技术工具的全能型记者编辑将会成为未来媒体的首选，数字技术和多媒体的通识人才将会成为各种媒体争相竞争的有力资源。仅仅定位为“专家化、学者型”的媒体运行人员就难以适应现实社会越来越高的专业要求。对于传播者来说，采、写、编、评、摄、制作等全方位、高标准的业务技能以及信息内容生产、高新技术应用、发展战略策划等各种素质要求，用高屋建瓴的视角统筹集团内部多媒体对媒介产品生产、发布、营销过程中所用资源整合共享和交叉互动都将成为未来传播者所必须具备的基本技能。传播者要在媒介产品生产的过程中，扮演起多岗位、多职能的职业角色，从而适应整个传播的拓展深化。

2. What——信息内容从重复叠加到整合连贯

在媒体双赢的格局下，网络媒体与传统媒体必将在内容方面做出自己的选择，而此时媒体的信息产品也并不是报纸、网络、电视等媒体的简单相加，信息模式化、重复化等问题因为多媒体融合的趋势而将从根本上得以改善。以单一事件为例，事实信息的提供理所当然首先是由网络来完成，更为复杂和深入的报道则是由印刷品传播，当报道内容涉及宏大场景以及情感因素时，广播和电视则更为有效，一旦形成和声效应，受众就能够根据自己的喜好来通过不同的方式选择自己需要的信息，就像布隆博格在《信息就是信息》一书中所说的“我们将拥有更为宽阔的视野，因为我们会随时随地地接收来自各方的信息”。在信息的“生产”过程当中，个性化以及受众需求也会越发地得到重视，服务意识、人本意识在传媒行业则会越发凸显，在这一前提下，媒体会根据受众的需求及时调整自己的角色，认真研究按需传播的受众模式，也只有这样，各类媒体才能在竞争当中保持自己的生命力。

而在信息生产方式中，由多家媒体演变的传媒集团将会因资源继续有效整合而不断扩张兼并，在和声效应的作用下，横向的多媒体整合将提升到更高的层次。媒体平台跨度将会增大，传媒集团将会进行纵向的流水线式经营，从而整合现有资源，改变单一的媒体信息生产流程。例如，媒介集团中成立独立的“媒体融合中心”，专门负责对信息资源进行创造性的重组和“研发”，而非简单的信息合并。信息资源的背景是一样的，但是最终的媒介产品是不同报道角度、报道方式，具有媒介介质本身的个性，内容关联性大、连续性强，形式多样化，可接近性强。根据受众的需求——满足理论，受众会主动地选择自己所偏爱的和所需要的媒介内容和信息，不同的受众可以通过同一媒介讯息来满足不同的需要，并达到不同的目的。同一类受众可以通过任何一种媒体，对该信息有不同程度的了解和认识，激发受众阅读、视听、参与等习惯的关注焦点相互交叉，并集中到媒介集团的整个媒介产品链，实现信息资源的最优化利用，以更完备的媒介去获得新的受众，传媒集团的信息利用能力不断加强，信息产品整合连贯，提高了传媒竞争力的要素水平，从而促使媒介资本积累迅速扩大。

3. 渠道从各自为营到多元互动

同一集团的不同媒体在承载多媒体内容生产的完整架构的基础上，根据自身媒体特点可以实现信息渠道的有效覆盖和交叉互动。如同一个新闻栏目，可以通过网络平台、移动通讯等方式实现动态报道的有效跟进和及时互动，而通过这一方式，又可以使传统媒体对事件本身进行广泛深度的采访，受众也可以主动地加入到传播渠道中，成为重要的信息发布者。传统媒体在同步进行时，也可以迅速整合相关信息，探索信息延展渠道，通过深层次的报道解释来最大限度的对信息进行解读，如在媒体融合的前提下，各子媒体可以分享新闻线索新闻资源、合作进行新闻报道、合作开设新闻栏目、报纸新闻报导在网络上延伸扩展、报纸新闻改造成网络形式发布、报纸连载博客、报纸利用网络征集线索收集信息等各种传播渠道的扩充发展。可以说，这些方式的实现，正是互联网和新兴电子技术载体的研制，给媒介融合后的“和声效应”发挥带来了技术上的保证，实现了基于媒介组织与流程的再造和基于新介质载体的媒介融合。

媒体和声效应的发挥不仅可以使自身媒介成为内容的包装者、发布者与推广者，也可以同时成为同一集团下其他子媒体的宣传窗口和信息平台，利用各自的优势传播技术，拓展信息传播途径，强化信息传输渠道的多元化。

4. 受众角色从传统接受到多重角色扮演

在现今社会生活中，每个人都是角色的复合体，不同的角色丛体现了人们广泛的社会交往和复杂的社会关系。在信息传播的过程中，受众本身曾定义为信息接受者，然而媒介融合之后，受众与传播者之间形成的传受关系不再单一，传统意义上的接受方式越发具有个性化和定制式的特点。受众可能会在同一时间内，一边浏览着电子书、一边听着摇滚乐、同时和好友视频聊天、在影迷论坛上发帖、还要不停地回复手机短信，受众同时扮演着 viewer（观众）、listener（听众）、reader（读者）、attendee（参与者）、user（用户）等多重角色，与媒介形成高频率的接触。

传播学鼻祖施拉姆曾认为传播的关系是两个人（或两个以上的人）由于一些他们共同感兴趣的信息符号聚集在一起。传播是一个分享信息符号的过程，在这个过程中，传者和受者双方共同代表信息和导致一种彼此的了解会聚到一起的符号。由此可见，受众对各种媒介的接触是相互交叉、互为补充的。而网络媒体与传统媒体的媒介融合，将这种高频率的接触转化成一种良好的传受关系，形成互动、内在的联系。媒介融合则强化了这种角色扮演的程度，提高了受众对整个媒介集团的美誉度和忠诚度，来争夺其他传媒集团的受众群体。媒介融合交错复杂的媒体业务网状结构，具有极大的连动效应，加大了受众接触同一媒介集团下其他子媒体的可能性，从而带动受众在进行其他信息传播角色行为时与传媒集团任何子媒体之间的关联。受众角色的多重交叉不仅站在受众细分、针对性策略的背景之下，更是将受众对媒体的作用和影响发挥到极致，将读者、观众、听众、网民，以及手机用户等全部吸引到媒介集团，作为集团的核心受众群体，形成集团竞争力的终端优势要素。

5. 传播效果从营造“点”的精彩到产业价值链的构建

产业价值链是指以某项核心价值或技术为基础，以提供能满足消费者某种需要的效能系统为目的、具有相互衔接关系的资源的优化配置与组合。过去，无论是传统媒体“内容为王”的战略发展还是网络媒体“海量信息”的品牌效应，大多都采取的是单点式的传播模式，从经营的角度来看，这种传播模式至少存在两个问题；一是它对于资源的利用率较低，客户资源、受众资源、品牌资源开发层次较低；二是它存在着“饱和点”，即一定时期内会达到发展上限，而制约媒体发展。

在网络媒体与传统媒体融合的今天，媒体之间通过收购、合并等手段，进行产权、运营、产品上的整合，具备了从事规模效益的多媒体产业链条。在这一链条内，通过各媒体之间的互相支持、回馈和促销，可以达到互相造势和增值的目的。在互联网上进行实时电视广播，或为上网手机提供文字、图片和影像信息。同一集团内不同媒体的内容的互动和整合，发挥了协同效应，使媒体资源用途多样化，一物多用，扩大了市场，以相对低的成本获取较大的收益，实现“粗放式”到“集约式”的发展变革。

再者通过媒介的有效融合，传播者突破着眼于单个媒介集团各自操作经营的拘泥，可以实现跨行业的产业链条构建，突破传统意义上的规模和范畴，可以赢得“多点支撑、百花齐放”的产业格局，利用现有媒体品牌以及共同平台从事会展、调查、咨询的业务；针对受众需求，细化信息发布，进行信息汇总、定制；利用传统媒体集团优势及网络平台进行精确营销，这些方式都可以使受众进一步提升对于媒体的欢迎度和忠诚度，形成人才、产品、渠道、终端等各方面的竞争优势，最终带动整个产业重新定位和跨越式前进。

在我国目前的条件下，虽然网络媒体和传统媒体由于媒体的人员素质、经营管理体制、策略等问题还没有充分发挥媒介融合下的和声效应，而且由于现在网络自身在我国短暂的发展历史，其自身在传播过程当中还存在着负面影响等诸多问题，因此要想充分发挥网络媒体和传统媒体的和声效应，并使之真正地与受众的现实生活紧密相关，的确还有一段路要走。但是以凤凰卫视为代表的一些传媒集团的快速发展也向我们充分展示了网络媒体与传统媒体媒介融合的巨大威力。

第 20 章 天天网整合运营案例

在开始写这章案例之前，读者需要花一点时间来听笔者道一下电商行业的惨烈战争故事，用硝烟四起、烽火连天来形容时下的电子商务行业，是最为贴切的！

20.1 行业背景

2013 年电子商务之间的斗争尤为激烈，从聚美的 3.3 周年庆到乐蜂一年一度的桃花劫，再到京东的红 6 月，电商都纷纷标榜“价格大战”的噱头！同时，京东商城和苏宁易购已互下战书，分别以“别闹”和“别慌”推出促销海报；易迅网和乐蜂网以“别系列”紧随其后；天天网同一时间推出“叫嚣全网——约战 618”闪亮登场！过去从未参与过价格战的凡客诚品近日也以“六月真心大促”高调加入。除此之外，当然也少不了天猫、淘宝网等阿里巴巴系也纷纷加入促销行列，让这场价格战变成了历年来参与企业最多、品类最齐全的一次。

如今的电商是急躁的时代，是磨炼着我们毅力的时代！每一个在电商中生存的伙伴都将成为“钢铁战士”。

在这场激烈的价格战中，各商家推出各式各样的优惠活动，自然受到广大消费者的喜爱，但是如果这些促销活动附有各种条件或者是一种欺诈行为，那么就是欺骗了消费者，也影响了自己的品牌形象！

笔者认为这不仅扼杀了电子商务企业的未来，更是给整个行业带来了阴影。与其虚张声势地促销来提升业绩，不如脚踏实地地做好电商的每一个环节，让用户时时感受到优惠，促销也要让消费者一目了然地感受到真正的实惠。本章将以故事的形式讲述天天网 2013 年的两次大型整合营销活动，希望能给读者带来不一样的营销思维。

20.2 关于天天网

天天网于 1999 年成立，是目前国内最大的专业化妆品时尚购物网站，销售国内外知名品牌的化妆品、护肤品、彩妆、香水、个人护理、美体瘦身、健康保养以及手表饰品箱包等近 300 000 种商品，经过 14 年对美容时尚事业的执着和不断创新，天天网已经成为中国化妆品垂直 B2C 领域最受年轻白领好评及最具影响力的网站之一。

经过近 14 年的运营，天天网与近 800 家品牌商建立了长期的深度合作，而各大化妆品品牌商选择与天天网合作运营，主要有如下优势：

- 高毛利：为品牌商实现高毛利率。
- 省去大量间接成本：省去大量渠道成本与建设，用互联网迅速覆盖全国各区域用户。
- 直接接触终端客户：接触广大终端客户，可广泛、清晰、深入传递品牌内涵与产品信息。
- 实现精准营销：掌握客户信息与购买习惯、趋势，实现精准营销。
- 快速调整：网络特性的“试错”，根据客户需求和快速反馈找到营销点，塑造产品、品牌和价格定位。

以上五点优势，是数年来长期积累的结果，在国内，拥有十年以上的化妆品运营经验的纯互联网公司，可能找不出第二家了。

20.3 5·20 网络情人节

电商造节早有历史，如双 11、双 12、4·19 等，其中最为人津津乐道的是“光棍节”，从 2009 年“双 11”第一次被人们知道，到 2012 年双 11 支付宝 191 亿元的销售额让淘宝系的独舞绚丽夺目。

事实上，电商促销手段繁多，造节仅仅是其中的一个方面。从店庆日、店庆月再到毕业季、跨年庆，各大电商总有理由让消费者看到号称“最大力度”的折扣。

20.3.1 活动策划

早在 4 月份天天网就开始筹备 5·20 网络情人节，这是一个关于爱情的节日，其目标用户也是女性，为女性提供专属平台的电商企业更适合这一“节日”，借此机会获得了新的商业契机！

笔者作为本次的“节日”总指挥，指导策划了本次“网络情人节”。通过多次的调研，市场分析，最终确认促销的活动主题为“很爱你”。笔者希望每个人都要去爱别人，他可能还是单身，但也有父母、手足之爱，可能正在恋爱期，可能也早已步入中年，已经没有爱的感觉，通过本次活动希望唤起网友们无时无刻都存在的爱的意识，去理解爱，去享受爱！

基于上述理念，天天网的创意人员在通过市场调查、沟通后，确定目标人群为全国女性（上班族、学生妹、宅女）。最终敲定“很爱你”这正在被大众所遗忘的状态，重拾爱你、爱他（她）、爱父母、爱朋友等情感主题，一切活动的展开始终围绕着这一主题，“520 很爱你”展开火爆促销大戏！

20.3.2 活动流程

通过活动主题及目标群体的确定，活动规则就显得非常顺其自然了，笔者希望能通过最恰当的活动规则，让目标用户享受到最实在的优惠。

在活动中根据 5·20 活动原则分别融入优惠力度当中，比如满 159 送精美礼品（仅限在线支付）。该项活动主要为拉升在线支付比率。

由于平均客单价为 200 左右，为了鼓励 200 以下的用户拉动销量，笔者决定采用满 199 送清凉小风扇、满 299 送清凉冰垫、满 399 送大热美妆单品、满 699 送美妆套装的优惠机制。同时，满 300 返 350 再送 3 倍积分则是带动新老用户进行第二次消费的一个较为有效的促销手段，所返的购物 3 倍积分，可以在天天网的积分商城兑换生活用户、小玩具或者是化妆品，应有尽有，喜欢寻求刺激的还可以在积分商城参加抽奖。青春热卖 5 元专区，在这里就像是淘宝一样，可以随时随地淘到既经济又实惠的特卖商品。

如果这样你就认为占到了便宜，那么笔者一定会说“NO”，作为网购的资深人士，一定要了解每一个商家的促销手段，爱要轰轰烈烈立减 60 元，则是先领券后消费的活动模式，从领券后购物再去享受之后的每一个环节，没有陷阱，只能享受到天天网所付出的满满的爱，还有最重要的要时时关注天天网，在活动的最后三天还有全场满 199 即享 8.8 折上折的特大优惠风暴！正因如此应证了那一期的主题“520 很爱你”，这就是再爱你，爱每一个消费者！

活动的页面中的每一个楼层的编排也是有着不一样的意义，具体策划如下文：

楼层 1【精品优选——轻松挑战盛夏】

我们都想挑战夏季的酷热，作为美妆我们为消费者精心选出应对夏日的口碑热销单品，真真是价廉物美只此一家啊！

楼层 2【基础护理——素颜叫板女生】

每个女生心中都住着一位女神，女神是什么？有着好肤色，不用化妆也能每天美美地上街，要想这样，那就做好基础护肤吧！

楼层 3【亮颜彩妆——美肌锦上添花】

小 S 曾说过不化妆的女人没有未来，女人就应该让自己每天亮颜出门，让彩妆为自己锦上添花！

楼层 4【身体护理——全方位无死角】

脸是女人的第一层肌肤，那么身体就是女人的第二张脸，夏季的女人展现自己更多的身体上的美，一定要好好的呵护它！

楼层 5【给爱的他——有礼物更贴心】

网购一向是女人的专利，让女人在特别的日子里想到那个他，为他送上一份清凉的礼物吧！

楼层 6【套组特惠——搭配购价更优】

搭配套装价格实惠，想一次买个够又能享受贵宾级的价格待遇吗，那就首选特价套装吧！

楼层 7【520 热恋区】

甄选的每一套品牌以及产品，都能让你在你的他（她）面前大声喊出 520 我爱你！

20.3.3 选品阶段

接下来，采购部开始采购所需的商品。由于天天网在行业里积累了 14 年的经验，同时与国内外 800 多家品牌商一直保持着亲密无间的合作关系，彼此之间都有着对行业和品牌的默契，所以在备战此次活动时，天天网的采购部立即全员出动，很快就与相关品牌商达成了合作协议。

同时品牌商们也纷纷向天天网投来橄榄枝，表示对此次活动全力配合，并会给予全力的支持！

在选品时，每一个天天网工作人员必须全神贯注，对商品的品质做到 100%的认真核实，赠品详情见表 20-1。

表 20-1 活动赠品使用表

<table>
<tr><th colspan="6">5 月 3 日-5 月 21 日全场活动赠品使用</th></tr>
<tr><th>名称</th><th>赠品名称</th><th>赠品价格</th><th>活动赠品数量</th><th>赠品成本</th><th>活动名称及时间</th></tr>
<tr><td rowspan="3">在线支付</td><td>Z001340 五彩绳</td><td>0.3</td><td>29924</td><td>8977.2</td><td rowspan="7">5 月 3 日-5 月 11 日</td></tr>
<tr><td>40870 草木良品吸油面纸</td><td>3.25</td><td>8359</td><td>27166.5.75</td></tr>
<tr><td>Z000323 丝诺棉签 100 支（袋装）</td><td>1</td><td>5452</td><td>5452</td></tr>
<tr><td rowspan="2">199-258.9</td><td>Z00001Carslan 卡姿兰炫丽星闪潮女手机包</td><td>0</td><td>1053</td><td>0</td></tr>
<tr><td>Z001341 驱蚊手环</td><td>1.1</td><td>6893</td><td>7582.3</td></tr>
<tr><td rowspan="2">259-398.9</td><td>Z000604 韩国思美兰皂</td><td>6</td><td>2415</td><td>14490</td></tr>
<tr><td>Z001342 小黄鸭</td><td>2.85</td><td>6450</td><td>18382.5</td></tr>
</table>

续表

<table>
<tr><th colspan="6">5 月 3 日-5 月 21 日全场活动赠品使用</th></tr>
<tr><th>名称</th><th>赠品名称</th><th>赠品价格</th><th>活动赠品数量</th><th>赠品成本</th><th>活动名称及时间</th></tr>
<tr><td rowspan="4">399-698.9</td><td>Z001323 试管香水</td><td>3</td><td>3251</td><td>9753</td><td rowspan="5">5 月 3 日-5 月 11 日</td></tr>
<tr><td>Z001281Biotherm 碧欧泉阳光欢愉香氛 20ml</td><td>15</td><td>1102</td><td>16530</td></tr>
<tr><td>Z000492CLINIQUE 倩碧水溶性七日按摩霜 30ml</td><td>18</td><td>1354</td><td>24372</td></tr>
<tr><td>42612 同泰亲子套装</td><td>17</td><td>1326</td><td>22542</td></tr>
<tr><td>699 以上</td><td>Z001332CLINIQUE 倩碧温和洁肤水 60ml2 号</td><td>32</td><td>1253</td><td>40096</td></tr>
<tr><td rowspan="2">129 在线支付</td><td>Z000828 送卡莉芙蚕丝面膜两片</td><td>5.6</td><td>29550</td><td>165480</td><td rowspan="6">5 月 12 日-5 月 21 日</td></tr>
<tr><td>Z000829 送卡莉芙蚕丝面膜两片</td><td>4.8</td><td>14214</td><td>68227.2</td></tr>
<tr><td>199-258.9</td><td>Z000995 查名旋翘立体睫毛膏 8ml</td><td>4.5</td><td>15172</td><td>68274</td></tr>
<tr><td>259-398.9</td><td>Z001299 香薰礼盒</td><td>7.8</td><td>4243</td><td>33095.4</td></tr>
<tr><td>399-698.9</td><td>Z000788 曼秀雷敦乐肤洁控油清爽洁面乳 50g</td><td>9.22</td><td>2463</td><td>22708.86</td></tr>
<tr><td>699 以上</td><td>Z001333 倩碧水嫩保湿面部喷雾 30ml</td><td>32</td><td>1526</td><td>48832</td></tr>
</table>

在竞争如此激烈的行业中，始终需要保持头脑冷静和敏锐洞察力的当属市场部的各位同仁们，在最初做网络情人节活动的初步构思时，市场部的同事当晚就为本次活动量身打造了一系列的推广规划，不得不说，活动的策划再完美，没有冲锋陷阵的同事支撑也不能成功。

20.3.4 页面设计

页面设计也是一个很重要的环节，经过数次的风暴讨论后，最终的页面方案终于在三天后确定下来。页面整体会给人一种唯美、温馨、浪漫的感觉，将用户体验也做到极致。

效果如图 20-1 所示。

20.3.5 部门协作

从开始决定以网络情人节为主打后确认 5 月 18 日～23 日为活动的时间；天

天网各部门人员就开始为本次活动进行紧张忙碌而有序的备战，从主题的方向到立项、计划的部署、协调各部门的配合，此次活动涉及策划、设计、运营、编辑、采购、市场、技术、渠道、客服、物流 10 个部门间的配合。对于大型的整体促销活动，最重要也是最难的就是各部门间的配合和避免各环节的脱节。

图 20-1 活动页面图

如果把此次活动比作一个人，策划就是活动的灵魂，编辑就是一个人的内脏，采购通过身体里的血液，让人感觉有活力有生机，技术同学们则是肌肉骨骼，能够自由自在的活动，运营则是人的头脑随时能够将最完美的一面展现出来，随时发现不足，随时对自己的身体进行调整，人的眼睛是永远冲在最前线有着敏锐发现力的市场，沟通永远是与外界交流的第一道关口，客服部与物流之间的配合才能够让人给外界一个良好的效果，一个人如果身体健全但是没有一个华丽的外衣，就会没有自信，所以设计部的同事们每天都要设计出不同的能展现出适合自己、突出自己特点的外衣。这样一个人才能以最佳的状态迎接每一天的挑战！

最初策划部门开始筹备此次活动，对主题进行讨论及调研，最终敲定活动的主题及活动形式并召开立项会，与其他部门商讨实现活动的其他事项。一个彰显出自己特点，又能符合节日特点和符合时代潮流的外衣，让设计部的同学有较大压力，如何在众多的选美中让人记住你，并选择你，是我们这次要解决的问题。

在主题已敲定的前提下，根据当前流行的设计风格，并结合情人节整体浪漫温馨的特点，直接了当地告诉消费者我们是什么？我们要做什么？通过简单的特点再佐以细节突出，整体风格给人以清新、惊喜、明了的感觉，敲定了页面最终风格。会晤之前就已让运营部针对目前市场上及各家网站所热销的商品进行监控整理，并对所有的热销品进行全网的比价，通过严密的数据对比确认最终活动商品的上线及陈列布局，以达到最佳效果。

最终根据所调研出的商品数据，结合日常商品销售的情况，并以是否为热销品、是否为应急产品、价格是否最有优势、近 10 天的销量对比等几个纬度进行分析排查，对销售状态再次进行确认，经过几轮的排查审核最终确认活动的商品内容。

20.3.6　站内营销

活动页面上线后，接下来则是进行用户告知，将活动信息以最快的方式告知天天的老用户，同时通过口碑吸引大量的相关用户参与活动。

在天天网活动上线后，站内营销主要有：站内消息、短信营销、会员 EDM、官方微博、论坛贴吧。

通过上述的站内告知，在活动一上线，就得到了大量的老用户关注，同时也吸引了不少新用户的参与。

20.3.7　营销推广模型

仅仅靠站内营销还不够，还需要整合外部的推广资源，笔者在这里重点说一下此次活动的天天网模式。主要包括口碑营销、搜索营销、淘宝营销、会员营销、PR 营销、事件营销等。

天天网可控推广资源：QQ 空间、Tips、拍拍/商城首页焦点图、客户端对话框、网购微博、拍拍特价、团购等，详见图 20-2。

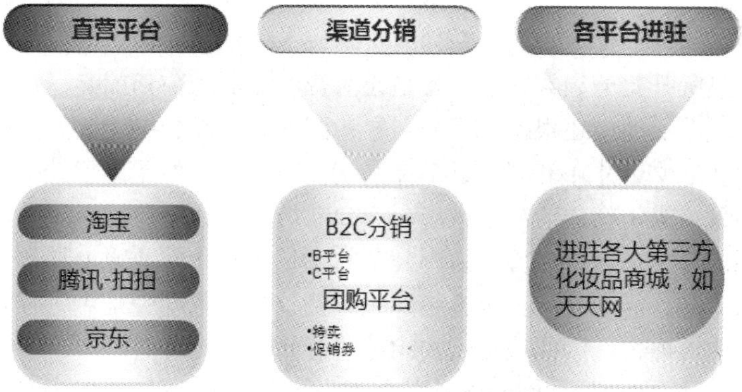

图 20-2　整合网络销售渠道模型图

利用天天网合作优势，可帮助这次 520 活动在 QQ 平台进行传播。

20.3.8 渠道整合

各渠道也得到强有力的支持腾讯的QQ网购、V+、国美、亚马逊等都在活动初期就提出给予极大的支持，在活动期间针对此活动进行了独家曝光价格的同步。会员营销部在活动初期开始进行EDM的预热，短信的内容也是经过大家精心部署修改，希望通过“520很爱你！千款商品会员专项，1折起！满199再享8.8折上折，优惠重重！更有全场立减等你来抢！仅限3天！机不可失！尽在天天美妆！”这样的短信内容达到能够强有力的触动消费者的目的。

为配合这次活动找到了今年年初开始合作的360团购。360团购对化妆品商家的选择比较严苛，由于现今的化妆品市场，良莠不齐，造成用户在购买团购商品时对其质量的疑虑和商家售后服务不过关等一系列问题。正因如此360在团购化妆品的选择上，目前只选择在国内知名的化妆品网站天天网和聚美优品两家。

在刚开始与360团购的合作时，承诺一起打造UV的提升，因此我们需要配合360团购一起完成商品质量的提升、售后服务的链条等问题，我们起初承诺提供200个SKU，但是经过几个月的合作，360团购整个化妆品频道的UV颇有上涨，同时为了提升商品的SKU和丰富化妆品品类，我们从原先的200个SKU。提升到现在的1200个SKU，经过双方的努力，预计年底将提升到2500个SKU。

针对此活动经过双方共同的探讨，同时也根据不同合作模式展开市场推广投放，有过过往良好的合作模式，以此为洽谈合作的切入点分别在360团购购物频道和360首页文字导航上争取到了有利的资源位，为活动的推广占据了有利的一席之地，也为网站流量的导入起到了至关重要的作用。

在一切准备就绪时，跟各家网站打价格战，是今年电商中的热门首选，所以之前的选品、比价、供应链等一系列准备确认工作都是在为价格做准备，在活动上线前的预热所开始的领券行动，就是让消费者在活动前期就参与其中，切实地感受到优惠。在活动中还根据520分别融入到优惠力度当中，比如；满159送精美礼品（仅限在线支付）；由于平均客单价为200左右，但是为了鼓励200以下的用户拉动销量；满199送清凉小风扇、满299送清凉冰垫；进入夏季，但是很多办公楼都还没有空调，首先想到为办公室的OL们送上夏季贴心必需品。满399送大热美妆单品、满699送美妆套装，大热美妆和美妆套装是对所有爱美的女人们不可抵抗的诱惑力，因此决定购物满额即可获得。

此次的活动页面展示近60个单品和28个品牌供应商，每天近1500款特惠商品在天天网的团购页轮番展示。

在价格战中比拼的核心是价格，但是除此之外，如果消费者算清楚或者算明白之后，真正的优惠又是什么？在以往的价格战中，消费者往往听信了购物网站的宣传，掏空钱包最后却发现自己并没有买到真正实惠的商品，而“消费者的每次期待都是一次信任，消费消费者就是消费信任”；而购物网站另一方面又将促销费用转嫁给供应商和商家，最终商家发现热闹倒是热闹，但自己却没赚到钱甚至亏钱，“如果商家垮了，谁再来提供物美价廉的商品？”笔者在这次活动中希望这种促销活动应该真正回馈消费者，应该是“真金白银地让消费者得利，让商家成长，让环境更健康诚信”，打造一场真正促销的盛宴。在 5 元起售、2 元秒杀、0 元抽奖、爱要轰轰烈烈立减 60 元、青春热卖 5 元专区，满 300 返 350 再送 3 倍积分，无处不是将优惠进行到底。从预热时的领券的参与到活动中的立减秒杀低价专区，消费者能感受到的优惠尽在其中。

20.3.9　数据监测

数据监测是一个相当重要的环节，在活动从策划到结束，数据监测的工作一直没有停止。

数据的反馈对活动的执行具有非常大的参考意义，对后续的相关动作的调整及策略优化都具有很大的指导价值，数据监测图详见表 20-2。

表 20-2　数据监测图

日期	维度	渠道总数据	360APT	Hao123	一淘	51 返利	亿起发	成果	多麦	网易返现	360 自然	团 000
2013 年 6 月 3 日	UV											
2013 年 6 月 3 日	跳出率											
2013 年 6 月 3 日	注册量											
2013 年 6 月 3 日	注册转化率											
2013 年 6 月 3 日	谷歌订单量											
2013 年 6 月 3 日	后台订单量											
2013 年 6 月 3 日	订单金额											

续表

日期	维度	渠道总数据	360APT	Hao123	一淘	51 返利	亿起发	成果	多麦	网易返现	360 自然	团 000
2013 年 6 月 3 日	订单平均金额											
2013 年 6 月 3 日	订单转化率											
2013 年 6 月 4 日	UV											
2013 年 6 月 4 日	跳出率											
2013 年 6 月 4 日	注册量											
2013 年 6 月 4 日	注册转化率											
2013 年 6 月 4 日	谷歌订单量											
2013 年 6 月 4 日	后台订单量											
2013 年 6 月 4 日	订单金额											
2013 年 6 月 4 日	订单平均金额											
2013 年 6 月 4 日	订单转化率											

20.4 六月全网促销大战

在度过了 520 网络情人节后，另一个战役也在打响，这就是由京东发起的“618”促销战，但是现在 6 月促销已不再是京东一家，而是全网电商的红 6 月。

加入战争就是加入价格战，天天网从 6 月 13 日开始，为期三天，协同 360 团购网站一起约战“618”全网大比拼行动，与京东进行价格战的对抗。笔者希望在这样的电商大日子里，利用“618”的活动弥补美妆的产品种类，让消费者可以拥有更全面的品类选择，页面设计如图 20-3、图 20-4 所示。

图 20-3 “618”活动页面

图 20-4 “618”商品促销页面

比起京东所主打的家电、3C 等单价偏高的产品，天天网主营的美妆产品则面临薄利多销的问题，原本电商销售已比线下实体店低很多，平均售价便已达到 6-8 折左右，而本次活动为了能给消费者更大返利，则以各网络热销、口碑、品牌产品为主体，品牌产品实施满减满赠，同时兼顾全场满减，更推出 1 元截杀的优惠信息！

以品牌为整体来进行促销和全场性的活动方式很符合消费者的消费喜好。美妆护肤产品与数码、3C、日消等产品不同，消费者更以热销口碑为导向，如果选择搭配性的推荐所买到每件产品都为最实惠的产品。同时再针对品牌促销进行绑定，购买某个品牌的爽肤水，则随后的乳液、精华、眼霜等产品都会选择这个品牌，这也是今后促销手段的一个突破。

同理，在促销活动中必须对每个渠道进行监控，根据每天的促销进行推荐调整，以达到最佳的效果。

在这类活动中每个商家和消费者最担心的就是客服接线量、商品的配货量和物流的发货速度，相信这是每一个网购的人都比较担心的问题。因此，天天网在活动上线后，对所有物流相关环节采取了如下三种机制，对用户体验进行严格的控制。

首先，在采购之前，对供货商和品牌商的资质、授权、产品的检测报告等进行严格的审核。

其次，坚持样品验货，即使是从品牌商或授权经销商处直接进货，仍然坚持对所有产品的样品进行验货审核，从源头上避免假货流入的可能。

最后，所有产品在入库前，库房质检团队会对每个产品的包装、有效期等各方面进行严格检查，确保只有合格产品才能正常入库；最后，在发货前，库房将再次对每一个出库的产品进行严格检查，确保发出的每一件产品的质量和品质。

20.5 保持专注并领跑化妆品

从 2002 年开始，天天网就与 100 多家化妆品品牌商进行了一个授权合作，时至今日已有 800 多家化妆品品牌授权合作，很多是独家的，在化妆品类垂直电商竞争局势日益激烈的局势下，之前一直比较低调宣传较少，很多用户不了解天天网担心买到假货，我们希望以后凭借节日和网络的力量高调一些，让更多人了解天天网。

天天网起步较早，时间比较久远，对行业的把握和供货商关系上占有相对较大的优势。而在化妆品类电商企业中，天天网的“卖点”可能是正品和专业。同时在正品基础上，将会在用户口碑、服务及社会化媒体营销加大力度，所以在推广的时候一直坚持打出正品美妆、全网最低的口号，这是天天网的优势，也是所有消费者都在乎的特点，既然能够喊出“叫嚣全网”不难看出现今的天天网不再是沉睡的睡狮，而是正在迈向行业核心和最尖端垂直美妆网站、是吼出嚣张的雄狮。

目前电商企业在广告等方面的运营成本比较高，如果没有长远的打算，这种烧钱方式是很难维持长久的。同时，随着技术的发展，未来电商的模式可能会发生一些变化，天天网作为垂直 B2C 的先行者，也希望能够从很多方面起到领头羊的作用，电子商务领域不会只是两三家企业的天下。“市场很大，机会很多，有大品牌的存在也一定会有小品牌的机会”。

那么身处巨头时代，垂直电子商务企业的出路在哪里？

当前在电子商务领域创业应具备两个关键条件，一是要有充足的供应链，二是不要用巨头的思维做电子商务，更不要过多涉及巨头的领地。

目前的垂直电子商务企业一定要在自己的垂直领域更加专注、更加垂直化地去做细、做好。“例如天天网、乐峰网以及聚美优品等在化妆品这一垂直领域已经做出了名气，特别是天天网，在电子商务领域有着十几年经验的专业采购团队、成熟的后端物流仓储服务，成为很多消费者青睐的化妆品网站”而这些不仅提供产品，还根据消费者的需求提供相对应的推荐服务。“专注，会是未来电子商务发展的趋势”。

第 21 章　千品网整合营销案例

千品网是国内领先的专注于本地化服务商城 O2O（Online to Offline）领域的集大成者。千品更推出了“随时退”服务，用户购买的商品，只要还没有到店消费，随时可以申请退款，如果商品到期，会自动退款给用户，确保消费无忧。千品网致力于为用户提供“高品质、可信赖”的精选商家以及商品。并且本着“称心购买，千品承诺”的原则，为用户提供可靠的商家资源、健全的服务保障体系。

经过三个多月的前期摸索和试探，网站于 2011 年 8 月 18 日 8 点 18 分正式上线，千品网是一个综合性的网上购物商城，致力于打造成为国内领先的本地化服务商城。

千品网的发展宗旨是追求创新和对用户服务的质量。第一帮助商户推广，本地服务商户一直缺乏有效的宣传推广渠道，千品网吸引了大量的用户，并将用户分流到最适合的商户，并为商户建立 portal；第二，千品网帮助商户销售库存，几乎没有一家商户不面临库存的难题，家家有本难念的经，那就让家家都来量身定制合理的商品，千品来销售；第三，千品网教会商户上网做生意：淘宝培养了大批实物网商，千品网则要培养大批的本地服务网商，让线下的服务网上卖！

为了更好的发展，千品网在后期将足够多的资金倾力投在提高产品品质、提升用户体验和服务上。通过用户体验交流评论平台，让用户更加理性地消费！

在营销层面，千品网侧重市场整合，天天网则侧重运营整合，若二者结合，所产生的营销效应将是巨大的。

21.1　品牌定位

千品网定位于全国最大的本地生活服务平台。通过对产品的不断完善和完善的服务品质，在未来五年，千品网希望超过一亿人能够通过千品网进行快捷消费，图 21-1 为千品网首页。

基于这样一个定位，在千品网上线后，笔者带领数位优秀的千品市场团队成员，进行了近一个月的头脑风暴会议，最终形成了本章所展示的非常全面的整合营销方案，在此后的一年时间里，千品网通过执行相关品牌及整合推广方案，注册用户迅速突破 200 万。

图 21-1　千品网首页

21.1.1　千品网的差异化在哪

相对于其他类似的平台，千品网有着较为独特的差异化，主要分为如下三个方面。

1. 专注于本地生活服务

互联网本地生活服务，就是将本地的线下具有实体店铺的餐饮、生活服务、休闲娱乐等商家服务信息，以一种“商城”的方式呈现给网民。通过本地生活服务的平台，帮助用户看到所在地的商户，给用户提供便捷、全面的商户信息，给线下商户提供免费的推广渠道。

本地生活服务平台的优势有：能够为用户提供综合的当地生活服务信息，迅速方便地找到想要的商品；能够为线下商家提供免费的推广渠道，让用户可以通过本地生活服务平台找到商家；节约了找寻商家的时间成本；同时扩大了商家对用户的推广力度。

目前该类平台做得较好的有大众点评，但100%专注本地生活服务的平台目前国内只有千品网一家。从近一年的市场反馈来看，千品网目前在所专注的领域取得了不俗的成绩。

2. 连接商户与用户的平台

在传统的生活服务消费机制中，如果不是本地人，对周围的环境大都会较为陌生，通常出去消费时，需要借助网上查询或者朋友咨询才会了解附近能提供生活服务的场所。这样就会产生诸多的不便，举一个简单的例子，在北京这样的外来人口较多、人口流动较大的城市，通过线下去了解一家餐厅是较难的事情，某家餐厅是否服务水平高、菜品是否适合你的口味只有去体验了才知道，用户与商户的关系是较为模糊的。而通过千品网，商户与用户随时能建立起良好的关系，同时能通过千品网这样的一个平台，对商户进行充分的了解。在这样的前提下，用户要去商户进行消费时就能随时跟商户进行交流沟通，包括定位及获得优惠，千品网用户与商户关系模型如图 21-2 所示。

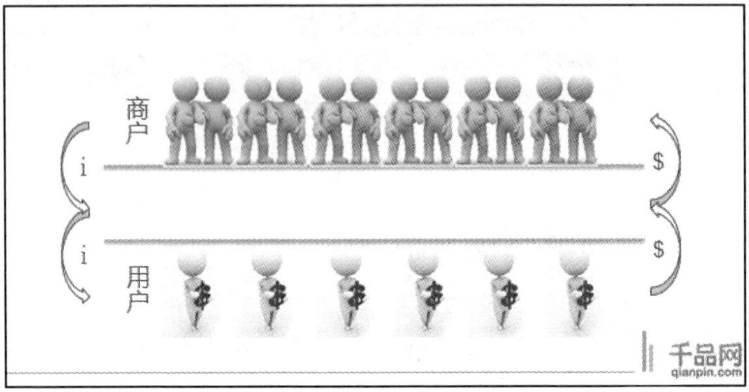

图 21-2　千品网用户与商户关系模型

3. O2O 模式

O2O 即 Online To Offline，也即将线下商家的机会与互联网结合在了一起，让互联网成为线下交易的前台。这样线下服务就可以用线上来揽客，消费者可以用线上来筛选服务，成交也可以在线结算，很快达到规模。千品网是中国首批进入 O2O 领域并全面专注此领域的集大成者，通过这种模式，有效地提升了用户线下体验的质量。

21.1.2　千品网为谁而开

千品网的目标用户群体主要分为两部分，第一部分是商户；第二部分是消费用户。

对商户而言，他们是把买卖做得更大，因此商户们希望有更多推广渠道。但传统的行业在推广方面会遇到较多的问题，诸如不知道做什么推广比较好，或者想让更多人看到自己的产品时，往往盲目营销，大多数不做推广的时候生意平平。千品网即为此类商户解决了如上的一些令他们头疼的问题。

千品网的目标用户主要是上班族。他们每天为工作而忙碌，压力大，下班用各种吃喝玩乐的休闲生活来解压，喜欢经济实惠的服务，有一定的网络购物习惯。中国的白领群体超过一亿，这类用户在千品网都能找到优质且实惠的线下生活服务商品。

因此，千品网的核心价值也便凸显出来，那就是为用户和商户提供便利的服务，是一个三方共赢的平台，千品网核心价值模型图如图 21-3 所示。

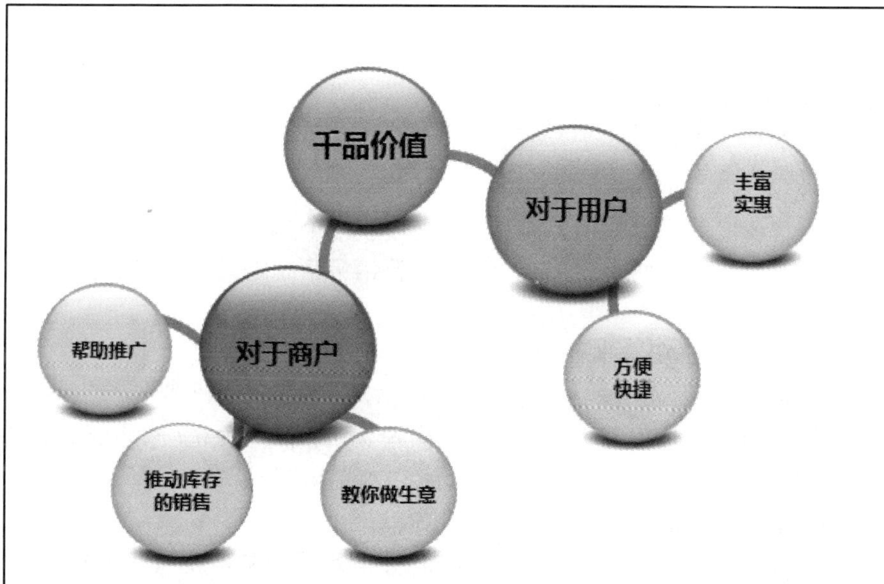

图 21-3　千品网核心价值模型图

21.1.3　千品网的营销现状

由于是初创品牌，根据用户对一个品牌从认知到依赖的规律，目前千品网的品牌现状还处于用户认知环节，因此营销的重点便清晰了。

如何通过各种有效的手段将新用户引导至千品网并认识和熟知该平台，是当前工作的重中之重，如图 21-4 所示为千品网当前的营销现状。

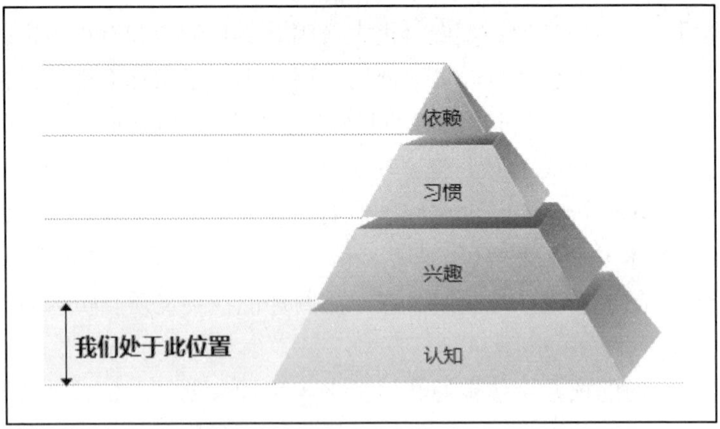

图 21-4 千品网的营销现状

21.2 营销策略

千品网该阶段的整合营销整体目标有两个，一个是扩大品牌认知；另一个是增加品牌曝光。基于这两个目标，千品网的营销策略制定就较为容易了。

21.2.1 整体活动策略

基于千品网的整体营销策略——扩大品牌认知和品牌曝光，执行的活动策略则基本按照两种思路进行，一是效益活动；二是品牌活动。

而活动最终的目的有四个方面，分别如下：

- 提升品牌，由活动带动品牌初期推广，满足受众基本及惊喜两方面需求，树立品牌初期认知度。
- 营销以惊喜为主的活动，大面积铺开，奖品为吸引力，带动受众的自动分享及交互行为的产生，实现品牌大规模认知，扩大网站注册。
- 转化，有一定用户基数后，对用户进行分析，推出满足不同兴趣点的活动，实现注册到购买的转化。
- 订单，跟进用户行为，推送更多兴趣点活动，结合产品促销信息推送，扩大订单量。

效益活动能最大限度地扩大品牌认知，同时也能最大限度地增加品牌曝光。在后期，配合适当的品牌活动，进一步扩大品牌认知，使千品网的品牌得到用户的积极认可，则本期的整合营销目标就达到了。

在活动宣传通路上，我们会从互联网媒体渠道作为切入点，前期选择数百个与目标群体相关的媒体平台，这些渠道会作为长期的宣传渠道，从而不断地加强用户对千品网这个新兴互联网品牌的认知度。

同时，对已注册的用户进行定期的 EDM 许可式营销，引导用户积极订阅产品及促销信息，包括千品网的活动推送。EDM 许可式营销是千品网的重要手段，它不仅能维系与用户之间的关系，提升用户的黏性，也能不断地带来更好的口碑，提升用户的产品体验。在千品网上线后，EDM 一度成为最重要的推广通路之一。

除了 PR 与 EDM 这两大基本推广通路之外，还有数个辅助的推广渠道，如微博、论坛、竞价广告、联盟广告等，所有的推广渠道的组合则是根据该阶段不同时期的行业活动与行业合作内容进行具体的组合，整体营销策略图如图 21-5 所示。

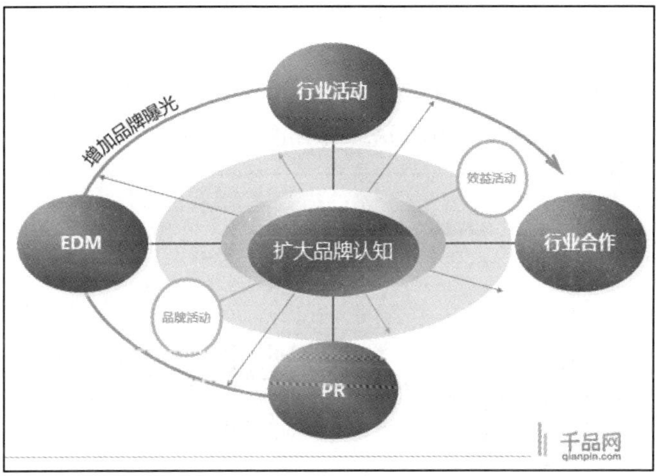

图 21-5 千品网整体活动策略模型图

21.2.2 整体活动策划

千品网上线后，笔者带领着千品网的市场团队成员根据千品网的前期活动目标及活动策略对该阶段的活动及品牌推广策划进行了全面的部署，基本思路是通过整体活动（品牌活动及效益活动）增加用户注册，同时拉动用户分享。下面笔者将为各位读者依次展示我们在这个阶段将要进行的整合营销策划。

根据新网站的特点、目标用户群的特点及季节特征，通过数天的头脑风暴会议，笔者与市场成员最终确定了如下 7 个活动思路，并进行了较为详细的节点安排：

2011 年 9 月，“注册转发有好礼”大型效益活动，通过社会化媒体等方式充分影响数千万网民。

2011 年 10 月，国庆促销活动，同时结合“注册转发有好礼”大型效益活动。

2011 年 11 月，吃喝玩乐“控”一族，此活动希望增加大量的优质千品网活跃粉丝。

2011 年 12 月，“梦想照进现实”大型抽奖活动，我们准备了非常具有吸引力的奖品回报我们的用户，同时再次提升品牌认可度。

2012 年 1 月，千品就在你身边，春节到了回家吧。千品网希望通过此活动，关怀春节回家的上亿用户，再一次传递温馨品牌的感染力。

2012 年 2 月，“情人节秀甜蜜”活动，通过此活动再一次加强用户对平台的认可，千品网不止是一个优质的生活服务平台，更是一个甜蜜的“约会”平台。

2012 年 3 月，“十二星座春天的狂想”，让喜爱星座的年轻人参与到此活动中，提升品牌本身与用户的黏性。

从网站 9 月份上线到第二年的 3 月份这 7 个月，笔者同市场团队的同事一起力求将千品网的知名度迅速提升，这段前期的品牌整体活动规划如图 21-6 所示。

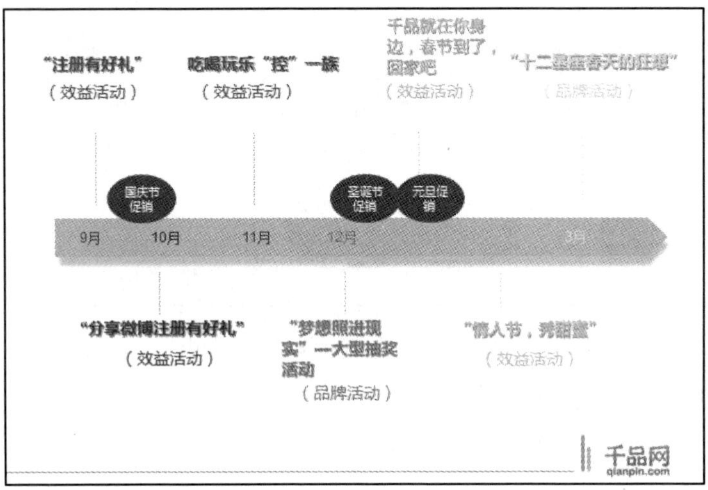

图 21-6 千品网整体活动规划

21.2.3 七个活动

本小节笔者将会对这段时间的七次品牌整合营销作出详细的说明，每一个活动的主题、时间、活动平台、推广组合机制、效果预估等，读者可从这些活动的推广组合机制领悟到笔者与团队成员的整合营销思路。

1. 2011 年 9 月活动：注册转发有好礼

由于是初创品牌，千品网在创立之初并无品牌，在上线的第一个月，用户的关注寥寥无几，对网站本身来说，在这个阶段，应通过较低的成本获取第一批忠实的用户，以促使网站本身较快地发现存在的产品问题。

因此，本次活动的主题即为吸引用户注册，活动基本流程如图 21-7 所示。

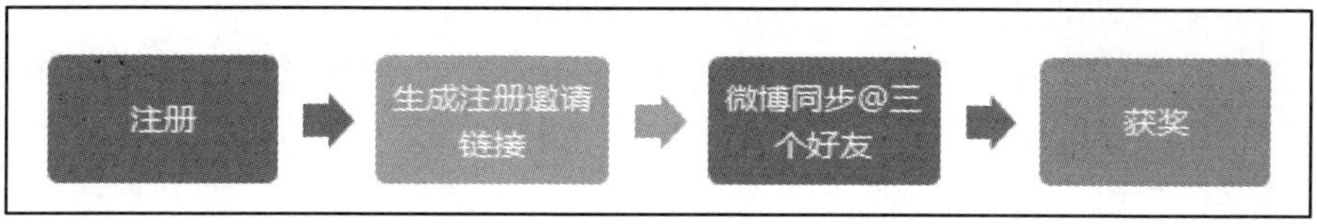

图 21-7　注册有好礼活动基本流程

（1）活动基本思路如下：

活动主题："注册有好礼"

活动时间：二周（10 个工作日）

奖品设置：小米手机、单反相机、手机充值卡

活动平台：千品网官方微博

推广平台：新浪微博、论坛发帖、新闻稿

（2）活动效果预估：

月用户注册总量：15000

（3）活动费用总计：5.3 万元

新浪微博推广：1 万元

论坛：500 贴，1000 元

稿件：10 篇，2000 元

其他推广形式：3000 元

奖品成本：37750 元

小米手机，5 部　　2000 元/部*5=10000 元

单反相机，5 部　　4500 元/部*5=22500 元

100 元手机充值卡，每天 5 个　　100 元/张*5 个*10 天=5000 元

运送成本：250 元

方案中初始的推广平台选择的是千品网官方微博，主要有如下考虑：

- 微博平台是所有社会化平台中最具有传播性的平台，通过在新浪微博发布注册有礼的活动，吸引来自新浪微博的广大粉丝的关注和参与，活动本身更容易传播开。
- 千品网的主要目标用户人群是一线城市的白领群体，与新浪微博的用户群体重合度较高。

- 千品网此时的网站刚上线，还没有基本的忠实用户，也没有较好的品牌知名度，因此需要借助微博平台的自发传播效应，带来第一批忠实的用户。

在推广通路的组合形式上，这次较为简单，主要有新浪微博、论坛发帖和新闻稿，这种推广通路的组合重在活动内容本身是否具有吸引力和传播点，因此在前期的活动中，笔者与千品网市场团队的同事们希望通过优质的活动本身来吸引用户，并让用户对千品网品牌本身产生较强的信任感。

通过认真的准备和执行，在活动的每一个时间节点和环节都进行了精细化管理，活动结束后，千品网获得了第一批忠实的用户，这一批用户对产品本身也提出了诸多的建议，为千品网之后几个迅速上线的营销方案提供了较大的参考。

2. 2011 年 10 月活动：分享微博注册有好礼

通过第一个注册有礼的活动，笔者发现，用户们的参与度非常高，而且网站注册的用户质量也较高，可以说，通过第一次活动，千品网已经拥有第一批较为忠实的用户。

10 月份，笔者再次将“注册有好礼”的活动进行了延续，将用户的参与热情进一步提升，同时在传播的组合上，选择了新浪微博、论坛发帖、新闻稿、EDM 这四种组合方式。细心的读者可能会发现，本次推广通路增加了 EDM 这一个渠道，EDM 主要有两个作用，第一是维系 9 月份上线以来注册的第一批忠实用户的关系，通过 EDM 会员营销，告知这批用户还可以继续参与到我们的活动中来，同时，通过对千品网的活动有订阅的用户进行多次 EDM 营销，扩大本次活动的用户关注度。

本次活动的目标是吸引超过 40000 个注册用户，到 10 月底，注册目标完成。

活动时间：三周（15 个工作日）

奖品设置：QQ 增值业务卡、100 元手机充值卡、MP3、iPhone5、注册即可获得 20 元消费券

活动平台：千品网官方微博

推广平台：新浪微博、论坛发帖、新闻稿、EDM

活动效果预估：

月用户注册总量：40000

活动费用总计：19W

新浪微博推广：2 万

论坛：500 贴。10 个论坛置顶，30000 元

稿件：10 篇，2000 元

EDM：100W 封，10000 元

其他推广形式：3000 元

奖品：　128700 元

QQ 增值业务卡（30 元），每天 6 个，共 90 张，2700 元

50 元手机充值卡，每天 4 个，共 60 张，3000 元

MP3（100 元），每天 2 个，共 30 个，3000 元

——iPhone5，每天 1 个，15 部，8000 元*15=120000 元

3．2011 年 11 月活动：吃喝玩乐“控”一族

第三个活动，笔者开始将千品网网站本身的特点结合到活动内容中，在与用户的充分互动过程中产生品牌的共鸣。活动方案如下：

活动主题：“吃喝玩乐”控“一族”

活动时间：四周（每周周一到周五，20 个工作日）

活动形式：微博上以“说说你是什么控”为话题，贴图证明。转发活动微博即可获奖。

奖品设置：凡转发微博即可得到千品网形象纪念品（第一周：环保餐具；第二周：杯子；第三周：U 盘；第四周：玩偶）；凡邀请一个人获得 20 元虚拟消费券。

活动平台：千品网官方微博

推广平台：新浪微博、论坛发帖、新闻稿、EDM

活动效果预估：月用户注册总量：40000

活动费用总计：18.2W 元

新浪微博推广：2 万

论坛：500 贴。10 个论坛置顶，30000 元

稿件：10 篇，2000 元

EDM：300W 封，30000 元

奖品成本：90000 元

千品网形象玩偶、杯子、U 盘、环保餐具，每天每类 20 个

环保餐具：500 个　共计 20000 元

杯子：500 个　　共计 22500

U 盘：500 个　　共计 27500

玩偶：500 个　　共计 20000 元

本次活动的基本思路与前三个月的活动一致，特点是本次活动充分结合了网站的定位，进一步拉近了用户对品牌的充分认知。

营销到此时已经过三个月，通过不断的以活动进行的整合营销传播，辅助大量的媒体宣传，千品网此时在行业里已经开始拥有超过十万的优质用户。同时，

在这三个月中，网站本身也经过数次优化和改版，用户体验得到了极大的提升，为之后更大型的全国性活动打下了坚实的基础。

4. 2011 年 12 月活动：梦想照进现实——北纬 40 度 5 年住房权（北京）、4 克拉钻石（全国）

通过前三个月的活动，网站的基础已经较为牢固，此次活动的吸引力大，将会借助微博及媒体平台进行千品网上线以来最大力度的传播推广，将千品网的品牌进行充分的曝光。

活动主题：梦想照进现实——北纬 40 度 5 年住房权（北京）、4 克拉钻石（全国）

活动时间：四周

活动形式：注册即可参与梦想照进现实抽奖活动，中奖用户将获得北纬 40 度一居室免费入住 5 年及四克拉钻石

抽奖规则：以 12 月 18 日双色球开奖结果为准，除以抽奖人数，得到的余数+1

活动平台：千品网官方微博

推广平台：新浪微博、论坛发帖、新闻稿、EDM

活动效果预估：月用户注册总量：150000

活动费用总计：66.2 万

推广成本：10.2 万

新浪微博推广：2 万

论坛：500 贴。10 个论坛置顶，30000 元

稿件：10 篇，2000 元

EDM：500W 封，50000 元

奖品成本：56 万

北纬 40 度一居室免费入住 5 年，6000/月*12*5=36 万

4 克拉钻戒一枚，20 万

本次活动由于极具吸引力的奖品，同时通过媒体及微博的广泛讨论和传播，使千品网的品牌词百度指数提升了两倍多，品牌知名度进一步得到加强。

5. 2012 年 1 月活动：千品就在你身边，春节到了，回家吧

活动主题：“千品就在你身边，春节到了，回家吧”

活动时间：两周

活动形式：号召在微博说出回家的愿望，可获得免费票计划。

奖品设置：

机票，20 张
火车票，100 张
转发礼品：千品网 100 元虚拟消费卡，每天 5 位
活动平台：千品网官方微博
推广平台：新浪微博、论坛发帖、新闻稿、EDM
活动效果预估：月用户注册总量：200000
活动费用总计：28.2W
推广成本：10.2 万
新浪微博推广：2 万
论坛：500 贴。10 个论坛置顶，30000 元
稿件：10 篇，2000 元
EDM：500W 封，50000 元
奖品成本：18W
机票，20 张。5000*20=100000 元
火车票，100 张。800*100=80000 元
转发礼品：千品网 100 元虚拟消费卡，每天 5 位（忽略不计）

6. 2012 年 2 月活动：“情人节，秀甜蜜”

活动主题：“情人节，秀甜蜜”
活动时间：四周
活动形式：
以“许愿”为主题，说出吃喝玩乐的愿望，在微博内发出即可获得愿望实现机会。男女互相邀请，说出希望去“吃喝玩乐”的地方，购买产品购买后到商家消费拍照片可获奖。
奖品设置：
千足金情侣项链吊坠
100 元消费券，每天一位
活动平台：千品网官方微博
推广平台：新浪微博、论坛发帖、新闻稿、EDM
活动效果预估：月用户注册总量：50000
活动费用总计：18.1 万
推广成本：10.2 万
新浪微博推广：2 万
论坛：500 贴。10 个论坛置顶，30000 元
稿件：10 篇，2000 元

EDM：400W 封，40000 元

奖品成本：8W

千足金情侣项链坠，价值 4000 元，每天一个。4000 元*20 个=80000 元

7. 2012 年 3 月活动："十二星座春天的狂想"

活动主题："十二星座春天的狂想"

活动时间：四周

活动形式：以十二星座人的特点结合相应话题，分别搭售适合十二星座春天的狂想的"吃喝玩乐"的产品，并让每个星座的人为另一半挑选搭配产品完成"狂想"

活动内容：

- 微博：四周分别以"吃喝玩乐"为主题推荐适合十二星座春天的狂想的产品
- 网站：制作活动专题，实现 1+1 产品搭售。网友选择完成购买

奖品设置：

- 微博奖品：十二星座千品网玩偶，每天十二星座各 1 个，每天共 12 个
- 网站奖品：搭售产品最低 3 折，每天一位

活动平台：千品网官方微博

推广平台：新浪微博、论坛发帖、新闻稿、EDM

活动效果预估：月用户注册总量：50000

活动费用总计：15.6W

推广成本：7.2 万

新浪微博推广：2 万

论坛：500 贴。10 个论坛置顶，30000 元

稿件：10 篇，2000 元

EDM：200W 封，20000 元

奖品成本：8.4W

十二星座千品网玩偶，每天十二星座各 1 个，每天共 12 个，400*240 个=8.4W

21.2.4 营销总结

这七个活动内容的本身是层层递进，让用户通过活动的形式一次又一次的了解和熟悉千品网这个品牌，从而变成千品网的忠实用户，这不仅仅需要时间，更需要营销者的耐心。

在推广通路的组合上，我们所选择的渠道只有四种微博平台、媒体平台、EDM

和论坛，通过这四个渠道，又在每次活动时产生了诸多的营销方式。

表 21-1 为这 7 个月的活动效果及预算总结。

表 21-1 活动效果及预算总结

月份	月转发量	月曝光率	月流量	用户注册	百度指数	月转载率	成本预算
9 月	9W+	2700W	20W	1.5W	500	300	5.3W
10 月	30W	1 亿	60W	4W	800	300	19W
11 月	50W	1.4 亿	80W	4W	1000	300	18.2W
12 月	80W	2.2 亿	110W	15W	2000	300	66.2W
1 月	100W	2.6 亿	150W	20W	3000	300	28.2W
2 月	35W	1.2 亿	70W	5W	4000	300	18.1W
3 月	35W	1.2 亿	70W	5W	5000	300	15.6W
总计	339W	9.87 亿	560W	54.5W			170.6W
平均注册用户成本：3.13 元							

通过此表可以发现，在这半年时间里，在预算有限的情况下，注册用户达到 54.5 万，平均用户注册成本为 3.13 元，在电商行业是一个不错的成绩。

21.3 各渠道营销策略

在活动执行过程中，还用到了其他的营销手段，如行业合作，每个营销手段都有各自的策略，包括内容策略、执行策略等，本小节将对本阶段用得较多的营销策略进行一个详细说明，包括 PR 营销策略、EDM 营销策略、行业活动策略、行业合作策略等。

21.3.1 千品网 PR 营销策略

PR 营销主要是指通过互联网媒体提升品牌形象、提升用户品牌认可度的营销方式，千品网的 PR 营销的内容主要分为四种，分别是新闻稿件、行业稿件、软文与“品牌说话”。

新闻稿件策略，主要发布千品网品牌本身的消息，以及站在行业角度对千品品牌进行报道，示例内容如下：

“千品来啦”：以千品“是什么，能做什么”为核心介绍千品——开放的生活服务平台，越来越多的商家和越来越多的服务，越来越有的选。千品在身边，必有一品适合你。

拉开和团购的区别：千品优惠周期长，团购的时间短。团购是我有什么，你团什么，千品网是你买什么，我有什么。在服务上，千品是国民待遇，无论消费多少，享受的服务是一样的。

对商家的利益宣传：进驻千品的商家是有钱赚的商家。长期让利不会造成团购大幅度的降价，不会说服商家拿一个受不了的优惠出来服务消费者，避免某些团购管杀不管埋的弊端，理性循环。

与现有电子商务平台拉开差距：看得见、摸得着的服务。我们永远不做实体，我们只卖服务，而且是看得见、摸的着的“服务”商城。

强调“身边”、“本地”的字眼：信息分类明确。北京国贸周边，上海徐家汇周边，深圳东部华侨城周边等最便捷的网上服务模式。

退款机制——“退着玩”：放心退，开心退，随心退。没有消费你可以随时退款，过期未消费也可以退款，消费完之后觉得无用也可以退款。

行业稿件内容策略，主要由专家谈 O2O 模式、中赫技术谈投资战略、行业备书等。

软文内容策略，有如下四种执行思路，分别是：

- 千品的故事，开放式的、不断变化的千品、细水长流的千品。
- 千品团队的那些事儿：时时相关、事事相关、千品在身边。
- 本地搜索很性感，将会越来越性感：一是方便，二是实惠，离不开千品（亲，今天你千品了嘛？/亲，给个好评吧）
- 节约时间，在大城市可以宣传（北上广深）。

“品牌在说话”也是 PR 营销的一个重点策略，主要是指千品网指定内部品牌代言人，用人来代表品牌说话，传达品牌理念。品牌说话内容方向有：开放的千品、多变的千品、身边的千品、O2O 模式的商业蓝海、横向对比行业优势、传播千品企业文化。

21.3.2 千品网 EDM 策略

千品网上线第二个月就开始搭建 EDM 体系，包括自主研发的 EDM 会员服务平台、第三方合作 EDM 发送平台等。EDM 策略详见图 21-8。

而 EDM 推送的内容，主要分为两部分，第一部分是每周两次的长期常规商品推送；第二部分是每周一次的长期活动推送。在这 7 个月的所有活动中，通过 EDM 推送了超过两千万的邮件。

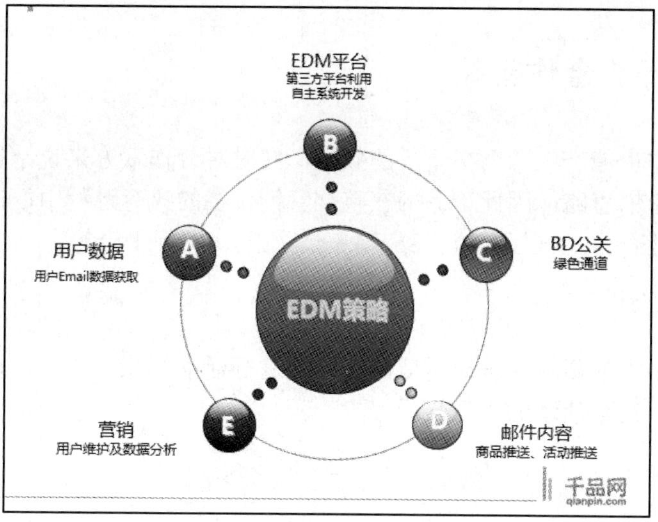

图 21-8　千品网 EDM 策略

21.3.3　行业活动策略

通过千品网的品牌代言人或对外发言人，长期参与行业活动，有效提升千品网的品牌知名度，包括行业聚会、线下沙龙、人物专访这三种方式。

1．行业聚会

百度大会、电商大会等行业性大会，获邀嘉宾发言谈 O2O 的模式、千品的优势、未来发展方向。

2．线下沙龙

参加 IT 龙门阵、凤凰 IT 论坛等组织的线下活动。

3．人物专访

网络：四大门户分时段专访谈行业模式和未来发展方向，15 个 IT 垂直媒体专访谈千品网的定位和竞争优势。

平媒：生活类杂志人物专访（吃喝受众群）、时尚杂志专访（玩乐受众群）、新锐杂志（年轻人、上班族、潮人）。

电视栏目：生活类栏目（BTV）、娱乐类栏目（湖南卫视）、创业类栏目（上海卫视）、地方卫视访谈（深圳、湖南、上海）。

21.3.4 行业合作策略

行业合作也能产生四两拨千斤的效果，同时对合作双方来说，资源共享也是一种双赢的营销思路。因此千品网在整合营销传播的执行过程中，也积极与各大媒体进行行业合作，包括微博、SNS、论坛社区、同行平台等。

1．微博合作

在目前最大的新浪和腾讯微博两个阵地进行活动和账号推广，首页活动专题和页面推荐。线下活动的现场转播。

2．SNS 合作

和开心网、人人网合作，100 个以上的红人为千品信息进行发布转载。

3．社区合作

除天涯、猫扑等大范围社区论坛外，还针对各地社区进行版主合作，定期置顶、精华千品的论坛帖，发布相关信息。

4．平台合作

与非竞争平台谈合作，导流量，如京东、乐淘、优购、好乐买等实体 B2C 商城。